Universitäten der Bundeswehr

Joachim Welz

Universitäten der Bundeswehr

von

Joachim Welz

2021

Carola Hartmann Miles-Verlag Berlin

Der vorliegende Text ist eine Zweitpublikation. Die Erstpublikation erfolgte als Lose-Blatt-Ausgabe in: Geis (Hrsg.), Hochschulrecht in Bund und Ländern, C.F. Müller Verlag Juni 2021.

Bibliografische Information der Deutschen Nationalbibliothek

Die Deutsche Nationalbibliothek verzeichnet diese Publikation in der Deutschen Nationalbibliografie; detaillierte bibliografische Daten sind im Internet über www.dnb.de abrufbar.

© 2021 Carola Hartmann Miles-Verlag, Berlin
www.miles-verlag.jimdo.com
email: miles-verlag@t-online.de

Cover-Bild: PIZ Streitkräftebasis
Copyright: © 2016 Bundeswehr/Stephan Ink
Die Hände einer Masterstudentin für Technologiemanagement und des NAO-Sozial-Roboters berühren sich im Institut für Arbeitswissenschaft an der Fakultät für Luft- und Raumfahrttechnik der Universität der Bundeswehr München, Bildbeschreibung: Tanja Wendt

Herstellung:
Books on Demand, Norderstedt

Printed in Germany

ISBN 978-3-96776-037-8

Universitäten der Bundeswehr

I. Die Universitäten der Bundeswehr – Steckbrief

Zur Zeit jährt sich der Gründungsprozess der Universitäten der Bundeswehr – Startschuss Weißbuch vom 20. Mai 1970[1] bis zur Aufnahme des Lehrbetriebs am 1. Oktober 1973 – zum 50. Mal, Anlass, diesen Hochschultyp in den Fokus der hochschulpolitischen Diskussion zu rücken.

Nicht nur **Modernisierung und Akademisierung der Offiziersausbildung**[2], sondern auch „Modell zu sein für künftige Entwicklungen im Hochschulbereich" und „Aushängeschild für die Universitäten und Hochschulen in der Bundesrepublik"[3] waren die Ansprüche, die 1973 hinter der Gründung der beiden Hochschulen der Bundeswehr, seit 1985 Universitäten,[4] in Hamburg und München standen. Dabei wollte der Verteidigungsminister „den Kultusministern … vorexerzieren, wie eine **Hochschulreform** aussehen kann".[5] Dies ging allerdings nur auf Umwegen – wegen der **Kulturhoheit der Länder** ist der Bund zwar Gründer und Träger, hat „seine" zivilen Hochschulen aber von den Sitzländern nach deren Landesrecht als Hochschulen anerkennen lassen; etwas verquer sind die Universitäten der Bundeswehr also **„staatlich anerkannte nicht staatliche Hochschulen"**.[6] Sie sind seither die „Flaggschiffe" eines weiteren, speziellen, Astes im System der tertiären Bildung, nämlich für staatlich getragene Hochschulen (**Bedarfs-, Ressorthochschulen**)[7] außerhalb des Landeshochschulwesens.

---

[1] Weißbuch zur Sicherheit der Bundesrepublik Deutschland und zur Lage der Bundeswehr, herausgeeben vom Bundesminister der Verteidigung im Auftrag der Bundesregierung, Bonn 1970, zitiert Weißbuch mit Jahreszahl.

[2] Ohne „s" entsprechend der bundeswehrüblichen Schreibweise.

[3] So der Leiter des Bundespräsidialamtes, Spangenberg, zitiert nach *Reuter-Boysen*, S. 10.

[4] Zukünftig abgekürzt HSBw bzw. seit 1985 UniBw.

[5] *Spangenberg*, Brief an Verteidigungsminister Leber im Februar 1973, zitiert nach *Lößl*, S. 2 und *Reuter-Boysen*, S. 10.

[6] BMVg, Hochschulen 74; *Thieme*, Privathochschulen, S. 10 (im Übrigen einer der „Gründungsväter" der HSU HH, Weise, S. V); OVG Münster, WissR 1997, S. 166; § 1 Abs. 1 bzw. § 2 Abs. 1 der jeweiligen Rahmenbestimmungen.

[7] Andere Termini auch Sonder- oder Spartenhochschulen oder moderner die ersten echten „corporate universities"; *Marr/Morick/Elbe*, Karriereanalyse, S. 242, in: Marr, Kaderschmiede; zu speziellen Hochschularten, insbesondere Ressort- und Spartenhochschulen s. u. S. 11, 66, 89, 114, 142.

Die Universität der Bundeswehr Hamburg, seit 2003 **Helmut-Schmidt-Universität,**[8] hat ungefähr 2 500 Studenten, darunter fast 500 Frauen, 50 ausländische Offiziere und ca. 50 zivile Industriestipendiaten,[9] und fast 1 000 Bedienstete, davon 1/3 wissenschaftliches Personal, darunter über 100 Professoren, sowie 176 Drittmittelbedienstete, zumeist Wissenschaftler. Der Jahreshaushalt beträgt rund 110 Mio. EUR, hinzu kommen rund 13,6 Mio. Drittmittel. Sie umfasst 4 Fakultäten mit jeweils mehreren Studiengängen; der Schwerpunkt liegt bei den Geistes- und Sozialwissenschaften und den Wirtschafts- und Sozialwissenschaften mit jeweils fast 40% der Studenten.

Ein analoges „Gesicht", aber eine andere Binnenorganisation weist die etwas größere **Universität der Bundeswehr München** auf, die offiziell als „Technische Universität" und „Gesamthochschule" firmiert.[10] Sie hat fast 3 700 Studenten, einschließlich rund 800 in Fachhochschulstudiengängen, davon über 600 Frauen, 60 ausländische Offiziere sowie 50 zivile Studenten, und rund 1 400 Bedienstete, davon 180 Professoren. Sie ist gegliedert in 7 universitäre Fakultäten sowie 3 Fakultäten im Bereich angewandte Wissenschaften (Fachhochschul-). Neben den Wirtschafts- und Sozialwissenschaften – 47,6 % – bilden hier die Ingenieurwissenschaften und Informatik mit 46,4 % einen weiteren Schwerpunkt. Als „Monopol" bestehen luft-, raumfahrttechnische und Cyber-Studiengänge sowie die erwähnten Fachhochschulstudiengänge. Der Jahreshaushalt beträgt rund 135 Mio. EUR, davon 30 Mio. = 22 % Drittmittel.

Um den **erhöhten wissenschaftlichen Anforderungen auch im Offizierberuf,** dem damaligen Aufbruch in der Bildungspolitik, dem allgemeinen Trend zur Akademisierung und der dringend erforderlichen Attraktivitätssteigerung des Offizierberufes Rechnung zu tragen, hat der Bundesminister der Verteidigung[11] als Kern einer Neugestaltung

---

[8] Zitiert HSU HH bzw. UniBW M; Zahlenangaben für beide UniBw https://ranking.zeit.de/che/de/hochschule/66 bzw. 36, sowie Bundestag, Universität des Bundes, S. 9.

[9] Personen-, Amts- und Funktionsbezeichnungen erfolgen im sprachlich korrekten Genus und schließen jeweils Frauen und Männer ein; es wird deshalb auf Schreibweisen i. S. v. Gender- und Political Correctness verzichtet.

[10] *Schaffer/Fornahl/Düvelmeyer*, S. 5, 97.

[11] Künftig zitiert BMVg.

der Offizierausbildung eigene, hierauf spezialisierte wissenschaftliche Hochschulen ins Leben gerufen. Diese Konzeption erforderte einen besonderen Typ von Hochschulen: Einerseits sollten sie als Hauptzweck der Offizierausbildung dienen – „Bedarfshochschulen", andererseits sollten sie von Niveau, Anforderungen, Abschlüssen und Rang wissenschaftliche Hochschulen und den **Landesuniversitäten**[12] **gleichwertig** sein.

Diesem doppelten Zweck entspricht auch ein ambivalenter Charakter des Studiums: Anders als bei geregelten zivilen Berufen und den Abschlüssen an staatlichen Fachhochschulen ist es nicht Voraussetzung für eine Laufbahn oder bestimmte Karrierestufen und ist deshalb in die militärische Laufbahn integriert.

Dieses **zivile Pflichtstudium für Offiziere** war eine „kopernikanische Wende" in der deutschen Offizierausbildung. Zum ersten Mal in der deutschen (Militär)Geschichte ist dadurch als Teil der Offizierausbildung grundsätzlich für alle länger dienenden Truppendienst-Offiziere ein Studium vorgesehen, und zwar kein militärisches, sondern ein ziviles. Dies inkludiert als Bildungsstandard, dass alle Offiziere die Hochschulzugangsberechtigung, grundsätzlich Abitur, haben.

Weitere Innovation in der militärischen Tradition – das Studium ist streitkräfteübergreifend, d. h. Offizieranwärter von Heer, Luftwaffe und Marine[13] studieren gemeinsam an derselben Ausbildungsstätte.

Damit wurde nicht nur die Offizierausbildung revolutioniert, sondern auch ein **weiterer Hochschultyp** mit ausgeprägten Alleinstellungsmerkmalen und stark innovativem Charakter geschaffen:

– Das Studium führt zu den für die Universitäten der Länder vergebenen Abschlüssen, ursprünglich Diplom, heute Bachelor- bzw. Mastergrade.

– Die Studiengänge und Curricula – ursprünglich (nur) Pädagogik, Wirtschafts- und Sozialwissenschaften, Ingenieurwissenschaften[14] – sind nach der Gründungsidee so ausgewählt und die Curricula so

---

12 Bis heute zwar nicht präzise, aber typischerweise synonym gebraucht für die Hochschulen der Länder – deshalb künftig bezeichnet als Landeshochschulen bzw. Landesuniversitäten.

13 Zur Definition und später hinzu gekommenen Organisationsbereichen s. u. S. 54.

14 Inzwischen weiter ausdifferenziert, s. u. V. 3.

aufgebaut – Berufsfeldbezug –, dass sie bei der anschließenden militärischen Verwendung gleichzeitig möglichst Nutzen für die Bundeswehr haben[15] und für Zeitoffiziere – etwa 80% der Offizieranwärter(!) – den Übergang in gleichwertige Tätigkeiten im Zivilleben ermöglichen.[16]

– Der zivile Charakter der Universität wird schon äußerlich am Verzicht auf militärische Konventionen sichtbar – keine Präsenzpflicht, keine Uniformpflicht, kein „Melden" zu Beginn der Vorlesung, keine Hörsaalleiter. Es besteht nur noch ein minimales militärisches Begleitprogramm, Allgemeine Militärische Ausbildung, zitiert AMA Märsche, Schießen, Fachvorträge), die sogenannten „grünen Anteile", einen Nachmittag pro Woche.[17] Es werden grundsätzlich keine Waffen getragen.[18] Allerdings ließ sich das Gedankenmodell der offenen Hochschule mit freiem Zugang nicht realisieren[19] – es findet eine – grundsätzlich zivile – Bewachung statt.[20] Die Studenten, immerhin Fähnriche oder Leutnante, sind keiner Stammeinheit zugeordnet und auch nicht mob-verplant, d. h. eine konkrete militärische Verwendung für einen eventuellen Mobilmachungsfall ist nicht vorgesehen.[21]

Die **Studenten sind Soldaten**. Sie treten als Offizieranwärter in die

---

[15] Verknüpfung Studienfach-Verwendung kann aber nur partiell realisiert werden – der „Nutzen" für die Bw ist primär der akademisch gebildete Offizier, vgl. Servatius, Offiziersausbildung, S. 13; *Schaefgen*, S. 51; Neugestaltung Ausbildung, S. 16f.

[16] BMVg, Hochschulen 74.

[17] UniBw M Mittwoch, HSU HH Donnerstag; zum „Erhalt der individuellen Grundfertigkeiten und der körperlichen Leistungsfähigkeit", Neugestaltung Ausbildung, S. 17.

[18] Ausnahmen: Schießen im Rahmen der AMA und bei – seltener – Heranziehung zu Wachdiensten.

[19] Allerdings zunächst tatsächlich praktiziert, *Ellwein/Müller/Plander*, S. 4f; *Schwarz*, S. 162; „Zaun-Diskussion" noch heute an der UniBw M, *Schaffer/Fornahl/Düvelmeyer*, S. 11, 98; der Zugang steht aber nach Vorlage eines Ausweises allen Besuchern offen.

[20] Teilweise mit Unterstützung durch die Soldaten/Studierenden; zur Problematik des „militärischen Sicherheitsbereichs" s. u. S. 77, 193.

[21] Schriftliche Auskunft des BMVg vom 10.7.20.

Bundeswehr ein und verpflichten sich im (beamtenähnlichen) Status als Soldaten auf Zeit, für das Studium auf ursprünglich 12, heute 13 Jahre.[22] Der Studienplatz ist garantiert, also kein NC und die Abitur-Note ist gleichgültig; allerdings müssen die bundeswehreigenen Hürden und Verfahren genommen werden.

Zum Erlernen des „Militärhandwerks" haben sie zunächst Dienst in „Flecktarn", einen militärischen „Vorlauf" von grundsätzlich 15 Monaten, in dessen Verlauf sie auch die „Offizierprüfung" = Laufbahnprüfung für den gehobenen Dienst, § 24 Soldatenlaufbahnverordnung, künftig zitiert SLV,[23] ablegen.

Danach werden sie zum Studium an die UniBw dienstlich „versetzt". Rund 1500 beginnen dort jährlich ihr Studium.[24] Dort haben sie einen Doppelstatus als „Student und Soldat": einerseits sind sie Student mit allen Eigenschaften dieses Status, aber gleichzeitig sind sie Soldat i. S. d. Soldatengesetzes[25] mit allen Rechten, insbesondere Fürsorge und Besoldung, rund 2 000 – 2 400 EUR netto monatlich, Slogan: **„Studieren mit Gehalt"** – und Pflichten, insbesondere treues Dienen, Gehorsam und gemeinschaftliches Wohnen, woraus ein ausgeprägter Campuscharakter folgt.

Nach dem Studium kehren sie dann als (nur noch) Offiziere in eine militärische, im Idealfall zum Studienabschluss passende, Verwendung in die Bundeswehr zurück.

Auch aus ziviler Sicht ist das **Studium** an den Bundeswehruniversitäten in mehrfacher Hinsicht **innovativ**:[26]

- Es führt grundsätzlich in 3 Jahren zum Bachelor und in 4 Jahren zum Master. Hierfür
- beruhen der Studienbetrieb und die Curricula auf **Trimestern** statt auf dem üblichen Semesterturnus und

---

[22] Höchstdauer 25 Jahre, die Ernennung erfolgt in Stufen, erstmalig auf 3 Jahre.

[23] Vom 19.3.2002, neugefasst durch Bek. v. 19.8.2011, GVBl. I S. 1813, zuletzt geändert durch Art. 7 Gesetz vom 4.8.2019, GVBl. I S. 1147.

[24] Wehrbeauftragter, 2019, S. 22 f.

[25] Vom 19.3.1956, i.d.F. der Neubekanntmachung vom 30.5.2005, BGBl. I S. 1482, zuletzt geändert durch Art. 64 GG am 20.11.2019, BGBl. I S. 1626, 1664, künftig zitiert SG.

[26] BMVg, Hochschulen 74, S. 10.

- findet ein großer Teil des Studiums in **Kleingruppen** und bei intensiver Betreuung und Beratung mit einer traumhaften Dozenten–Studentenrelation statt;
- zum Erlernen der Menschenführung bestehen in allen Studiengängen integrierte pädagogische und sozialwissenschaftliche Komponenten;
- sind beachtliche (Pflicht)Anteile Sprachen und Sport;
- herrschen optimale Wohn- und Arbeitsbedingungen durch **Campus-Organisation**.

So sind die Universitäten der Bundeswehr echte „**Reformuniversitäten**", auch i. S. der großen Reformbewegung 1968 ff,[27] auch wenn sie als solche in der deutschen Hochschullandschaft bisher eher im Verborgenen blühen.

Die HSBw haben ihren Lehr- und Studienbetrieb am 1. Oktober 1973 aufgenommen und 1976 die ersten Offiziere mit wissenschaftlichem Abschluss zum weiteren militärischen Dienst an die Bundeswehr abgegeben. Im Laufe ihrer fast 50jährigen Geschichte haben sie zahlreiche Veränderungen und Innovationen erfahren:

1985 wurden sie zu „**Universitäten der Bundeswehr**", 1987 auch ihre Professoren zu „Universitätsprofessoren"[28] aufgewertet und damit auch „optisch" den Landesuniversitäten gleichgestellt,[29] für das Image erforderlich und nach Anspruch und Leistung sachgerecht.[30]

Den für die Landesuniversitäten in HRG und Landeshochschulgesetzen enthaltenen staatlichen Vorgaben entsprechen für die UniBw die

---

27 *Lößl*, S. 2.
28 *Opitz*, 35 f.
29 Nach der Größe und Fächerspektrum sowie als zweckdominierte Funktionshochschule nicht unproblematisch – Durchschnittsgröße der Landesuniversitäten 16 000 und der Fachhochschulen 4 000 Studenten, *Epping*, S. 57; zur „Aufwertung" auch unter dem Aspekt der „universitas litterarum" kritisch *Thieme*, Privathochschulen, S. 14; als Zeittrend wurden jedoch auch zahlreiche andere kleinere wissenschaftliche (Sparten)Hochschulen der Länder entsprechend zu Universitäten aufgewertet, Beispiele und Motive *Epping*, S. 58.
30 Der Versuch der UniBw M, sich in Universität der Bundeswehr Neubiberg umzubenennen, scheiterte ebenso wie der Umbenennungsversuch in Helmholtz-Universität, *Linsinger*, S. 302.

vom BMVg im Einvernehmen mit den Sitzländern erlassenen **„Rahmenbestimmungen"**,[31] die von Zeit zu Zeit an die politische und rechtliche Entwicklung im Hochschulwesen angepasst werden (müssen). Hierin sind Wissenschaftsfreiheit und Autonomie garantiert und die „Verfassung" grundsätzlich festgelegt: Die UniBw werden von einem Präsidenten geleitet und weisen den typischen Aufbau einer Universität auf mit den üblichen Einzel- und Kollegialorganen und einer Gliederung in Fakultäten und zentrale Einrichtungen. Die UniBw M hat im Jahre 2000 eine Strukturreform durchgeführt, wobei die monokratische Leitung durch einen Präsidenten in eine kollegiale Leitung durch ein Präsidium umgewandelt wurde; auch die HSU HH arbeitet an einer Neufassung der RahBest.

2001 erfolgte die Öffnung der Bundeswehr **für Frauen** mit speziellen Betreuungs-, Fürsorge- und Liegenschaftsproblemen.[32] Der Frauenanteil an den UniBw beträgt z.Z. rund 16% mit steigender Tendenz. 2001(HSUH) bzw. 2002 (UniBwM) wurden die UniBw eingeschränkt für **„zivile" Studenten**, zunächst „Industriestipendiaten", geöffnet.[33]

2008 erfolgte die Umstellung auf das **Bachelor – Master – System** (Bologna-Prozess) mit der Regelstudienzeit von 3 Jahren bis zum BA und 4 Jahren bis zum MA, jeweils einschließlich der Abschlussarbeit,[34] wobei der Master-Abschluss die Regel sein soll. Um eine vertretbare Dienstzeit in der Truppe zu „retten" hat die Bundeswehr entsprechend die Verpflichtungszeiten auf grundsätzlich 13 Jahre verlängert.

Auch im Übrigen bleiben die UniBw aktuell und flexibel: Inzwischen werden den Offiziersstudenten **37 Studiengänge** angeboten;[35] das

---

31 Rahmenbestimmungen für Struktur und Organisation: Helmut-Schmidt-Universität/Universität der Bundeswehr Hamburg, aktuelle Fassung vom 2.9.2019 bzw. für Struktur und Organisation der Universität der Bundeswehr München vom 24.8.2017, abgekürzt RahBest mit Zusatz H bzw. M.

32 Z.B. an der UniBW M seit 2014 eine eigene KiTa, DUZ 4/14 S. 12; Interview Niehuss, DUZ 1/16, S. 11.

33 D. h. eine Dienststelle oder (Partner)Firma muss die Studiengebühren übernehmen, s. u. S. 112.

34 „Höchststudienzeit" 3 1/3 bzw. 4 1/3 Jahre, Personelle Vorgaben für Offiziere, Offizieranwärter im Studium an einer Universität der Bundeswehr, ZDV A-1340/29 vom 22.11.2017, Tz 102, zukünftig zitiert Vorgaben.

35 Loyal, Zeitschrift des Reservistenverbandes, 3/2018, Titelgeschichte, S. 11; s. u. V. 3.

Spektrum der Fächer und die Curricula werden ständig aktualisiert und erweitert; neu hinzugekommen ist u. a. die Weiterbildung jeweils mit mehreren Studiengängen.

Obwohl primär „Bedarfsuniversitäten" im Rahmen der Offizierausbildung und verglichen mit den Landesuniversitäten klein, sind die Hochschulen der Bundeswehr etabliert und in der Hochschulszene „angekommen"; sie sind Mitglieder der Hochschul-Rektorenkonferenz und ständiger Teilnehmer an ihren Landesrektorenkonferenzen, haben auch überregional beachtete Forschungsleistungen aufzuweisen und sind in einem Netz von Kooperationen mit Universitäten und wissenschaftlichen Einrichtungen.

II. Quadratur des Kreises – die „richtige" Offizierausbildung

Unstreitig ist die nach Ende des Kalten Krieges gern verwendete These, dass die Bundesrepublik Soldaten „eigentlich nur für den Frieden" ausbildet, seit den Auslandseinsätzen[36] und neuen Gewaltherden, auch in Europa, nicht mehr zu halten, aber ebenso unstreitig ist, dass gute Ausbildung „für die Erzeugung von Kampfkraft die allerhöchste Bedeutung" hat.[37] Für die Konzeption von Offizierausbildung und Offizierlaufbahn müssen mehrere **Komponenten und Aspekte koordiniert und kombiniert** werden, die zudem schwerer zu vereinbaren sind als in zivilen Berufen vergleichbaren Ranges. So weist der Beruf des Offiziers und das militärische Umfeld gegenüber zivilen Tätigkeiten vergleichbarer Ebene trotz Angleichungstendenzen immer noch deutliche Alleinstellungsmerkmale auf. Die missbrauchte und verpönte Formel, Soldat sei deshalb ein „Beruf sui generis", ist im Diskurs zur **„Inkompatibilitätstheorie"** geworden, betont die Unterschiede zu zivilen Berufen, und die Gegenposition, „Kompatibilitätstheorie", auch als „Entprofessionalisierung des Soldatenberufes" bezeichnet – sieht den Soldatenberuf bis auf eine unstreitige militärische „Restgröße" grundsätzlich (nur) analog Berufsbildern in komplexen zivilen Strukturen (Industrie, Verwaltung) ohne sui-generis-Charakter.[38] Für das Berufsbild des Offiziers herrscht damit ein grundsätzliches Spannungsverhältnis zwischen dem Bedürfnis nach wissenschaftlicher Bildung und dem Vorrang militärischer Praxis, wobei sich das Gewicht der prägenden Merkmale je nach historisch-politischer Situation und vor allem im Laufe der Karriere verschiebt.

---

[36] Übersicht ZMSBw, abgedruckt bei *Schlaffer/Sandig*, S. 63; aktualisiert Wehrbeauftragte 2020, S. 101–108.

[37] *Van Creveld, Martin*, Kampfkraft; 2. Aufl, S. 91ff, Graz, 2006.

[38] *Elbe*, Berufskarrieren, S. 10f; *Kutz*, Reform, S. 104f, 121; *Rühle*, S. 51ff unter Berufung auf Ellwein und Luhmann; *Schößler*, S. 7ff; *von Schubert*, Hochschulen der Bundeswehr – warum?, S. 19; *Zimmermann*, Die Hochschulen der Bundeswehr, S. 25f.

1. Anforderungen und Leitbilder

So ist nicht ernstlich zu bestreiten, dass der Offizier für extreme Stress-situationen, Nacht- und Wochenend-Einsätze, Einsatzoperationen, nicht selten im unwirtlichen Ausland, mit Lebensgefahr, Tragen beson-derer Verantwortung und Bedrohung und Verlusten trainiert sein muss.[39] Dabei spielen Führungsfähigkeit und Führungswille, aber auch soziale Kompetenz und Verantwortung für die anvertrauten Soldaten eine entscheidende Rolle.[40] Weiter sind prägend eine schnelle Auffas-sungsgabe und Fähigkeit zur Lagebeurteilung und Entschlussfreude unter Zeitdruck und in unsicheren, komplexen und gefährlichen Situa-tionen[41] – „die unvorhergesehene Gelegenheit ist sofort zu nutzen, auf unvorhergesehene Bedrohung ist sofort zu reagieren" (Clausewitz). Dabei sind Wissenschaft und Theorie kein Ersatz für handwerkliches Können, Talent und Charakter und notwendiges Handeln, wohl aber eine Art „Krücke", die Entscheidungshilfen geben können, bzw. Ver-vollkommnung und Veredelung (Speidel).[42]

Offiziell beschrieben mit **„Führer, Ausbilder, Erzieher"**[43] ist seine Einwirkung und Prägung auf die zahlreichen späteren Untergebenen deutlich stärker als in Zivilberufen, wobei schon in jungen Jahren eine hohe hierarchische Stellung und große Verantwortung erlangt wird. Dabei wachsen mit dem Dienstgrad, aber auch modernen Waffensys-temen, Managementerfordernissen, Technisierung und Verwissen-schaftlichung weiter Bereiche sowie den Erfordernissen zeitgemäßer

---

[39] Soldaten sind Krieger, die kämpfen und auch töten müssen, *Neitzel*, Um-schlagstext, 2020; vgl. die Klimax gemeinnütziger, gefährlicher bzw. zur (kol-lektiven) Gewaltausübung verpflichteter Berufe Feuerwehr/Katastrophenschutz, Polizei, Militär.

[40] *Bald/Lippert/Zabel*, S. 83.

[41] Katalog der Führungseigenschaften Neugestaltung Ausbildung, S. 2; *Bald/Lip-pert/Zabel*, S. 81, Tabelle 23; *Hoffmann*, S. 161-181, insbes. S. 174f, 178; *Kutz*, Re-form, S. 133f, 166ff; *Horstmann, Harry*, Die Entwicklung deutscher Führungs-grundsätze im 20. Jahrhundert, 2009 (mit Zusammenstellung aus den einschlägi-gen Dienstvorschriften ZDV 100/1), S. 20.

[42] *Wiesendahl*, S. 135.

[43] Zum militärischen Erziehungsbegriff s. u. S. 38.

18

Menschenführung die professionellen und intellektuellen Anforderungen und verlangen „geistige Weite".[44]

Während die eingangs geschilderten praktisch-handwerklichen Anforderungen vor allem in den unteren Offiziersfunktionen prägend sind, rücken bei den höheren Dienstgraden Operationsplanung, (wissenschaftlich) fundierte Überlegungen, langfristige und strategische Konzeptionen, ökonomische und politische Aspekte mit gänzlich anderem Leitbild in den Vordergrund – „sciencia pugnam decidit" (Motto der Führungsakademie der Bundeswehr). Das Anforderungsprofil für den Offizierberuf besteht also aus **praktischen, militärfachlichen und wissenschaftlichen Komponenten**.[45] Für die Konzeption der Offizierausbildung folgt daraus die Frage, auf welche von beiden Komponenten der Schwerpunkt zu legen ist und wie sie miteinander vereinbar sind und ob und wie während der Dienstzeit umgesteuert werden kann.

Damit korrespondiert das Problem, ob sich die Rekrutierung, Ausbildung und Auswahl für Spitzenpositionen am **„Aufstiegsmodell"** – theoretisch Einstellung als Rekrut und dann „von der Pike auf" durch Bewährung idealtypisch bis zum General – oder am **„Laufbahnmodell"** – obligatorische höhere (zivile) (Vor)Bildung bzw. theoretische militärische Schulung als Voraussetzung für den Einstieg in eine höhere Laufbahn, wie dies üblicherweise beim zivilen höheren Dienst und geregelten akademischen Berufen der Fall ist – orientieren sollte.

Schließlich spielt auch der Gesichtspunkt – Ausbildung zum **Generalisten** oder zum **Spezialisten**? eine große Rolle. Traditionell sollten die Offiziere der Hauptwaffengattungen – Infanterie, Kavallerie, später kam die Artillerie hinzu – militärische Generalisten sein und entsprechend ausgebildet werden; Offiziere der anderen Waffengattungen galten als Spezialisten; die höchsten Ränge waren dabei faktisch den Generalisten vorbehalten. Dies Bild hat sich bei modernen Armeen deutlich gewandelt, da für die zahlreichen technischen, logistischen und Führungs-Aufgaben weit mehr Spezialkenntnisse und Ausbildungen benötigt werden.[46]

---

[44] *Krex*, S. 78.

[45] *De Maizière*, S. 3.

[46] Dieser Konflikt existiert in abgeschwächter Form auch im Zivilen: Ausrichtung von Oberschule und Studium – abstrakte Bildung oder berufsbezogen? Juristenmonopol (Generalisten) oder Fachvertreter?

Die scheinbar objektiven Kriterien für das „richtige" Modell der Offizierausbildung werden zudem durch zwei Faktoren überlagert: subjektive Einstellungen (Offiziertypen), auf die die Leitbilder der Ausbildung allenfalls rudimentär ausgerichtet werden können,[47] sowie den größten Bedarf und den chronischen **Mangel** an Offizieren auf den Ebenen **Zugführer** – typisch Vorgesetzter für 20 – 40 Mann – **bis Kompaniechef** – gut 100 Mann – also den Dienstgraden Leutnant bis Hauptmann, besteht, während bei den unteren Rängen der Stabsoffiziere – Majore und Oberstleutnante – im Frieden, vorsichtig formuliert, genügend vorhanden sind, was dort zu Beförderungsstau, Unterbeschäftigung und Frust führt.[48] Jedes Wehrsystem muss also das Problem lösen, ältere Offiziere möglichst organisch „abzubauen" und den Beruf trotzdem attraktiv zu halten.[49]

Diese Bandbreite und der Doppelcharakter des Offizierberufes von spontaner Entscheidung und energischer Führung im Augenblick bis hin zu hoher Spezialisierung oder langfristiger strategischer Planung und die Bandbreite vom jungen Zugführer bis zum Stabsoffizier bzw. bis zum General spiegelt sich in ständigen Diskussionen und **konkurrierenden Modellen zur Offizierausbildung** wider. So bestand und besteht ein immerwährender Diskurs, ob die Offizierausbildung mehr praktisch und waffen"handwerks"orientiert oder mehr theoretisch – wissenschaftlich, und hier wieder mehr fachlich – militärwissenschaftlich oder (allgemein)wissenschaftlich, mehr auf den „**Kämpfer**" und

---

[47] *Elbe*, Berufskarrieren, S. 10, unterscheidet, allerdings mehr für die Jetzt-Zeit, den klassischen Typ, den Sicherheitstyp, den sozialen Typ und den neuen Karrieretyp; vgl. u. S. 96f, 229.

[48] *Bald/Lippert/Zabel*, S. 69; *Rühle*, S. 48ff.

[49] In Kaiserreich und Weimarer Republik Mindestdienstzeit für Offiziere 25 Jahre, jedoch nach zehn Jahren Pensionsanspruch, § 3 Abs. 2 Gesetz über die Abschaffung der allgemeinen Wehpflicht und die Regelung der Dauer der Dienstverpflichtung vom 19.8.1920; *Rühle*, S. 49; vorsichtiger *Wohlfeil/Dollinger*, S. 55, 63, 69. So war es nicht unüblich, seine Offiziertätigkeit nur auf Zeit zu sehen und danach in einen Zivilberuf, z. B. (eigenes) Gut oder Hof, zu gehen; die Bundeswehr hat mit dem Modell des Offiziers auf Zeit, §§ 1 Abs. 2, 40 Abs. 1 SG – 3-25 Jahre – diese Ausnahme zur Regel gemacht, wobei aber grundsätzlich weder Zeitoffizieren noch freiwillig vorzeitig ausscheidenden Berufsoffizieren Pension gewährt wird.

den „Charakter", oder besser auf **„Bildung"** ausgerichtet sein soll,[50] wobei von den Hauptkämpfen oft „übersehen" wird, dass sich entgegen dem verbreiteten Vorurteil praktische Fähigkeiten und Einsatzwille sowie Intelligenz und Bildung keineswegs ausschließen,[51] sondern oft die Stärksten in Intelligenz und Theorie auch in der Praxis die besten Leistungen zeigen. Dabei wird auch oft nicht scharf unterschieden zwischen (theoretischer) (Allgemein)Bildung, Qualifikation, fachlicher (Aus)Bildung, die natürlich auch wissenschaftlich sein kann, Intelligenz und Begabung, wobei ohnehin nur schwer voraussagbar ist, wer sich in der Praxis, vor allem unter Einsatzbedingungen, wirklich bewährt.[52]

Dabei war natürlich keines der Modelle „pur" zu realisieren, sondern es mussten immer **Mischformen** praktiziert werden: im Aufstiegsmodell sollen Lehrgänge vor neuen Verwendungen und Beförderungen für theoretische Sachkunde, richtige Auswahl und Schutz vor Micro-Managern und dem Peters-Prinzip sorgen sowie auf die jeweiligen Schwerpunkte vorbereiten, während im Laufbahn- und Bildungsmodell längere Truppenphasen während der Ausbildung die nötige „Praxis" und Sozialisation in der Truppe garantieren sollen. Insbesondere in langen und intensiven Kriegszeiten dominierte wegen des Kriteriums der „Frontbewährung" und wegen des sonst nicht zu deckenden Offizierbedarfs zwangsläufig das Aufstiegsmodell, während in Friedenszeiten das „level gap" bekämpft und mehr Kapazität und Zeit für die theoretische Ausbildung gefordert wurde.

---

50 *Bald/Lippert/Zabel* S. 79f; *Förster*, Offizier, S. 32; *Hamann*, Die Leitbildkontroverse in der Ausbildung zum Offizier und Stabsoffizier, S. 152-158; *Karst*, S. 24 – 31; *Kutz*, Reform, S. 115; *de Maizière*, S. 1.

51 Wörner zitiert nach *Servatius*, Bewährung, S. 207, *von Schubert*, S. 14-23; *Zimmermann*, S. 25f; zu den heutigen kombinierten Fähigkeits- und Bildungsanforderungen *Hartmann*, S. 64f.

52 *Marshall*, Soldat im Feuer, zitiert nach *Hamann*, S. 157; andererseits ist kaum zu bestreiten, dass Entscheiden wesentlich durch Entscheiden bzw. Tragen von Verantwortung gelernt wird, *Hoffmann*, Der Streit um die Erziehung in der Stabsoffizierausbildung, S. 174; *Welz, Joachim*, Leitsätze für erfolgreiches Management, S. 249, in: Öffentliches Recht im Wandel, Liber amicorum Armin Dittmann, 2015.

Das jeweilige Leitbild variierte ständig im Laufe der letzten zwei Jahrhunderte,[53] wobei sein Schwerpunkt stark mit dem **Bildungsideal** der jeweiligen dominanten gesellschaftlichen und historischen Strömung korrespondiert.[54] Auch ist ein **Wechselspiel von These und Antithese** nicht zu übersehen – so ist eine Wellenbewegung beim Stellenwert der „Bildung" in der Offizierausbildung zu beobachten, die eng mit den Namen ihrer Hauptvertreter verknüpft ist.[55]

2. Historischer Kampf um den „gebildeten" Offizier

Bis zum Ende des 18. Jahrhunderts realisierte sich das feudalistischen System auch im Militär. So wies der Absolutismus dem **Adel** die Tätigkeit als Offizier als faktische Kernaufgabe und weitgehendes **Privileg** zu.[56] Hierfür glaubte das System keiner speziellen Ausbildung zu be-

---

[53] *Bald*, Sozialgeschichte, S. 15-47; *Demeter, Karl*, Das Deutsche Offizierskorps in Gesellschaft und Staat 1650-1945, Frankfurt am Main 1963.

[54] Z. B. Kant und Humboldt als Wegbereiter auch für die preußischen Militärreformen, *Förster*, Offizier, S. 3f, der allerdings verkennt, dass auch Humboldt seinerzeit nicht unumstritten war und es eine auf mehr praktisch orientierte Ausbildung gerichtete Gegenbewegungen gab. Schleiermacher, Kerschensteiner (Berufsschulen).

[55] Hauptvertreter für Bildung und Reformen insbesondere die großen preußischen Reformer Scharnhorst, Gneisenau, Clausewitz, Boyen, unter dem Eindruck der katastrophalen Niederlage von 1806, aber auch aus Überzeugung; Mitte des 19. Jahrhunderts Peucker (Generalinspekteur des Militärerziehungs- und Bildungswesens und Kriegsminister der Paulskirchenregierung); in der Weimarer Republik Gröhner und Reinhardt („Reinhardt-Kurse" = Offiziersfortbildung in Zusammenarbeit mit der Berliner Universität, Ex-Bundespräsident Heuss war dort Dozent); dagegen die Hauptvertreter der konservativen „Charakter-" und „militärhandwerks"bezogenen Schule, König, später Kaiser, Wilhelm I, Roon, Moltke, sowie eher Seeckt (hier auch fortschrittlichere Bewertungen); schillernd Wilhelm II, der zwar nach Stil und Mentalität konservativ, aber mit der Linie „Adel der Gesinnung" und seiner Marine das Hineinströmen bürgerlicher Offiziere und damit von Bildung stark gefördert hat; *Bald* et al., S. 25-28, 45, 48; *Förster*, Offizier, S. 8f, 28f; *Kroener*, S. 5.

[56] *Bald*, Sozialgeschichte, S. 21; wobei die militärische Laufbahn nie ganz abgeschottet war und – meist bei längeren Kriegszeiten – bei auffälligen Leistungen auch Soldaten einfacher Herkunft der Aufstieg in höchste Ränge gelang; ein Ventil hierfür bis zum Ende des Kaiserreichs war auch das „Adeln".

dürfen, weil die entsprechende Bildung und die erforderlichen Kenntnisse und Fertigkeiten im Adelsstatus begründet seien oder gewissermaßen mit der Muttermilch eingesogen würden.[57]

Mit der Aufklärung und dann dramatisch mit der **Französischen Revolution** erfolgten Militärreformen in den meisten Ländern mit drei Stoßrichtungen: allgemeine Wehrpflicht,[58] zweitens, wenn auch zunächst mehr rechtlich-theoretisch, Abbau der Adelsprivilegien für soziale und vertikale Durchlässigkeit für Nicht – Adelige und **„Öffnung"** **des Offizierberufes** nach dem Motto: „jeder Rekrut trägt den Marschallstab im Tornister";[59] und last not least wurde jetzt auch, jedenfalls in Friedenszeiten, auf **„Bildung"** Wert gelegt – „die Bildung des Offiziers verfeinert das Militär nach innen" (Scharnhorst). So sollten Offiziere grundsätzlich das Abitur haben, wobei in Preußen – anders als in Bayern und Österreich – allerdings auch die „Primareife", also der Obersekundarabschluss (vgl. heute Fachhochschulreife) ausreichte,

---

57 Dementsprechend waren diese Befehlshaber typischerweise im Frieden bei Hofe oder auf ihren Gütern; bei ihrer Truppe wurden sie von einem Platzhalter, „Leutnant", vertreten (Generalleutnant, Oberstleutnant…). Allerdings gingen junge Adelige nicht selten bei einem berühmten Feldherrn gewissermaßen „in die Lehre".

58 Verbreitet die Konskription; echte allgemeine Wehrpflicht, auch für die bürgerlichen Schichten ohne „Einsteher", zunächst nur Preußen, allerdings mit Einberufungsquoten meist unter 50%.

59 Generelles Diktum, Napoleon zugeschrieben; oder „wird der Unteroffizier und Gemeine…genauso gut Offizier wie der Fürst", König Friedrich Wilhelm III, Ortelsburger Publikandum, Nr. 9 vom 1.12.1806, zitiert nach Grundkurs deutsche Militärgeschichte Band 1, S. 141, 2009.

dann aber eine zusätzliche Fähnrichsprüfung erforderlich war.[60] Immerhin hatten 2/3 auch der preußischen Offiziere das **Abitur**, wobei ein Teil der Abitur-Abschlüsse auf „Kadettenanstalten" erworben wurde, deren Niveau zwar nicht kritisiert wird, die aber eine entsprechende Standes- und Militarismus-Vorprägung schon im Jugendalter bewirkten. Die weitere Ausbildung fand dann „in der Truppe", auf Brigade- und Divisionsschulen und auf Schulen der einzelnen Waffengattungen statt sowie für höhere Offiziere technisierter Waffengattungen auf einer „militärtechnischen Akademie", die alle rein militärisch organisiert waren und keinen wissenschaftlichen Anspruch erhoben. Der Offizierberuf war, nach den preußischen Siegen in den Befreiungs- und Einigungskriegen und als „erster Stand im Staate" mit entsprechend hohem Sozialprestige ausgestattet,[61] trotz niedriger Anfangsgehälter eine beliebte und geachtete Aufstiegsmöglichkeit. Als Ergebnis des wilhelminischen **„Integrationsmilitarismus"** waren am Ende des Kaiserreichs 70% des preußischen Offizierskorps bürgerlich.[62] Allerdings hatte das militärische Establishment die Neigung, Traditionen und Konventionen überzubewerten[63] und lieferte so nicht nur fortschrittlichen Kreisen ausreichend Stoff zu Kritik, Witzen und Karikaturen,

---

[60]   Zu Offizierauswahl und Ausbildung im Kaiserreich, *Neugebauer, Karl-Volker*, Des Kaisers schimmernde Wehr, S. 404, in: Grundkurs deutsche Militärgeschichte, Band 1, sehr positiv zur fachlichen wie allgemeinen Bildung der preußischen Offiziere dagegen Friedrich Engels in „Putman‚s Monthly" vom Sept. 1855, zitiert nach *Karst*, S. 27; kritisch *Bald*, Sozialgeschichte, S. 24 einschließlich der Umgehungsmöglichkeiten; zu Bayern *Bald*, Offizier, S. 96f; *Demeter, Karl*, Das Deutsche Offizierkorps in Gesellschaft und Staat 1963, zitiert Demeter S. 100; vergleichsweise größere Betonung von Theorie, Abitur und Allgemeinbildung in Bayern und Österreich als in Preußen, für Bayern *Bald*, Sozialgeschichte, S. 25f, Tabelle S. 40; *Bald*, Offizier, S. 96f; *Welz, Joachim*, Vom Kontingentsheer zum Reichsheer, S. 270f, 2018 und für Österreich *Gschaider, Peter*, Das österreichische Bundesheer und Überführung in die deutsche Wehrmacht 1938, unveröffentlichte Dissertation, Wien 1967, S. 292f, 370f; *Welz, Joachim*, Erfolgsstory oder Trauma, S. 53, 2018; andererseits „übersieht" die Kritik gern, dass (nicht nur) 1866 die „ungebildeteren" preußischen den „gebildeteren" Offizieren Bayerns und Österreichs überlegen waren.

[61]   Statt vieler als authentische Quelle *von der Goltz, Colmar*, Das Volk in Waffen, S. 45-53, 5. Aufl., 1899.

[62]   *Kroener*, S. 5.

[63]   *Kroener*, S. 5; zum Unterschied von Tradition und Konvention BMVg, Handbuch Innere Führung, S. 50f.

vielmehr wurde auch versucht, gesellschaftliche Schranken aufrecht zu erhalten und die „Bürgerlichen" in Stil und Mentalität der alten Offiziersklasse anzunähern.[64]

Es darf aber nicht übersehen werden, dass ein wesentlicher Garant der Bildung im traditionellen Heer die **Reserveoffiziere** waren.[65] Hierfür „reichte" zwar auch **„das Einjährige"**, also die mittlere Reife – vor der „Öffnung" der höheren Bildung Ende der Sechzigerjahre und mangels Fachhochschulen war dies aber die Bildung der klassischen Ingenieure und des gehobenen Managements. Ein großer Teil, häufig Lehrer, hatte auch akademische Abschlüsse. Trotz gelegentlicher Versuchung, in Habitus und Mentalität „militarisiert" zu werden, waren Reserveoffiziere so eine **Brücke für Bildung und Liberalisierung** ins Militär.

Einfallstor für steigende, vor allem technische, Bildung und **„Speerspitze"** bei der Öffnung für Bürgerliche war dabei die **Marine**.[66]

Als Gipfel des militärischen Bildungsgebots sollte der Führernachwuchs auf Militärakademien wissenschaftlich ausgebildet werden.[67] Einen höchst bemerkenswerten Ansatz hatte hierzu die Paulskirchen-Nationalversammlung: Für das „höhere militärische Studium" sollten an zivilen Universitäten „Lehrstühle der Kriegswissenschaft" errichtet werden![68] Allerdings setzten sich weniger demokratische und militärischere Modelle durch. Musterbeispiel ist die **preußische Kriegsakademie**[69] mit der Ausbildung für die obere Führung, den Generalstab

---

64 *Bald*, Sozialgeschichte, S. 17f; *van Creveld*, S. 32.

65 *Kröner*, S. 5.

66 *Bald*, Offizier, S. 98ff; *Herwig, Holger H.*, Das Elitekorps des Kaisers, die Marineoffiziere im Wilhelminischen Deutschland, S. 37ff, 39, 1977; *ders.*, Soziale Herkunft und wissenschaftliche Vorbildung des Seeoffiziers der Kaiserlichen Marine vor 1914, S. 82, 1971; zur internen Ausbildung und Marineakademie *Petter, Wolfgang*, Deutsche Flottenrüstung von Wallenstein bis Tirpitz, S. 113, 228, 231, in: Militärgeschichtliches Forschungsamt (Hrsg.) Band 5, Abschn. VIII, Deutsche Marinegeschichte der Neuzeit 1977.

67 1751 Theresianische Militärakademie Wiener Neustadt mit Doppel-Auftrag der Gründerin: „tüchtige Offiziere und rechtschaffene Männer", Karlsberg 1792, Sandhurst 1799, Westpoint 1802, St. Cyr 1802, Preußische „höhere Kriegsschule", Berlin 1810; *Fleckenstein*, S. 58.

68 Art. XI, § 60 des Gesetzentwurfes zur Wehrverfassung, zitiert nach *Rühle*, S. 47.

69 Von Scharnhorst 1810 gegründete „Höhere Kriegsschule", seit 1859 Kriegsakademie.

und als Lehroffiziere, die nach der Wehrverfassung des Kaiserreichs auch für die Generalstabsausbildung der anderen deutschen Länder mit Ausnahme Bayerns zuständig war.[70] Nicht zuletzt durch **strenge Selektion** stellte diese hohe und mit Universitäten mindestens vergleichbare Ansprüche, blieb aber nach Organisation und Lehrbetrieb militärisch. Nur der echte Führernachwuchs, nur wenige Prozent der Offiziere, kamen in den Genuss dieser Ausbildung und bei der Auswahl spielten nicht nur Leistung, sondern auch „Charakter", Herkunft aus „erwünschten Kreisen" und Beziehungen sowie Reste eines Selbstrekrutierungsrechts der Regimentskommandeure eine Rolle.

Zunächst war der Anteil **allgemeinwissenschaftlicher Fächer** wie Mathematik, Naturwissenschaften und Sprachen den militärfachlichen gleichrangig. Allerdings wurde schrittweise, vor allem seit der Unterstellung der Kriegsakademie unter den Chef des Generalstabs (Moltke) 1872 die tendenziell universalistische Bildungskonzeption Scharnhorstscher Schule zunehmend auf das **Militärfachliche** eingeengt und die wissenschaftlich-theoretischen Curricularanteile mehr und mehr zugunsten militärfachlicher Aspekte reduziert.[71] Trotzdem hatten gerade die preußischen Generalstabsoffiziere und ihre Ausbildung national und international einen hervorragenden Ruf und galten weltweit als Vorbild und Maßstab,[72] wenn auch die Kritik nach den verlorenen Weltkriegen unüberhörbar wurde.

Zwar waren in der **Weimarer Republik** durch Art. 176 WRV „militärische Ausbildungseinrichtungen" verboten, was für Generalstabsoffiziere mit dezentralisierten **„Führergehilfenkursen"** zu umgehen versucht wurde. Es wurde aber am Abitur festgehalten,[73] wenn auch weiter Schlupflöcher gepflegt wurden (Primareife, großzügige Behandlung von „erwünschten" Kandidaten).[74] Scheinbar ergab sich für Bildung und soziale Offenheit des Offizierskorps der Reichswehr eher ein

---

[70] Nach Reservatrecht/Wehrverfassung des Kaiserreiches bestand daneben noch eine kleine bayerische Kriegsakademie (nur) für den Bedarf des Bayerischen Heeres, *Fuchs, Achim,* Einführung in die Geschichte der Bayerischen Armee, S. 88, 2014; *Görlitz,* S. 95.

[71] *De Maizière,* S. 1, *Görlitz,* S. 98.

[72] *De Maizière,* S. 1; *Görlitz,* S. 100; von Bismarck gar, nur teilweise ironisch, als „Halbgötter" heroisiert; zur Kritik *Förster,* Offizier, S. 29; *Bald* et al., S. 70f.

[73] *Wohlfeil/Dollinger,* S. 128.

[74] *Förster,* Offizier, S. 13; *Rühle,* S. 48; *Wohlfeil/Dollinger,* S. 55, 131.

Rückschritt, der aber mehr durch den extremen Selektionseffekt – bevorzugt waren Generalstabsoffiziere übernommen worden – als durch Seeckts konservative Grundrichtung verursacht war;[75] andererseits gab es auch „häufige" Abkommandierung von Offizieren zum **Studium** an Universitäten und Technische Hochschulen.[76]

Grundsätzlich gab es nur Berufsoffiziere mit einer Dienstzeit von 25 Jahren;[77] ab 10 Jahren bestand aber die Möglichkeit zum Ausscheiden mit lebenslanger Pensionsberechtigung, was die Überalterung und Kopflastigkeit des Offizierskops verhindern sollte.

In der extremen Aufrüstung der **Nazi-Zeit** wurden zwar für Auswahl und Ausbildung der Offiziere alle sozialen Schranken, Privilegien und konservativen Prägungen abgeschafft. Zunächst wurde noch an den Bildungsstandards festgehalten,[78] aber alsbald **„Kämpfer"- Image** und Linientreue zu Lasten der „Bildung" vollends übersteigert und pervertiert.[79]

Dies kulminierte im **2. Weltkrieg**: Auch wenn die Kampfkraft der Wehrmacht vergleichbaren Formationen der Gegner in Ost und West

---

[75] Reduktion der Offiziere durch den Versailler Vertrag von 38 000 1913 auf nur noch 4 000, hierzu und zum Auswahlstreit Neitzel, S. 100ff. Zum Nachdenken aber der Hinweis, dass gerade die „Gebildeten" in der Gesellschaft überproportional mit Hitler sympathisierten, sinngemäß *Litt*, wörtlich zitiert von de Maizière in Göttingen am 15.12.1965, zitiert nach *Karst*, S. 28; vgl. auch die 68er Bewegung.

[76] *Demeter*, S. 105.

[77] S. o. S. 20.

[78] Zitat *von Blomberg*, in: Neugebauer, Karl-Volker, Vom eigenständigen Machtfaktor zum Instrument Hitlers, S. 225, in: Grundkurs deutsche Militärgeschichte, Band 2.

[79] 1943 wurde Offizieren das Tragen akademischer Titel verboten, *Bald*, Offizier, S. 109; *Förster*, Offizier, S. 23.

überlegen war,[80] war der theoretisch-formale Ausbildungsstand vor allem gegen Kriegsende unzureichend.[81] Zwangsläufig war das Aufstiegsmodell dominant: Für die Masse der Offiziere blieb es trotz des grundsätzlich geforderten Abiturs[82] wesentlich bei dem Schema, Einstieg der Offizieranwärter tatsächlich als Rekrut, allerdings mit Sonderlaufbahn als Offizieranwärter, und „Aufstieg" in die höheren Dienstarten nach Dienstzeit, Bewährung und Lehrgängen auf waffengattungsbezogenen Truppenschulen.

Dies Modell hat den Offizierberuf, sein Berufsbild und sein Image nachhaltig geprägt und auch viele Oberschüler angezogen, die mehr praktisch als wissenschaftlich veranlagt waren und – nicht selten aus finanziellen Gründen – nicht unbedingt das Abitur machen oder studieren konnten oder wollten. Bei kritischen Untersuchungen zum Bildungsstand der Offizieranwärter und Offiziere wird allerdings gern der relative Aspekt übersehen: bis über die Mitte des 20. Jahrhunderts waren gymnasiale und akademische **Bildung fachlich und sozial selektiv** und die Anforderungen im Gymnasium sehr hoch.[83] So erwarben nur wenige Prozent der Bevölkerung die Hochschulreife und hinter der Primareife oder im „Einjährigen" verbargen sich beachtliche Intelligenz- und Bildungspotentiale, so dass heutige Hochschulzugangsberechtigung und u. U. Studium zwar formal „höher" sind, aber nur bedingt auf bessere Intelligenz, Bildung und Qualifikation schließen lassen.

---

[80] Was die Argumentation der Traditionalisten gestärkt hat; *van Creveld, Martin*, Kampfkraft, 2. Aufl., S. 10f, 14, 18-21, passim, 2006; *Dupuy, Trevor N.*, A Genius for war, The German Army and General Staff 1807-1945, S. 3, passim, 19; *Uhle-Wettler*, Höhe- und Wendepunkte deutscher Militärgeschichte, S. 141f, 1984; *Zimmermann, John*, „über alle Fronten hinweg bewunderte …", Zwischen Reformern und Traditionalisten, S. 297, in: Möllers/Schlaffer (Hrsg.), Sonderfall Bundeswehr, S. 295-310, 2014, zitiert *Zimmermann, John*, differenzierend *Neitzel*, S. 242 – 248.

[81] Himmeroder Denkschrift vom Oktober 1950, in: *Rautenberg/Wiggershaus*, 2. Aufl., S. 49f, 53ff, erste Studie für neue westdeutsche Streitkräfte, darin Ausführungen zu Ausbildung und „innerem Gefüge", Abschn. IV, V A.

[82] *Förster*, Offizier, S. 15; häufig ersetzt durch das Notabitur.

[83] Traditionell altsprachlich mit Latein und Griechisch, dann nur schrittweise neusprachlich mit drei Fremdsprachen, darunter zwingend Latein, und erst allmählich entstanden auch Realgymnasien und Oberrealschulen, die seit 1990 das Abitur auch ohne Griechisch und Latein verleihen konnten.

3. Offizierausbildung in der frühen Bundeswehr

Symbol für den neuen Geist der Bundeswehr ist ihr Gründungsdatum, der 12. November 1955, der **200. Geburtstag von Scharnhorst**, der Galionsfigur der Reformen von 1806 ff und Protagonist des „gebildeten" Offiziers. In der Tat sollte mit der Bundeswehr etwas „grundlegend Neues" entstehen.[84] Im Zuge der **„Inneren Führung"** sollten vom „Staatsbürger in Uniform" auch wissenschaftliche Grundkenntnisse und das soziale Umfeld internalisiert werden.[85] Ein Ergebnis war die Gründung der Schule für Innere Führung mit wissenschaftlichem Forschungs- und Lehrstab schon 1956. Auch wurden bereits in ihrer Gründungsphase, wesentlich unter Federführung Graf Baudissins, Modelle zu einer deutlich stärkeren Akademisierung entwickelt; z. B. wurden bis zu 21 Monate wissenschaftliches Studium an der Schule für Innere Führung bzw. einer „Akademie" geplant,[86] die dann unter dem Druck der Praxis und dem Widerstand der Traditionalisten nur rudimentär verwirklicht werden konnten. So wurde das Aufstiegs- und Selektionsmodell weitgehend auch in der neuen Bundeswehr dominant; ein wichtiges Auswahlkriterium war dabei die „Osterfahrung" als gern gesehener „Qualitätsnachweis".[87] Demgegenüber stand Graf Baudissins Forderung, „zivile Qualifikation ist wichtiger als militärischer Ruf in der Wehrmacht". Bei dem schnellen Aufbau der Bundeswehr musste aber zwangsläufig die Rekrutierung der Offiziere weitgehend aus kriegsgedienten, meist nur flüchtig ausgebildeten Wehrmachtsoffizieren erfolgen, die zudem oft nicht deren erste Garnitur waren: Durch die politischen und ökonomischen Entwicklungen – kein Militär, Wirtschaftswunder, Bildungsoffensive – waren die meisten Wehrmachtsof-

---

[84] Himmeroder Denkschrift, die im Übrigen der Ausbildung nur wenige Sätze widmet, aber unter „innerem Gefüge" die "Charakterbildung und Erziehung" betont, S. 49f; Handbuch Innere Führung, S. 53.

[85] Seither „Markenkern" der Bundeswehr; statt vieler: paradigmatisch BMVg, Handbuch Innere Führung; *de Maizière*, S. 2; *Wenske/Zündorf*, Ein eiserner Vorhang ist niedergegangen, S. 84 ff, in: Grundkurs deutsche Militärgeschichte Band 3, 2008, künftig zitiert *Wenske/Zündorf*.

[86] *Kutz*, Soldaten, S. 177ff; *Kutz*, Kontinuität, S. 34; *de Maizière*, S. 2.

[87] *Kutz*, Soldaten, S. 174f, 177 m. w. N.

fiziere nach zehn Jahren gut in die Zivilgesellschaft integriert und wollten nicht mehr zum Militär zurück;[88] zudem waren nach totaler Niederlage und Zusammenbruch des Nazi-Regimes in der Bevölkerung dominierende **pazifistische und militärfeindlichen Tendenzen** – „ohne mich"- Bewegung, Paulskirchen-Bewegung[89] – in der Gesellschaft dominant und Stellenwert und Image des Militärischen dramatisch gesunken. Dies schlug auch auf den Offizier„stand" durch, der kein besonderes Prestige mehr haben sollte.[90] Dadurch herrschte von Anfang an in der Bundeswehr zumindest qualitativ ein **Bewerbermangel**, der nicht die gewünschte Auswahl gestattete. Andererseits waren die Anforderungen militärfachlich durch moderne Waffentechnik und intellektuell durch das spezielle, differenzierte und extreme Kriegsbild des Atomkrieges[91] sowie durch die Grundsätze der „Inneren Führung" als psychologisch-pädagogische Kehrtwende und neuer „Markenkern" deutlich gestiegen. Die Folge waren die zahlreichen Mängel, Krisen und Image-Probleme der jungen Bundeswehr. Dies führte auch zu grundsätzlicher Kritik an der Qualität der Offiziere und dem Ausbildungssystem für den Offizierberuf.[92] Es wurde deshalb zunehmend wieder eine stärkere Betonung der Bildung und der Anschluss an das allgemein gestiegene Bildungs- und Akademisierungsniveau durch wissenschaftliche Ausbildung(santeile) gefordert. Dies war allerdings ein genereller Bruch mit der bisherigen Tradition der Offizierausbildung nicht nur in Deutschland und würde Leitbild und Image des Offizierberufes grundlegend verändern.

Ein weiterer grundsätzlicher Streitpunkt, der sich auch deutlich in der Offizierausbildung zeigte, war die Verteilung von Zuständigkeiten und

---

88 Vgl. *Kutz*, Soldaten, S. 177.
89 Mit den eingängigen Kampagnen und Slogans „nie wieder Krieg", „lieber rot als tot", „Antiatomtod".
90 *Baudissin*, Soldat für den Frieden, S. 20, 25; *Reuter-Boysen*, S. 15 m. w. N.
91 Der Atomkrieg wurde als durchaus wahrscheinlich angesehen: *Bald*, Bundeswehr, S. 55 f; Bolik, Gerd, NATO-Planungen für die Verteidigung der Bundesrepublik Deutschland im Kalten Krieg, 2021, S. 13ff; und würde extreme Anforderungen, auch an die psychische Leistungsfähigkeit, stellen; paradigmatisch Graf *Baudissin*, Das Kriegsbild, S. 16f, Beilage zu Heft 9/62 „Information für die Truppe", wobei die Reformer dies Kriegsbild noch mehr beschworen als die Traditionalisten.
92 Gutachten Tz 19.

Einfluss auf die „Zentrale", repräsentiert durch den **Generalinspek-teur**, mit Betonung der bundeswehrgemeinsamen Offizierausbildung, **vs. die Teilstreitkräfte** und deren Inspekteure, wobei letztere auf ihren Einfluss und die Dominanz der teilstreitkraft- bzw. truppengattungsbezogenen Ausbildung achteten und partikularistisch und, besonders das Heer, eher traditionalistisch wirkten.[93]

Darunter schwelte weiter der alte Streit, ob es bei Offizieren mehr auf handwerkliches Können oder Persönlichkeit und Bildung ankomme. Hintergrund waren aber nicht nur die konkreten Mängel und Krisen, sondern auch grundlegende fachliche und politische Differenzen, die lange Auseinandersetzung zwischen den **„Reformern" und den „Traditionalisten"**.[94] Diese umfasste auch das Leitbild der Offizierausbildung. Während die Traditionalisten im Prinzip das Aufstiegsmodell in der Truppe, angereichert durch zusätzliche, längere und bildungsmäßig aufgestockte Lehrgänge, bewahren wollten, hat den Reformern bereits von Beginn an ein stärker akademisiertes und zivileres System – 21 Monate Studium an der Schule für Innere Führung – vorgeschwebt. In einer Mischung pragmatischer und ideologischer Überlegungen haben sich bei der Offizierausbildung zunächst die Traditionalisten tendenziell durchgesetzt, so auch bei der am 1.4.1957 wiederaufgenommenen Generalstabsausildung an der Führungsakademie.[95] Allerdings wird von den Kritikern gern übersehen, dass es zunehmend **Ansätze für Verwissenschaftlichung** und Akademisierung in der Offizierausbildung gab:

Ein Teil der übernommenen Wehrmachtsoffiziere hatte nach 1945 **zivil erworbene Hochschulabschlüsse**. Für die „Sonderlaufbahnen" –

---

[93] Dies ist ein generelles Phänomen, was wenig mit Tradition, Reformen oder Politik zu tun hat, sondern „nur" mit Psychologie, dem allzu menschlichen Kampf um Macht und Einfluss.

[94] „Machtkampf", *Voigt*, Neuordnung, S. 50f. Die profiliertesten Vertreter der „Reformer" waren deren Ikone Graf Baudissin, aber auch die „Heiligen Drei Könige" de Maizière, Graf Kielmannseck und Foertsch; die Einordnung von Heusinger und Speidel ist eher umstritten; die „Traditionalisten" waren von Bonin, Grashey, Karst, Schneez und von Studnitz; *Bald*, Bundeswehr, S. 69, und *Kutz*, Kontinuität, S. 25-48, insbes. S. 29, beide deutlich den Reformern nahestehend; *Förster*, Offizier, S. 29; *Wenske/Zündorf*, S. 88 ff; *Zimmermann, John*, S. 295-310.

[95] Kritisch *Bald*, Bundeswehr, S. 62.

Ärzte, Zahnärzte, Veterinäre, Apotheker, Militärmusik, Geoinformationsdienst – war und ist bis heute ein **externes, ziviles Studium** an Landesuniversitäten erforderlich. Auch hat die Bundeswehr gezielt Offiziere, ca. 4% eines Jahrgangs, zum Studium an Universitäten freigestellt, um für entsprechende Probleme und Verwendungen Spezialisten mit wissenschaftlichen Abschlüssen heranzuziehen.[96] So hatten 1971 20% der Generale und Admirale einen Hochschulabschluss.[97] Schließlich wurden drei Bildungseinrichtungen in **bundeswehreigene Fachhochschulen** aufgewertet, an denen bereits 15 – 20% eines Jahrganges studierten und das Diplom FH erwarben.[98]

Trotz dieser Ansätze akademischer Bildung der Offiziere war aber eine **Krise der Bundeswehr** unübersehbar. Der militärisch-industrielle Komplex wurde ebenso wenig beherrscht wie innere Krisen.[99] Vor allem das Durchschlagen des **Wertewandels** in der Gesellschaft auf die Bundeswehr mit politisch-moralischen Legitimationsproblemen und Anwachsen der Kriegsdienstverweigerungen – bis zu 52% der Abiturienten – führten zu einem **Fehl von 6 000 Offizieren**. Während sich etliche Abiturienten noch auf zwei und gelegentlich drei Jahre verpflichteten, Reserveoffizier wurden und erst anschließend ein Studium an Landesuniversitäten aufnahmen, bestand das schlimmste Defizit bei länger dienenden Zeitoffizieren. Vor allem diese „Krise in der Personalstruktur"[100] machte den Reformbedarf überdeutlich.

---

[96] *De Maizière*, S. 3; *Zimmermann*, S. 28; 1971 studierten so 227 Offiziere, Gutachten, S. 151.
[97] *De Maizière*, S. 5.
[98] Darmstadt, München, Heer, Neubiberg, Luftwaffe; *Zimmermann*, S. 28; zu Geschichte und rechtlicher Konstruktion s. u. S. 32, 40, 67f, 74, 102.
[99] „Technische" Krisen z. B. Starfighter, HS 30 – Schützenpanzer, korrodierende U – Boote; „politische" Krisen z. B. „bedingt einsatzbereit"/Spiegelaffäre, Wehrbeauftragter Heye, Gewerkschaftserlass/Rücktritt des Generalinspekteurs; 68er, „Friedensbewegung"; „Iller-Unglück; Nagold-Affäre, Generals-Affäre, Affäre um Haar- und Barttracht; *Bald*, Bundeswehr, S. 66-69, 93; *Kutz*, Reform, S. 95-100; *Schößler*, S. 5 f; *Schlaffer/Sandig*, S. 108, 111; *Wenske/Zündorf*, S. 86-90; kritische Bewertung auch von konservativer Seite, so Schneez, zitiert nach *Kutz*, Reform S. 101, Fn. 265; „Schneez-Studie" abgedruckt in *Schlaffer/Sandig*, S.100f.
[100] *Kutz*, Kontinuität, S. 44; *de Maizière*, S. 3; *Neitzel*, S. 298; *Reuter-Boysen*, S. 9, 14 f, 21; *Schößler*, S. 6; *Zoll*, Vorwort, S. 7 in: BMVg, soziale Herkunft; Dokumentation der Bildungskommission, Gutachten S. 191 ff (der Peak an OAs 1967 ist Folge der Kurzschuljahre).

Von Minister von Hassel und Generalinspekteur Trettner wurde deshalb ein **Drei-Stufen-Plan** mit wissenschaftlichen Elementen auf grundlegenden Wissensgebieten, eine Art „berufsbezogenes Studium Fundamentale", sowie einer Wehrakademie und einer Stabsakademie als neue wissenschaftliche Ausbildungsstätten und mit Forschungselementen in Angriff genommen.[101] Dies war ein einheitliches Stufenkonzept zur Ausbildung für Offiziere, in das erstmalig **wissenschaftliche Elemente** – 21 Monate akademische Ausbildung in drei Phasen – integriert waren,[102] worin eine Art duales Studium gesehen werden könnte.

Dieser Reformansatz blieb Stückwerk und wurde überholt durch die großen **gesellschaftlichen und politischen Veränderungen** Ende der Sechzigerjahre.[103] Wertewandel, Wunsch nach Veränderungen, Reformeuphorie, speziell die „Bildungsreform" mit „Öffnung" der Gymnasien und Hochschulen, erzeugten eine Aufbruchsstimmung mit Übergang von der konservativen Dominanz zur sozialliberalen Phase seit Oktober 1969 mit Bundeskanzler Brandt und **Verteidigungsminister Schmidt.**

---

[101] „Vorläufige Richtlinien für die Bildungsarbeit innerhalb der Berufsausbildung des Offiziers", Erlass vom 19.8.65 (abgedruckt in: Grundzüge der Bildungsarbeit für den Offizier, Schriftenreihe Innere Führung, Reihe Bildung, Heft 1, 1977), Federführung Wagemann; während die Stabsakademie 1967 realisiert wurde, ist die Wehrakademie nur als schüchterner „Modellversuch" in Hilden (dem Wahlkreis des nachgefolgten Verteidigungsministers Schröder) nur rudimentär in Betrieb genommen worden; *de Maizière*, S. 2; *Kutz*, Reform, S. 86-90; *Reuter-Boysen*, S. 19ff.

[102] Übernahme (nur) von Elementen des in den Fünfzigerjahren von Baudissin entwickelten Modells, *Kutz*, Soldaten, S. 177f; generell kritisch *Kutz*, Reform, S. 93.

[103] (Studenten)Proteste gegen Vietnamkrieg, erschüttertes Vertrauen in das „Establishment" durch die Schulden-, Wirtschafts- und Arbeitsmarktkrise 1967, die 68er Bewegung, Notstandsgesetze; Auswirkungen auf die Bundeswehr *Neitzel*, S. 358 – 369.

III. Neuordnung der Ausbildung – das Offizierstudium[104]

1. Die historisch – politischen Voraussetzungen

Hiervon war auch die Bundeswehr grundlegend betroffen. Kündigte schon Willy Brandt in seiner Regierungserklärung im Oktober 1969 eine „umfassende kritische Bestandsaufnahme der Bundeswehr" an,[105] wurde das Initial für tiefgreifende Reformen der Bundeswehr das vom neuen Verteidigungsminister Helmut Schmidt vorgelegte **Weißbuch vom Mai 1970**. Dies verstand sich generell als Startschuss für **Reformen der Bundeswehr an Haupt und Gliedern**, analysierte die Mängel und Defizite und sah umfassende und tiefgreifende Veränderungen vor, konkret 124 Maßnahmen, darunter die Änderung von 88 Verordnungen und 36 Änderungen an 21 Gesetzen. Dies war zugleich ein Paradigmenwechsel von Reformversuchen von „innen" (Baudissin, Drei-Stufen-Plan) zu Reformen von „außen", durch die Regierung an der Bundeswehr, die in bewundernswert kurzer Zeit weitgehend realisiert wurden.[106]

Die Reform musste vor allem zwei Stoßrichtungen haben: Ein Schwerpunkt war die **Neuordnung von Ausbildung und Bildung** und der zweite die **Attraktivität der (Zeit)Offizierlaufbahn**, die in engem Zusammenhang gesehen wurden. Das Weißbuch ging davon aus, dass aufgewertete Ausbildung ein wesentlicher Faktor für das Berufsbild und damit die Attraktivität des Offizierberufes ist, und betonte die Notwendigkeit, Ausbildung, Bildung und Erziehung in der Bundeswehr grundlegend neu zu ordnen.[107] Im Mainstream der allgemeinen Reformeuphorie und der „Bildungsreform" wollten inzwischen **80 – 90% aller Abiturienten studieren** und ohne Akademisierung hätte sich das Rekrutierungspotential für den Offiziersnachwuchs auf die

---

[104] Ohne Genitiv-S entsprechend der bundeswehrüblichen Schreibweise.
[105] 6. WP, 5. Sitz. am 28.10.1969, StenBerBT S. 26.
[106] *Kutz*, Reform, S. 30f, 101f.
[107] *Weißbuch* 1970, Tz 173.

verbleibenden gut 10% eingeengt.[108] Zudem wären 3/4 aller länger dienenden Offiziere und selbst 2/3 der Berufsoffiziere ohne das dortige Studium nicht zur Bundeswehr gekommen.[109] Diese Überlegungen waren eingebettet in die allgemeine Reformeuphorie in Politik und Gesellschaft. Generell sollte die Bildungspolitik das Kernstück der Reformen in der sozialliberalen Regierung sein, wie es in den Schlüsseldokumenten – Strukturpläne von Bildungs- bzw. Wissenschaftsrat, dem Bildungsbericht der Bundesregierung von 1970 und schließlich dem **Entwurf eines Hochschulrahmengesetzes im Februar 1971**[110] zum Ausdruck kommt. Davon war der tertiäre Sektor vor allem durch die Forderungen nach Durchlässigkeit, Chancengleichheit, Öffnung der Hochschulen, Diversifizierung und Zusammenfassung von Hochschularten (Gesamthochschulen), innere Hochschulreform (Gouvernance, Mitbestimmung, Gruppen) und Studienreform betroffen.[111] Die Bildungsreform in der Bundeswehr verstand sich als Teil der allgemeinen politischen und wissenschaftlichen Diskussion zur Bildungsreform. Die Aufgabe war, eine **Synthese** zu erreichen aus den **Erfordernissen der Bundeswehr** und den (geplanten) **Reformen des zivilen Hochschulwesens,** wonach das militärische Bildungswesen in das zivile zu integrieren war.[112]

Dem wollte Minister Schmidt nicht nur folgen, sondern insbesondere mit der Offizierausbildung nach Ziel, Art, Ausrichtung und Zeitplan im Scharnhorstschen Geiste voranschreiten. So musste es auch in der Offizierausbildung zum **Paradigmenwechsel** i. S. d. Reformer, d. h. dem grundsätzlichen Umstieg in der Offizierausbildung von dem bisherigen Leitbild „vom Beruf zur Bildung" zum neuen Leitbild „von der Bildung zum Beruf"[113] kommen und der Weg war frei für das generelle zivile Offizierstudium.

---

108 *Bald/Lippert/Zabel,* S. 26; *de Maizière,* S. 4.
109 *Bald/Lippert/Zabel,* S. 12.
110 BT-Drs. 6/1873 vom 23.2.1971, zitiert EHSG.
111 *Spangenberg,* Brief an Verteidigungsminister Leber im Februar 1973, zitiert nach *Lößl,* S. 2 und *Reuter-Boysen,* S. 10; Gutachten, TZ 1, 13 f, Anhang S. 105 ff; sinngemäß BMVg, Hochschulen 74, S. 1; Darstellung der Diskussion um die Maßnahmen zur Bildungsreform *Zimmermann,* S. 18-22; s. o. S. 9, s. u. S. 230f.
112 *Zimmermann,* S. 31.
113 *Hornung,* Schwerpunkt-Probleme der Bundeswehrhochschulen, S. 37.

2. Reformkonzept ziviles Studium ...... oder: science can't be ordered

Für die Ausbildungsreform in der Bundeswehr werden im Weißbuch 1970 etwas eingekleidet, aber doch deutlich, vier Ziele genannt: größtmöglicher **Nutzen für den beruflichen Werdegang** innerhalb der Bundeswehr sowie zweitens für die Zeitoffiziere später im zivilen Leben, was drittens gleichzeitig der Effizienz der Bundeswehr dienen soll, sowie viertens Hebung der **Attraktivität der Offizierlaufbahn.**[114] Dies lässt zur Bekämpfung der offensichtlichsten Defizite die beiden Hauptstoßrichtungen erkennen, grundlegende Reform von Bildung und Ausbildung und – dadurch! – die Personalsituation, vor allem bei länger dienenden Zeitoffizieren, nachhaltig zu verbessern.

Hierfür wurde durch Erlass des Verteidigungsministers vom 11. Juli 1971 eine **Expertenkommission** gebildet. Von den 24 Mitgliedern waren zwölf Militärs (von Oberfeldwebel bis zu Generalleutnanten – den stellvertretenden Inspekteuren der Teilstreitkräfte) – und 12 einschlägig ausgewiesene Zivilisten (Vertreter aus Wissenschaft, Wirtschaft und Verwaltung)[115] unter dem **Vorsitz von Prof. Thomas Ellwein.**[116] Um angesichts des zu erwartenden Erdrutsches Gelegenheit zur Diskussion zu geben, erstellte die Kommission zunächst ein Rahmenkonzept[117] mit den Grundzügen der Vorschläge und legte erst nach dessen Diskussion in Bundeswehr und Öffentlichkeit am 18. Mai 1971 ihr einstimmig(!) verabschiedetes **Gutachten** mit Empfehlungen

---

[114] *Weißbuch* 1970, S. 130; etwas deutlicher *Weißbuch* 1971/72, S. 66.

[115] Personelle Zusammensetzung Gutachten, S. 9f; nach Provenienz geordnet sowie Unterstützungspersonal der Ministerien und Berater, *Ellwein/Müller/Plander*, S. 19f.

[116] Seit Sommer 1970 Direktor des „Wissenschaftlichen Instituts für Erziehung und Bildung in den Streitkräften" (seit 1974 Sozialwissenschaftliches Institut der Bundeswehr); Ellwein galt damals als „Bildungspapst" der SPD, *Kutz*, Reform, S. 108f, Fn. 296, was manifestiert, dass die Reform eine nicht unproblematische parteipolitische Tendenz hatte, was aber die Durchsetzung gegenüber der Kritik von „links" erleichterte, s. u. S. 42f, 72.

[117] Kommission zur Neuordnung der Ausbildung in der Bundeswehr, „Rahmenkonzept ... in Vorbereitung auf das ... Gutachten über die zukünftige Organisation und Inhalte der Aus- und Fortbildung von Offizieren ..." vom 17.12.1970.

vor.[118]

In seinem Vorwort betont Minister Schmidt seine Reformziele und erläutert die grundlegende Wende als gewollte Abkehr von der bisherigen Situation und dem seinerzeitigen Geist der Bundeswehr.[119]

Die Kommission behandelte Aus- und Weiterbildung in der Bundeswehr als Gesamtkonzept. Zur späteren Ausbildung höherer Funktionsträger und Weiterbildung sind „Akademien der Bundeswehr" vorgesehen; insbesondere soll als höchste Stufe, also noch über der Generalstabsausbildung, eine „Bundesverteidigungsakademie" gebildet werden.[120]

Als Vergleichsbasis untersucht sie „Modelle und **Tendenzen in anderen Streitkräften**", d. h. ausländischer Armeen.[121]

Zur Betonung des Wegweiser-Charakters und der Einbettung in das allgemeine Bildungssystem übernimmt die Kommission die fünf damals aktuellen Schlüsseldokumente der geplanten allgemeinen Bildungsreform in ihre Dokumentation.[122]

Schwerpunkt des Gutachtens war jedoch die Offizierausbildung. Nukleus der Reform waren zwei epochale Neuerungen: das **wissenschaftliche (Pflicht)Studium** für alle länger dienenden Offiziere und hierfür **bundeswehreigene Hochschulen**.

Der Kernbegriff der „Einsatzbereitschaft" aus dem Weißbuch wurde aufgegriffen und hierunter die Steigerung der Leistungsfähigkeit durch Anpassung an die gesellschaftlichen, technischen und zukünftigen Entwicklungen verstanden. Um diesen Entwicklungen in Personalstruktur, Führungsmethoden, Organisation und Technik gerecht zu werden, rei-

---

118 Angesichts der inneren und äußeren Widerstände verwundert die Einstimmigkeit und deutet auf „gesteuerte" Besetzung oder externen Druck hin – Schmidt hat in seiner Amtszeit 61 Generale vorzeitig entlassen, *Kutz*, Reform, S. 115f, Fn. 305.

119 Gutachten S. 3, 5, 103.

120 Gutachten Tz 63; die Gründung ist bis heute nicht erfolgt und steht auch nicht mehr auf der Agenda, obwohl ein dringendes Bedürfnis für einen strategisch-wissenschaftlichen think-tank der Bundeswehr bestünde, s. aber u. S. 38, 103, 123, 216.

121 Gutachten S. 22f; s. u. S. 46f.

122 Gutachten S. 105-145: Weißbuch 1970, Strukturplan des Bildungsrates, Strukturplan des Wissenschaftsrates, Bildungsbericht 1970, Entwurf HRG Februar 1971.

che aber gezielte Ausbildung nicht aus, vielmehr müsse auch eine generelle Lernbereitschaft und eigenständiges Denkvermögen entwickelt werden. Hierzu werden die erziehungswissenschaftlichen Begriffe neu definiert.[123] Erziehung, Bildung und Ausbildung werden als Einheit gesehen und **Ausbildung als Überbegriff** verwendet.[124] Dies bedeute, so miteinander umzugehen, zu führen und zu unterrichten, dass Selbstdisziplin, Funktionsbereitschaft und Kooperationsfähigkeit gefördert werden; die Ausbildung des Ausbilders müsse deshalb eine pädagogisch-erzieherische und gesellschaftswissenschaftlich fundierte sein.[125] Dies erfordere nicht nur ein **generelles** Studium, vielmehr müsse dieses **berufsbezogen** sein und eine **„erziehungs- und sozialwissenschaftliche Anleitung"**[126] enthalten.

Die gesamte Ausbildung für alle Offizieranwärter mit einer Verpflichtungszeit von ursprünglich 12 (heute 13) Jahren wird als **Einheit** betrachtet und **auf fünf Jahre konzipiert** – neben dem Studium ein militärischer Vorlauf – grundsätzlich 15 Monate – und nach dem Studium eine Vorbereitung auf die anstehende militärische Verwendung durch zwei Offizierlehrgänge. Die anschließenden ersten zwei Jahre als Zugführer im Truppendienst werden als „angeleitete Praxis" definiert.[127]

Der Schwerpunkt und damit eigentliche „Kern" von Ausbildung und Kommissionsbericht, Fokus des Paradigmenwechsels und größter

---

[123] Gutachten Tz 24-29; in der Reform ein wichtiges Diskursobjekt, vgl. *Gessenharter*, S. 90f.; *Hoffmann*, Gesellschaftlicher Wandel, S. 253ff, 259.

[124] Gutachten Tz 25-29; Definition und Klimax der Ziele sind dabei durchaus auf Kritik gestoßen.

[125] Gutachten Tz 24; zum Erziehungsbegriff im militärischen Bereich vgl. „Erwachsenenpädagogik" und „Militärpädagogik" als eigenständige Disziplinen; Erziehung als Direktion und Interaktion, *Hoffmann*, Stabsoffizierausbildung, S. 161-181, insbes. S. 174f, 178; *Kutz*, Reform, S. 133f; praktisch definiert als „die pädagogisch reflektierte Gestaltung von Rahmenbedingungen, welche die Persönlichkeitsentwicklung von unterstellten Soldaten beeinflussen und insbesondere ihr Verantwortungsbewusstsein steigern", *Hartmann*, S. 63f; *Abenheim/Hartmann*, S. 193 unter Berufung auf Baudissin; *Neitzel*, S. 267ff; hierzu kritisch wg. Diskrepanz zum zivilen Erziehungsbegriff: es handelt sich um Erwachsene, die „Staatsbürger in Uniform" sind; beides inkludiert, dass die Erziehung „eigentlich" abgeschlossen sein sollte; *Abenheim/Hartmann*, S. 218f.

[126] Gutachten Tz 61; s. u. S. 40, 46, 93f, 97, 172.

[127] Gutachten, Tz 57.

Aufreger von Gutachten und Reformvorschlag ist aber das **zivile Studium für grundsätzlich jeden Offizier**, also mit Studienplatzgarantie, allerdings auch faktisch Studienzwang. Dieses Studium ist nach Inhalt und Form rein zivil; die Dozenten sollen nur nach den (Qualitäts)Kriterien wie an Landesuniversitäten berufen werden; es gibt keinerlei Vorgaben für militärische Affinität.[128]

Das Studium muss dem an Landeshochschulen gleichwertig sein und zu allgemein, also zu vor allem **im zivilen Bereich, anerkannten Abschlüssen** (damals Diplom, heute BA/MA) führen.

Um genügend Zeit für den eigentlichen militärischen Beruf – Vorlauf, Nachlauf und Einsatz in der Truppe – zu haben, sollte das Studium planmäßig in **drei Studienjahren** mit je neun Studienmonaten durchgeführt werden, wurde allerdings alsbald um ein Trimester und für den **MA** noch einmal **ein Jahr verlängert**.

Es muss für die spätere Berufspraxis als Offizier „gegenwärtig" sein und deshalb **am Anfang der Ausbildung** liegen.

Es muss auf den Bereich Militär ausgerichtete Besonderheiten aufweisen. Dies sind ein vor allem auf den Bedarf der Bundeswehr ausgerichtetes Fächerspektrum[129] – weiteres Kriterium hierfür ist die zivilberufliche Verwertbarkeit für ausgeschiedene Zeitoffiziere. Inhaltlich soll es **„berufsbezogen"**, also auf den Bedarf im Militär, ausgerichtet sein.[130]

Dabei übernehmen militärische Ausbildungsabschnitte die Rolle zusätzlicher Praktika.

Speziell auf den Einsatz als Offizier und Vorgesetzter zugeschnittene Elemente eines sozialwissenschaftlich-politischen Begleitstudiums – Anleitstudium – sind in das Studium integriert.

Die Gleichwertigkeit mit dem Studium an Landesuniversitäten bereits nach drei Jahren, trotz Anleitstudium und militärischer „Reste", soll durch ein **besonderes Studienmodell, Trimester**, Kleingruppenstudium, intensive Beratung und Betreuung, Gehalt als Soldat sowie Campuslage mit optimalen Studien-, Arbeits- und Wohnbedingungen (grundsätzlich Einzelzimmer) erreicht werden.

Der Offiziersstatus – Geltung des Soldatengesetzes – muss während

---

[128] Gutachten, Tz 58; *Bald/Lippert/Zabel*, S. 63; vgl. u. XVI. 3.
[129] Gutachten Tz 57; *Hornung*, S. 37; *Zimmermann*, S. 28.
[130] Relativiert im Zeittrend, vgl. „berufliches Tätigkeitsfeld", § 7 HRG; s. u. S. 92.

des Studiums erhalten bleiben.

Um dies zu ermöglichen und wegen der Synthese mit den militärischen Erfordernissen soll das Studium an **eigenen Hochschulen der Bundeswehr**[131] stattfinden. Die Frage eigener Bundeswehruniversitäten wurde mehr politisch als verfassungsrechtlich erörtert. Allerdings wurde aus verfassungsrechtlichen Gründen (Bildungsföderalismus) der etwas verquere Weg: Bund (nur) als Träger, Genehmigung (analog Privathochschule) durch die Sitzländer – gegangen; die Proklamierung einer (Annex)Kompetenz des Bundes oder die Chancen einer Grundgesetzänderung wurden kaum erörtert[132] und wären wohl auch nicht zu realisieren gewesen. Die HSBw waren also als **vom Bund getragene**, „sonstige" oder „private", **nach Landesrecht anzuerkennende**, § 54 EHRG,[133] endgültig § 70 HRG, Hochschulen zu konstruieren.[134]

Das Studium an diesen Hochschulen soll, eine weitere große Innovation gemessen an der militärischen Tradition, **„streitkräfteübergreifend"**, also für Heer, Luftwaffe und Marine und später hinzugekommene Organisationsbereiche (ganz neu „Dimensionen")[135] gemeinsam, stattfinden.

Entsprechend dieser Empfehlungen legte der BMVg die wesentlichen Vorgaben für das Offizierstudium fest,[136] die vom **Bundeskabinett am 5. Mai 1972** beschlossen und von Haushaltsausschuss und Verteidigungsausschuss gebilligt und vom Bundestag zur Kenntnis genommen wurden:[137]

Ergänzend wurden die wesentlichen Planungsdaten sowie die jeweiligen Fachbereiche vorgegeben: Errichtung von **zwei Hochschulen**;

---

[131] Dieser Begriff wird ohne Reflexion der verfassungsrechtlichen Situation verwendet. Es handelt sich (nur) um vom Bund getragene Hochschulen, die nach dem Recht der Sitzländer anzuerkennen waren, dies war bereits bei den Fachhochschulen des Bundes durchexerziert worden, s. u. S. 64ff.

[132] S. ausführlich u. III. 1.

[133] Vom 25.2.1971, BT-Drs. 6/1873, teilweise abgedruckt in Gutachten, S. 141.

[134] Gutachten Tz 58; *Zimmermann*, S. 21; s. u. S. 67f.

[135] S. u. S. 55.

[136] BMVg, Hochschulen 74, S. 2; *Kutz*, Reform, S. 117ff.

[137] BMVg, Hochschulen 74, S. 3f; *Reuter-Boysen* S. 33 f; das Plenum allerdings nur indirekt über die Haushaltsgesetze/Haushaltspläne und parl. Anfragen; eine direkte Beteiligung war nicht erforderlich, da es sich nur um ein Verwaltungsabkommen und nicht um einen Staatsvertrag (Gesetzesform) gehandelt hat; *Weise*, S. 35, 292f.

bestehende Einrichtungen der Bundeswehr sollten hierfür gebündelt werden, wofür die „Universitätsstädte München (tendenziell technische Fakultäten) und Hamburg (tendenziell geistes- und gesellschaftswissenschaftliche Fakultäten)" mit geplant 2 500 bzw. 2 200 Offizierstudenten ausgewählt wurden, sowie Festlegung des Studienbeginns auf „spätestens **Herbst 1973**".[138]

Das deutsche Modell – ziviles Studium an Bundeswehrhochschulen – war durchaus ein gelungener politischer und gesellschaftlicher Kompromiss: Der **Paradigmenwechsel von Ausbildung und Beruf zum Leitbild der Bildung** ist relativiert, indem „nur" theoretische (Lehrgangs)Komponenten verwissenschaftlicht, gebündelt und „nach vorn" gezogen werden;[139] es ist zwar im Kern zivil, es weist aber durch die bundeswehr-eigenen Hochschulen viele Komponenten auf, mit denen militärische (Mindest)Anforderungen in ziviles Studium transferiert wurden, was von Kritikern beider Seiten nicht immer so gewürdigt wurde.[140]

3. Kritik, Alternativen, damalige und heutige Trends:

Naturgemäß bietet eine solche „kopernikanische Wende" Angriffspunkte und war Gegenstand von Kritik und Anfeindungen, die anfangs durchaus heftig waren und von beiden Seiten gleich stark tönten. Dies waren sowohl „ideologische" wie pragmatische Positionen:[141]

Heftigster Streitpunkt war das spezielle Studium an **eigenen Hoch-**

---

[138] BMVg, Hochschulen 74, S. 3; Fachbereiche zunächst: jeweils Pädagogik; Wirtschafts- und Organisationswissenschaften, in München zusätzlich Informatik, Luft- und Raumfahrttechnik, Bauingenieurwesen mit Vermessungswesen; vgl. u. V. 3.

[139] *Ellwein*, in: Hochschulkurier der Universität der Bundeswehr München, 17, 1990, S. 15.

[140] *Kutz*, Reform, S. 119 – 147; *Zimmermann*, S. 28.

[141] *Bald/Lippert/Zabel*, S. 53-58; *de Maizière*, S. 5; *Hornung*, S. 32 f; *Kutz*, Reform, S. 115-119, 124; *Krex*, S. 88; *Reuter-Boysen*, S. 24f; *von Schroeders*, S. 24f; Schubert, S. 15.

schulen. Bei den erwähnten dramatisch eingebrochenen Bewerberzahlen für den Offizierberuf einerseits[142] und der explosionsartigen Zunahme von Zugangsberechtigungen und Studenten im zivilen Bereich war es noch am ehesten **konsensfähig, ein Studium** und einen akademischen Abschluss auch für Offiziere anzubieten.

So begrüßte die Kritik von links und aus der Hochschulszene zwar grundsätzlich das zivile Studium. Von der Hochschulrektorenkonferenz, dem Wissenschaftsrat, der Bundesassistentenkonferenz und starken Kräften innerhalb der SPD wurde aber vehement gefordert, das Studium **an bestehenden Landesuniversitäten** durchzuführen.[143] Auch die Masse der Kultusminister lehnte eigene HSBw ab.[144] Bei eigenen HSBw wurde demgegenüber die Gefahr wissenschaftlicher Isolierung, Elitebildung und Militarisierung von Wissenschaft und Gesellschaft beschworen und der Einbruch des Bundes in das Bildungsmonopol der Länder problematisiert.[145] Diese Kritik fokussierte sich in vier – bis heute relevanten – Bedenken: **Speerspitze für „Privat"Universitäten** außerhalb des „öffentlichen" Hochschulwesens; Isolation durch eigene Hochschulen und deren Campuscharakter; zu klein für effektive Forschung und damit Bumerang-Effekt auf das Niveau der Lehre und schließlich schränke der verbleibende **Soldatenstatus** mit den daraus resultierenden disziplinarrechtlichen Möglichkeiten Wissenschafts- und Studienfreiheit ein.[146]

Das „**Landesuniversitätsmodell"** war aber politisch und praktisch nicht realisierbar: Das Offizierstudium musste die geplanten vier Besonderheiten[147] – curricularer Ansatz, integraler erziehungs- und gesellschaftswissenschaftlicher Anteil, Soldatenstatus, (nur) dreijährig mit Trimestersystem – erfüllen. Es war klar, dass die – überfüllten – Landesuniversitäten in so kurzer Zeit nie im Stande wären, die den Vor-

---

[142] *Morick, Holger / Knuschke, Hardy,* Karriereentwicklungen im Vergleich, S. 24, in: Marr, Kaderschmiede.

[143] *Kutz,* Reform, S. 119f; von Schroeders, S. 23f.

[144] Vielleicht mit Ausnahme Bayerns und Baden-Württembergs, *Reuter-Boysen,* S. 41.

[145] *Linsinger,* S. 299; *von Schroeders,* S. 24f.

[146] Diskussion auf dem Landesparteitag der SPD in Hamburg 1972, zitiert nach *Kutz,* Reform, S. 121f.

[147] *Reuter-Boysen,* S. 30.

stellungen der Bundeswehr entsprechenden Studiengänge und Curricula mit erziehungs- und gesellschaftspolitischer Komponente, Sprachen- und Sportanteil zu entwickeln und in Zeiten von Überfüllung, NC und Revolte die erforderlichen Studienplätze und deren Kontingentierung für Offiziere außerhalb des NCs würden sicherstellen können;[148] insbesondere gegen das systemwidrige Trimester-Studium hätte es nicht zu überwindende mentale und organisatorische Widerstände gegeben.[149] So waren die Länder weder fähig noch willens, die Vorgaben des Verteidigungsministers zu erfüllen. Dabei hat auch die im Gefolge der 68er-Bewegung zweifelhafte Funktionsfähigkeit und Zuverlässigkeit der Landesuniversitäten eine Rolle gespielt.[150] Auch wenn so nicht alle Knabenmorgenblütenträume der „Reformer" reifen konnten, musste das Offizierstudium damit **an – eigenen – Hochschulen der Bundeswehr** stattfinden, um die speziellen Forderungen des BMVg zu erfüllen und eine Einheit von (zivilem) Studium und militärischen Anforderungen zu ermöglichen.[151] Hier war schließlich die Überzeugungsarbeit des Ministers innerhalb der SPD notwendig und erfolgreich,[152] wobei die parteipolitische „Schlagseite" der Reform die Akzeptanz erleichtert hat.

Von einer zunächst grundsätzlich kritischen Position konzentrierten die **CDU** und ihr Verteidigungsexperte Wörner sich als parlamentari-

---

[148] Rechtslage Bundestag, Kompetenzen, S. 15ff, aber praktisch und politisch nicht durchsetzbar; Bundestag, Hochschulen der Bundeswehr, S. 3; *Reuter-Boysen*, S. 31; *Zimmermann*, S. 29; daneben blieben die erwähnten Ausnahmen für das Studium an den Landesuniversitäten sowie in Einzelfällen Abordnung von Offizieren zu Studium oder Promotion an Landesuniversitäten, s. o. S. 32.

[149] „Angstobjekt derer, die … diese angestrebte Effizienz des Systems nicht wollten", *Kutz*, Reform, S. 118.

[150] *Kutz*, Reform, S. 120; vgl. die 68er Bewegung; Kampagnen gegen Notstandsgesetze, „Nachrüstung" und „Kriegsforschung"; bis heute Verhinderung von Auftritten von Repräsentanten der Bundeswehr bis zu Verteidigungsministern oder „Friedensklauseln"; alles dies hätte Druck auf militärnahe Studiengänge, ihre Dozenten und Studenten ausgeübt.

[151] Vgl. *Reuter-Boysen*, S. 26; s. o. S. 37, 39f.

[152] Zuletzt noch durch die Zusage, die HSBw in die geplanten Gesamthochschulen zu integrieren, *Reuter-Boysen*, S. 36.

sche Opposition dann zunehmend auf Details und das „Wie" und verhielten sich zur Gesamtlinie tendenziell zustimmend;[153] sie haben auch **nichts** Substanzielles **geändert**, als sie wieder Regierungspartei und Wörner selbst Verteidigungsminister war.

Die **Kritik „von rechts"** kam vor allem aus dem Establishment des Militärs sowie konservativen Kreisen. Diese fürchteten durch das zivile Pflichtstudium eine Verzivilisierung, die Vertheoretisierung, eine Verkopfung und Aufweichung der Offizierausbildung und prognostizierten durch die (Über)Akademisierung einen militärischen Qualitäts- und Effizienzverlust.[154]

Selbst das Argument „Nachwuchsmangel" provozierte die Kritik, die Reform ziele gerade nicht auf die militärische Effizienz,[155] sondern primär auf Gewinnung von Zeit-Offizieren[156] – Stichwort: „Werbekampagne in Zeiten drückender Personalnot". Dies war aber nur eins von mehreren Zielen der Reform:[157] Sowohl die „ideologische" Komponente – Teil der allgemeinen Bildungsreform – als auch Steigerung der Effizienz und Nutzen der Reform durch den akademisch gebildeten Offizier – werden demgegenüber im Gutachten und den Publikationen des BMVg ständig beschworen; auch wurde das Studium trotz der daraus folgenden Schwierigkeiten[158] an den Anfang der Laufbahn gelegt, soll also der Bundeswehr und dem Offizier, auch dem Zeitoffizier, gerade für seine militärische Laufbahn nützen.

Gravierendstes Argument war die mangelnde militärische Erfahrung und Sozialisierung in der Truppe vor dem Studium und damit Probleme bei der späteren Übernahme von Leitungspositionen und folglich

---

[153] Nach anfänglich politisch-ideologischen Bedenken dann fokussiert auf nur eine Hochschule und Kosten: *Kutz*, Reform, S. 115, Fn. 304 m.w.N.; *Reuter-Boysen*, S. 24f, 53; kleine Anfrage der CDU BT-Drs. 6/3490; zur nachhaltigen Bedeutung dieses Schwenks *Gessenharter*, S. 98, Fn. 48.

[154] *De Maizière*, S. 5; *Neitzel*, S. 354 ff; *Reuter-Boysen*, S. 16; *von Schroeders*, S. 24f.

[155] I.e.S. militärtechnische Professionalität, so auch im Gutachten und bei Schmidt und Ellwein; weiterer, mehr politischer Begriff bei *Baudissin*, zitiert nach *Kutz*, Reform, S. 111.

[156] *Wörner* zitiert nach Steinkamm, S. 47.

[157] *Von Schroeders*, S. 22 m. w. N.

[158] S. u. S. 44f, 108f.

auch die Frage des **richtigen Zeitpunkts** des Studiums in der militärischen Laufbahn. Nach dem – kurzen – Vorlauf in Truppe[159] und fachbezogenen Lehrgängen wird der Offizieranwärter fast ohne Bindung an eine Stammeinheit und Waffengattung für mehrere Jahre aus der Truppe herausgezogen, um nach dem Studium in deutlich höherer Position unter Überspringung der Zwischenstationen Vorgesetztenaufgaben wahrnehmen zu müssen – massive Brüche sowohl für die Bundeswehr und erst recht für die Betroffenen.

Trotzdem wurde die Version, Studium erst **am Ende** der Verpflichtungszeit, von Anfang an **ausgeschieden**, weil dies dann nur eine besondere Art Berufsförderung wäre, die im Studium erworbene Qualifikation gerade nicht der Bundeswehr zugutekommen kann und die Attraktivitätssteigerung der Offizierlaufbahn nur teilweise einträte.[160]

Kommission und BMVg haben natürlich auch das Problem **fehlender Praxis** gesehen und dem mit dem militärischen Vorlauf, der einschlägigen Auswahl der Studiengänge, der Betonung der „Berufsbezogenheit" des Studiums, hier also auch bundeswehrbezogene Curricula, der Einführung von EGA und AMA[161] und theoretisch jährlich einem Monat für militärische Praktika dem Fortbestand des **Soldatenstatus** grundsätzlich **Rechnung getragen**.

Auch den **Frust und Praxisschock für die Zeitoffiziere**,[162] wenn sie nach Ende ihrer Dienstzeit in die zivile Berufspraxis wechseln, Mitte 30 Jahre alt und fast acht Jahre seit dem Studium nur noch „fachfremd" beschäftigt waren, hat das Reformmodell in Kauf genommen, um möglichst schnell den Offizier auf den akademischen Bildungsstand zu bringen und ihn als solchen für die weitere militärische Laufbahn zur Verfügung zu haben. Auch wenn hier immer wieder Reformvorschläge gemacht werden, das Studium ans Ende oder im Anschluss an die Dienstzeit, möglicherweise auch an Landesuniversitäten zu verlegen,[163]

---

159 S. o. S. 13, 38, s.u. 51, 55f, 58, 210.
160 *De Maizière*, S. 5; Neugestaltung Ausbildung, S. 11ff.
161 Erziehungs- und Gesellschaftswissenschaftliches Anleitstudium bzw. Allgemeine Militärische Ausbildung, u. a. o. S. 12 und s. u. S. 52, 93f, 172, 189, 230.
162 Zur besonderen beruflichen und psychologischen Situation s. u. S. 209f, 216.
163 Sinn, damaliger Senator und Präses der Behörde für Wissenschaft und Forschung HH, in: DBwV, Offizierstudium, S. 117ff.

ist das Argument, dass die Bundeswehr Nutzen aus dem Studium ziehen soll, vorrangig, zumal die Berufsaussichten der Zeitoffiziere beim überkommenen System gut sind.[164]

Auch die allerdings naheliegende Alternative, nach dem Beispiel vieler Länder, insbesondere des Ostblocks, ein **„studium militare"** einzuführen,[165] wurde nicht ernsthaft erwogen. Es wäre kaum möglich gewesen, hierfür die Anerkennung der (Sitz)Länder als gleichwertig mit ihren zivilen Abschlüssen zu bekommen.[166] Auch wäre dies wohl nur für die Generalisten unter den Berufsoffizieren ein echter Vorteil, hätte aber die Aussichten der Zeitoffiziere für den Zivilberuf eher gemindert. Sinnvoll für letztere war also vor allem ein Studium „ziviler" Fächer.

Bei dem stark von der Bildungsreform geprägten Ansatz wurden in Theorie und Umsetzung die technischen Disziplinen gegenüber den geistes- und sozialwissenschaftlichen vernachlässigt; auch sah Prof. Ellwein zunächst nur wissenschaftliche Studiengänge vor; die hohe Zahl von Interessenten mit „nur" Fachhochschulreife zwang aber dazu, auch solche Studiengänge zumindest an der UniBw M vorzusehen.[167]

Auch der Vergleich mit der **Offizierausbildung in anderen Militärnationen**[168] bestätigt grundsätzlich die Tendenz zum Offizier mit akademischer Bildung i. d. R. auf **Bachelor-Niveau**:[169] Insgesamt ist dort jedoch die Ausbildung und das Erscheinungsbild des Studienbetriebes deutlich militärischer als bei dem deutschen Reformmodell. Weit verbreitet sind militärische Akademien oder Hochschulen, die aber oft auch mindestens gleichwertig das Studium ziviler Fächer verlangen. Zum Teil findet die Offizierausbildung auch an allgemeinen Hoch-

---

[164] S. u. S. 218ff.

[165] *De Maizière*, S. 5; *Rühle*, S. 50 ff; *Wagemann*, S. 29.

[166] *Kutz*, Reform, S. 131; *Marr*, Kaderschmiede, S. 25; *Rühle*, S. 46ff; vgl. die Nicht-Anerkennung der militärwissenschaftlichen Abschlüsse der DDR durch den Einigungsvertrag, aber andererseits den zivilen MA-Studiengang Military Studies/Militärgeschichte an der Universität Potsdam.

[167] *Reuter-Boysen*, S. 28f., 91ff.; Servatius, Offizierausbildung, S. 14.

[168] Sowjetunion, Polen, Frankreich, Niederlande, Großbritannien und USA, Gutachten Tz 18, Dokumentation Nr. 9, S. 166-187; vgl. auch Fleckenstein, S. 56 – 64.

[169] Gutachten Tz 18, Theorie-/Wissenschaftsdefizit in der Bundeswehr Grafiken S. 184-187; *de Maizière*, S. 2; *Fleckenstein*, S. 56; Neugestaltung Ausbildung, S. 22 – 26.

schulen statt; dabei kann ein vielfältiges Spektrum (ziviler) Fächer studiert werden; die Ausbildung dauert 3 – 4 Jahre; dabei erfolgen die militärische Ausbildung und u. U. sogar die fliegerische Ausbildung parallel. Auch die Übernahme von Reserveoffizieren mit abgeschlossenem Studium ist üblich. Sofern Oberschule und Studium entsprechend kurz sind, so insbesondere Großbritannien, kommt auch die Übernahme von zivil Graduierten als Offizieranwärter oder „Seiteneinsteiger" in Frage, was bei den Studienzeiten an deutschen Landesuniversitäten nur partiell übertragbar ist.

Die erste Stufe der militärischen Ausbildung erfolgt regelmäßig und länger als in Deutschland in der Hoheit der Teilstreitkräfte, erst spätere Fortbildungen erfolgen streitkräfteübergreifend.

Nicht untersucht wird das Beispiel der **DDR**, das allerdings an das sowjetische Vorbild angelehnt war, aber auch einige Alleinstellungsmerkmale aufwies;[170] auch hier wurden zivil anerkannte Grade militärischer Fächer, Dipl.-Mil. bzw. Dr. rer. mil., verliehen. Die, auch zivilen, Abschlüsse der DDR-Militärakademien wurden nach der Wiedervereinigung nicht anerkannt, § 37 Einigungsvertrag, da sie keine Entsprechung im bundesdeutschen Wissenschaftssystem haben.[171]

Die Akademisierung der Offizierausbildung in der Bundeswehr als solche hing damit dem internationalen Trend hinterher, ging aber in der Konsequenz eines – nach Inhalt und Stil – zivilen Studiums deutlich über diesen hinaus, wobei der zivile wissenschaftliche Charakter zu einer auch international anerkannten **Niveausteigerung** gegenüber

---

[170] Die Abschlüsse an den waffengattungsbezogenen Militärakademien wie an der – übergeordneten – Militärakademie Friedrich Engels waren „Diplome" mit militärischen oder zivilen Bezeichnungen, aber auch letztere waren stark militärisch ausgerichtet. Vor allem die Militärakademie Friedrich Engels – für höhere Offiziere – nahm als übergeordnete Akademie für Verteidigung hohen wissenschaftlichen Rang in Anspruch, wobei das Studium zu akademischen Abschlüssen, neben Diplomen mit ziviler Bezeichnung auch zu spezifisch militärischen Abschlüssen – Diplom-Militärwirt oder Dr. rer. mil. – führte und auch Habilitationen (Promotion B) für militärische Themen vorsah. Ein Teil der Offiziere wurde auch an den Militärakademien der Sowjetunion ausgebildet, die mindestens den gleichen Rang in Anspruch nahmen.

[171] Beschlüsse der Kultusministerkonferenz vom 30./31.1.1992 i.d.F. vom 30.11.2000; rechtlich nicht zwingend und politisch eher unklug.

mehr militärischen Modellen geführt haben dürfte.[172]

Auch die Errichtung von **zwei Hochschulen** trotz der verglichen mit den meisten Landesuniversitäten geringen Studentenzahl fand viel Widerspruch wegen der mangelnden Effizienz im Vergleich zu nur einer entsprechend größeren Hochschule.[173] Die Entscheidung wurde begründet mit den an den Standorten bereits konzentrierten Ausbildungseinrichtungen und vorhandenen Liegenschaften, womit weniger Baumaßnahmen erforderlich waren als an nur einem Standort.[174] Es haben aber auch wesentlich taktische Überlegungen – durch Konkurrenz eine Monopolstellung eines Sitzlandes zu verhindern – und politische Aspekte – „gerechte" Verteilung auf A (SPD-regiert) und B – Länder (CDU- bzw. CSU- regiert) – eine Rolle gespielt;[175] dies hat allerdings auch eine rechtlich-moralische Rückendeckung durch die Forderung des **Art. 36 Abs. 2 GG** angemessenen Verteilung von Wehreinrichtungen auf die Länder. Bei der Verkleinerung der Bundeswehr könnte diese Entscheidung längerfristig problematisch werden.[176]

Das Pflichtstudium beseitigt allerdings nur teilweise die **Inhomogenitäten im Offizierskorps**, die weiter fortwirken:

Planmäßig **ohne Studium** bleiben zwei Gruppen: Weiterhin möglich ist der **Aufstieg aus dem Unteroffizierstatus** in die Offizierlaufbahn (Truppendienst), §§ 27 Abs. 5 SG, oder die Fachoffizierlaufbahn, 40 – 42 SLV, wofür kein Studium vorgesehen ist, Sonderbestimmungen gelten und die Karriere i. d. R. bei Hauptmann endet. Eine weitere theoretische Gruppe sind die seit Ende der Wehrpflichtära stark verringerten **Zeitoffiziere** mit einer Verpflichtungszeit **von weniger als 13 Jahren**. Dies sind i. d. R. Soldaten auf Zeit, bei denen beiderseits Interesse als Reserveoffizier besteht, wobei die Ernennung zum Leutnant nur bei einer Verpflichtungszeit > Z 3 in der aktiven Zeit erreicht wird, oder bei Spezialverwendungen vor allem in Luftwaffe und Marine.

---

[172] BT-Drs. 16/5851, S. 5, „science can't be ordered".

[173] U. a. von Ellwein und dem CDU-Obmann Wörner, *Reuter-Boysen*, S. 32, 52; *Linsinger*, S. 300.

[174] BMVg, Hochschulen 74 S. 38; Übersicht über die vorhandenen Liegenschaften *Reuter-Boysen*, S. 33.

[175] *De Maizière*, S. 6; Minister Schmidt zitiert nach *Reuter-Boysen* S. 12, 32; *von Schroeders*, S. 40 m. w. N.

[176] S. u. S. 224.

Zwangsläufig ohne Studienabschluss verbleiben auch die etwa 25 % bereits im BA-Studium **gescheiterten Studenten**, die jetzt natürlich nicht mehr „den Marschallstab im Tornister" tragen, und befürchten müssen, irgendwie nur noch Offiziere zweiter Klasse zu sein, und damit für die weiteren Verwendungen in der Truppe oft weniger motiviert und frustriert sind und meist ihr Ausscheiden entsprechend der Verpflichtungsstaffel – nach 3 bzw. 6 Jahren – anstreben. Allerdings fängt die Bundeswehr sie überraschend freundlich auf und versucht zunehmend, ihnen eine **Perspektive auch ohne Studium** zu bieten und sie zum Verbleib zu bewegen.[177]

Bei dieser Differenzierung wäre es deshalb eine bedenkenswerte Alternative (gewesen), den akademischen Abschluss auch offen als Pflicht aufzugeben und das Studium (nur noch) als einen von zwei Ästen der Offizierausbildung als freiwillig anzubieten.[178] Dies würde auch stärker die „Praxisorientierten" wie Nicht-Studierwilligen ansprechen, ohne sie zu „Offizieren zweiter Klasse" zu machen, und diente so dem bloßen Rekrutierungseffekt vielleicht am besten. Auch das Niveau und die Motivation der Studenten wie auch der UniBw selbst würde durch den „Filtereffekt" erhöht. Dies wurde aber nicht ernstlich erwogen, da es dem Leitbild, dem qualitativen Ziel der Reform und dem politischen Hintergrund widerspricht, grundsätzlich alle Offiziere, ihre Ausrichtung und Prägung und damit das Berufsbild und Image „Offizier" auf akademisches Niveau zu bringen. Das **Wahlmodell** wäre also **mit der „Philosophie" der Reform nicht vereinbar**. Allerdings wird unter dem Druck der Personalprobleme „Offizier ohne Studium" zu einer beinahe „Laufbahn" für Studienabbrecher, für die es so möglich bleibt, auch ohne (abgeschlossenes) Studium (Berufs)Offizier zu werden, zu einer – grundsätzlich zu begrüßenden – „Ausnahme" des Pflichtstudiums.[179] Als Grenze wirkt hier allerdings die Festlegung des Bedarfs – 2019 wurden 44%, 2020 16,2% Studienabbrecher weiterbeschäftigt.[180]

Die Umstellung auf das **Bologna-Schema** wurde bis 2011 vollzogen.

---

[177] S. u. S. 98, XVI. 2.
[178] So z. B. DBwV Offizierstudium, *Bierwirth, Günther*, S. 7.
[179] Neugestaltung Ausbildung, S. 4f; Bericht Wehrbeauftragte(r), 2019, S. 23; 2020, S. 50.
[180] Ministerielle Vorgabe zur Weiterverpflichtung von Studienabbrechern, Wehrbeauftragte 2020, S. 49.

Nach den für das Offizierstudium generell maßgeblichen Überlegungen war klar, dass damit der **Master der Regelabschluss** für Offiziere werden musste.[181] Dies bedingte zahlreiche Umstrukturierungen; Teilung des Studiums in BA/MA-Studium, Verlängerung von 10 auf 14 Trimester (ursprünglich sollten nur 12 vorgesehen werden) und als logische Folge die Verlängerung der Regelverpflichtungszeit von 12 auf 13 Jahre.[182]

Demgegenüber sind positive „Ausreißer" die Offiziere mit **Studienabschlüssen an Landesuniversitäten**, denen laufbahnmäßige Privilegien gewährt werden. Dies sind traditionell die **„Sonderlaufbahnen"**, die Universitäten müssen hierfür Studienplätze freihalten, die auch in diesen klassischen Engpass-Fächern ohne NC, allerdings nach den Kriterien der Bundeswehr, vergeben werden,[183] sowie die wenigen Einzelfälle, die für andere, von der Bundeswehr benötigte Verwendungen zum Studium abgeordnet werden.[184] Auch diese gehen natürlich nicht (zum beiderseitigen Schaden?) durch die „Schule" der Bundeswehruniversitäten.

Ein neues Phänomen ist die zunehmende Zahl von Bewerbern, die bereits Abschlüsse von Landesuniversitäten mitbringen – zumeist BA, aber auch MA, für die günstigere Einstellungsbedingungen gleich in höhere Dienstgrade gelten, § 26 Abs. 2 SLV.[185] Bei diesen „Quereinsteigern" sind zwar die für die Offizierlaufbahn geforderten Abschlüsse gegeben. Während dies im Ausland – bei kürzeren Schul- und Studienzeiten – ein üblicher Weg zum Offizier ist, galten derartige Bewerber

---

[181] Neugestaltung Ausbildung, S. 13, 21.

[182] Bundesregierung, BT-Drs. 16/5851 S. 5; zu den Bologna-konformen, aber für die Bundeswehr eher negativen Verselbständigungstendenzen des Bachelors s. u. S. 98f.

[183] Definition S. o. S. 31f; derzeit 220 Plätze Med., 12 Pharm., 2 VetMed., 30 Zahn-Med., Bundestag, Kompetenzen, S. 17; Veterinäre für die Tragtiere der Gebirgstruppe und Schule für Diensthundewesen, letztere in der Corona-Krise 2020 zu Bekanntheit gelangt; mil. Geographischer Dienst inzwischen teilweise (Vermessungswesen) an der UniBw M; § 5 VergabeVO Stiftung und die wortgleichen VergabeVOen der Länder; s. o. S. 31f.

[184] Zuletzt als „Aufreger" wegen der „Friedensklausel" 10 Studienplätze für BW-Angehörige an der Uni Bremen, DUZ 10/2016, S. 12.

[185] Verordnung über die Laufbahnen der Soldatinnen und Soldaten i.d.F. der Bekanntmachung vom 19.8.2011 (BGBl. I S. 1813), zuletzt geändert durch Art. 7 G v. 4.8.2019 (BGBl. I S. 1147), künftig zitiert SLV.

in Deutschland bei den hiesigen Studienzeiten als zu alt und es wurde erwartet, dass Bewerber von Anfang an für den Beruf als Offizier motiviert waren. Da die UniBw speziell für den fachlichen Bedarf der Bundeswehr konzipiert wurden, handelt sich um eine ganz andere Bewerberkategorie, die der Formung und Erziehung des gewünschten Offizierstyps entzogen ist und ihm nach Motivation, Sozialisierung, Korpsgedanken und Homogenität nicht entspricht. Deshalb ist diese „Laufbahn" **keine anzustrebende Alternative**, und „eigentlich" nur ergänzend, z. B. für an den UniBw nicht vertretenen Fachrichtungen, oder bei besonders qualifizierten Bewerbern sinnvoll; wobei aber nicht zu verkennen ist, dass sich die Bundeswehr unter dem Druck der Personalprobleme verstärkt atypischen, Quer- und Wiedereinsteigern öffnen muss und hierfür auch die Altersgrenze, Offizieranwärter derzeit 17 – 29 Jahre, § 23 Abs. 1 SLV, erweitern will.[186]

Die Alternative, Abiturienten mit dem prioritären Berufsziel (Zeit)Offizier, alternativ schon im Soldatenstatus, aber **ohne militärischen Vorlauf**, an (einer) UniBw zuzulassen und dann, mit 23 ½ bereits BA/MA, die gesamte militärische Ausbildung erst nach dem Studium durchzuführen, ist bisher nicht erwogen worden.[187]

Immer wieder und besonders heftig wird der Zeitpunkt des Beginns des Studiums, also die optimale **Dauer des „Vorlaufes" in der Truppe**, diskutiert, zumal es hier abweichende Interessen und Positionen zwischen den Teilstreitkräften gibt. Während bei Luftwaffe und Marine i. d. R. am Anfang der Laufbahn noch keine wesentlichen (Vorgesetzten)Aufgaben selbstständig wahrzunehmen sind, schließen sich an das Studium dann noch intensive Spezialausbildungen an, so dass diese Teilstreitkräfte stets für einen kurzen Vorlauf von rund 15 Monaten plädiert haben. Ganz anders beim Heer: Der Offizieranwärter wird hier durch das Studium in einem Alter und einer Phase aus der Truppe herausgezogen, in denen er als Zugführer – Vorgesetzter von etwa 20 – 40 Soldaten – ausgebildet und eingesetzt würde. Das ist zudem der Personalbereich, in dem bei der Bundeswehr der größte Man-

---

[186] Es herrscht natürlich der „Kampf um die besten Köpfe", s. u. S. 225ff, so dass nicht aus formalen Gründen qualifizierte Bewerber ausgeschlossen und Ausnahmen zugelassen werden sollten.

[187] Vgl. u. V. 4.

gel herrscht. Ein längerer Vorlauf würde nicht nur den Einsatz der Offizieranwärter als Zugführer und damit auch Ausbilder und Erzieher ermöglichen, sondern diesen auch bessere **Sozialisierung in der Truppe** und bessere Fertigkeiten im **militärischen „Handwerk"** vermitteln, womit sie dann schon entsprechende Fachkenntnisse, Führungserfahrung sowie pädagogisch-soziale Kompetenz in das Studium, insbesondere für EGA und AMA,[188] einbringen könnten; schließlich verfügten sie auch bei der ersten militärischen Verwendung nach dem Studium schon über einschlägige Fähigkeiten. Parallel zum Studium hätten sie einen Stammtruppenteil mit entsprechender Sozialisierung, in dem sie „zu Hause" wären; auch ergäbe sich hieraus eine sinnvolle mob – Einplanung während des Studiums. So hatte das Heer für sich zeitweilig einen Vorlauf von 39 Monaten durchgesetzt, der jedoch **generell wieder auf 15 Monate** verkürzt wurde.[189] Es wird aber immer wieder die Verlängerung des „Vorlaufes" diskutiert. Dies verwässerte aber das Leitbild der Reform, das die Hebung von Bildung und Qualifikation durch das Studium so früh wie möglich erreichen will. Zudem wird die Attraktivität auf Interessenten reduziert, die das gewünschte Studium erst in weiter zeitlicher Ferne sehen, während ihre Kameraden der anderen Teilstreitkräfte und ihre früheren Klassenkameraden an den Landesuniversitäten schon fast den Bachelor erworben haben. Deshalb hält die Bundeswehr auch nach aktueller Überprüfung in ihrer Planung an diesem etablierten Studium „früh", Beginn nach grundsätzlich 15 Monaten, fest.[190] In der Tat dürfte auch die Attraktivität des Offizierberufs für studierwillige Bewerber höher sein, je früher das Studium beginnt und der **frühe Beginn** entspricht auch besser dem **Leitbild der Reform,** das durch ein möglichst einheitliches kompaktes Vollzeitstudium bestimmt war.

Zur Übernahme von FH-Studiengängen kam es eher unbeabsichtigt. Andere Formen wie duales Studium, Fernstudium und Trennung des

---

[188] Erziehungs- und Gesellschaftswissenschaftliches Anleitstudium bzw. AMA, Allgemeine Militärische Ausbildung, s. u. insbess. 51f, 92ff.

[189] *De Maizière*, S. 5f; Elbe, Sozialisierung, S. 86; kritisch *Wagemann*, S. 31.

[190] BMVg, Neugestaltung Ausbildung, S. 11f; *de Maizière*, S. 5f; bei der Luftwaffe teilweise auch bereits nach 12 Monaten.

Studiums in verschiedene Phasen wurden nicht als Alternativen gesehen.[191]

4. Integration des Studiums in die Offizierlaufbahn

Zwar gibt es auch weiterhin Offizierlaufbahnen ohne Studium.[192] Doch ist das **Offizierstudium** an den UniBw das Herzstück der Offizierausbildung und als **Regelfall** ausgestaltet. Anders als bei den (geregelten) zivilen Berufen und den Abschlüssen an staatlichen Fachhochschulen ist es aber nicht **Voraussetzung für eine Laufbahn** oder bestimmte Karrierestufen und ist deshalb in SG und den Laufbahnbestimmungen nur relativ „weich" verankert. Es ist zwar Bestandteil der Offizierausbildung; als ziviles Studium befähigt es aber nicht zum Offizier, ist diesem Berufsziel aber förderlich.[193] Diesem Doppelcharakter entsprechend war das Studium in die Offizierlaufbahn „einzubauen"; auf das Studium als Paradigma waren deshalb alle anderen Komponenten der Offizierausbildung auszurichten, die vor und nach dem Studium zu absolvieren sind.

So müssen die studierwilligen Bewerber für die Laufbahn als Offizier zuvor Soldat in der Truppe werden. Dafür muss nach der Bewerbung zuerst die Hürde des **„Assessmentcenters für Führungskräfte der Bundeswehr"**, ehemals Offiziersbewerber-Prüfzentrale, genommen werden. Hier durchlaufen die Bewerber das fast dreitägige Auswahlverfahren, mit dem neben den allgemein für Personalangelegenheiten maßgeblichen Kriterien die zusätzlichen Voraussetzungen für den Beamten- bzw. Soldatendienst, §§ 37, 40 SG, deutsche Staatsbürgerschaft, Laufbahnvoraussetzungen, Eintreten für die freiheitlich-demokratische Grundordnung – und die speziellen Anforderungen für den Dienst als Offizier in der Bundeswehr[194] – geistige, charakterliche Eig-

---

[191] S. u. S. 108f.

[192] Aufstieg aus dem Unteroffizierstatus, Zeitoffiziere < 13 Jahre, Studienabbrecher; s. o. S. 48, u. S. 211.

[193] Definition und Charakter des Bundeswehrstudiums z. B. Vorgaben Tz 10, 101; s. o. S. 11f; u. S. 63, 89, 228.

[194] Neugestaltung Ausbildung, S. 2; Katalog mit 12 Eignungsmerkmalen, Krex, S. 86f.

nung, körperliche Fitness, neben der ärztlichen Untersuchung ein besonderer Sporttest und nicht zuletzt Bereitschaft für Auslandseinsätze – geprüft werden. Die Laufbahnvoraussetzungen richten sich nach dem gehobenen Dienst; d. h. es reichen auch Fachhochschulreife oder Realschulabschluss, §§ 23 Abs. 1 Nr. 2, Abs. 2 SLV, es können also auch Offizieranwärter eingestellt werden, die für ein Studium nicht in Betracht kommen.

Für die Bewerber mit Studienberechtigung wird auch die Studierfähigkeit und -willigkeit und die Eignung für die avisierten Fächer an Hand eines Kriterienkataloges bewertet.[195] Soweit es Diskrepanzen zwischen den Vorstellungen des Bewerbers und den Anforderungen des Studiengangs gibt, findet eine **individuelle Studienberatung** statt. Mit den Bewerbern wird nach den Tests ein „Einplanungsgespräch" geführt. Hierin sollen der Verwendungswunsch des Bewerbers – Teilstreitkraft bzw. Organisationsbereich/Dimension,[196] Waffengattung,[197] gewünschtes Studienfach – mit dem Bedarf der Bundeswehr in Einklang gebracht werden. Ebenso richtet sich die Studieneinplanung neben den allgemeinen Zulassungsvoraussetzungen nach den **dienstlichen Er-**

---

[195] *Krex*, S. 87.

[196] Die Teilstreitkräfte der Bundeswehr sind Heer, Luftwaffe, Marine; die militärischen Organisationsbereiche sind Streitkräftebasis sowie Cyber-/IT-Raum, in denen die „Uniformträger" der Teilstreitkräfte gemischt eingesetzt werden, sowie der zentrale Sanitätsdienst, für dessen Offizierausbildung – Ärzte – Sonderregeln gelten; seit den „Gedanken zur Bundeswehr der Zukunft", Kramp-Karrenbauer/Zorn vom 9.2.1921 und dem „Eckpunktepapier" vom 18.5.21, S. 14 ff, sind zukünftig vier „Dimensionskommandos" vorgesehen: Land, Luft/Weltraum, See, Cyber/Inforaum sowie ein Generalarzt der Bundeswehr/Kommando Gesundheitsversorgung".

[197] Zusammenfassung und Sammelbezeichnung der Verbände mit vergleichbaren Aufgaben, Bewaffnung, Ausrüstung, Führungsgrundsätzen und Ausbildung; die wichtigsten in Heer und Streitkräftebasis sind Infanterie einschließlich Gebirgs- und Fallschirmjäger, Panzertruppe, Artillerietruppe, (Heeresflugabwehrtruppe z.Z. aufgelöst), Pioniere, Logistiktruppen, Fernmelder, Heeresflieger, Abc-Abwehrtruppe, Heeresaufklärungstruppe, Spezialkräfte und Sanitätstruppe; die Truppengattungen sind weiter unterteilt in Waffengattungen; bei Luftwaffe und Marine ist die Aufteilung in Truppen- und Waffengattungen nicht offiziell, an ihre Stelle treten die wichtigsten Funktionsarten wie fliegendes-/Bordpersonal, Boden-/landgebundenes Personal, Unterstützungspersonal, Technischer Dienst, jeweils mit verschiedenen Aufgabenarten.

fordernissen, also den Anforderungen der Teilstreitkräfte und Dienstbereiche und den Aufnahmekapazitäten der beiden UniBw in den gewünschten Studiengängen.[198] Die Einigung gelingt nicht immer. Hier haben schon Soldaten die Teilstreitkraft gewechselt, um den Wunschstudiengang auf einem anderen Kontingent doch noch zu erreichen.[199] Die leistungsstärksten Bewerber erhalten die Wunschzusagen natürlich leichter als leistungsschwächere, bei denen dies u. U. ausgehandelt werden muss mit den entsprechenden Folgen für Motivation und späteren Studienerfolg.

Insgesamt ist dies ein sehr **sorgfältiges und mehrstufiges Auswahlverfahren,**[200] das mit seiner eignungsdiagnostischen Arbeit mindestens auf gleichem Stand mit dem bei Großfirmen in der Wirtschaft Üblichen ist.

Die erfolgreichen Bewerber, ausgewählt werden ca. 25%,[201] erhalten nach Bestehen des Assessmentcenters eine Zusage als **Offizieranwärter als Soldat auf Zeit** für drei Jahre. Nur wenigen „Spitzenleuten" wird dabei gleich die Einstellung als Berufs-Offizieranwärter angeboten, § 4 Abs. 4 SLV, was die Bundeswehr einseitig bindet und für den Anwärter eine frühzeitige Klärung, Weichenstellung sowie psychologische und soziale Sicherheit bedeutet.

Die Einstellung der ausgewählten Bewerber erfolgt dann durch das **Bundesamt für das Personalmanagement der Bundeswehr** jährlich zum Stichdatum 1. Juli.[202]

Um in den Genuss des Studiums zu kommen, müssen sich die Offizieranwärter zunächst als Soldat auf Zeit für 13 Jahre verpflichten; die Dienstzeit ist gestaffelt und verlängert sich von zunächst drei Jahren bei Einstellung über sechs Jahre (nach der zweiten Überprüfung des Studienverlaufsschemas) und mit Erreichen des Bachelors auf die

---

[198] Wikipedia, Assessmentcenter für Führungskräfte der Bundeswehr, künftig zitiert Assessmentcenter; Vorgaben, Tz 201; Neugestaltung Ausbildung, S. 3; Auskunft BMVg vom 10.7.2020; s. u. S. 191f.

[199] *Schaefgen*, S. 51.

[200] Einzelheiten: Loyal, 3/18, S. 9-18; Assessmentcenter S. 3; bewertend *Krex*, S. 34ff und kritisch, wonach die Studierfähigkeit nicht effizient getestet wird, S. 88f.

[201] Loyal, 3/18, S. 17.

[202] (Nur) die Luftwaffe stellt je nach Verwendung zum 1.7., 1.8. und 1.10. ein, wodurch sich Verkürzungen beim Vorlauf ergeben können.

Höchstdauer von 13 Jahren, bei Nichteinhaltung der Regelstudienzeit 14 Jahre.[203] Abgesehen von den wenigen erwähnten Ausnahmen entscheidet sich erst in der späteren Phase im Truppendienst, wer Berufsoffizier werden kann und will;[204] die Zeitoffiziere, ca. 80%, scheiden nach Ablauf ihrer Verpflichtungszeit aus der Bundeswehr aus und müssen in einen Zivilberuf wechseln,[205] d. h., Offizier ist zumeist nicht mehr als Lebensberuf, sondern als **„Lebensabschnittsberuf"** konzipiert, und die Masse der Bewerber muss sich bewusst sein, nach 1/3 ihres Berufslebens einen gänzlich anderen Beruf ergreifen und ausüben zu müssen! Die Entscheidung, Offizier werden zu wollen, ist damit eine Doppel-Berufswahl und erfordert eine Doppel-Motivation.[206] Dies gilt grundsätzlich auch für die Bewerber, die „eigentlich" Berufsoffizier werden wollen, aber lange nicht wissen können, ob sie hierfür erfolgreich sind. Dies hat so keine Entsprechung in anderen Berufen und ist damit für die Zielgruppe und Motivation potentieller Bewerber von entscheidender Bedeutung. Als „Gegenleistung" der Bundeswehr steht dem ein klar geregelter, für grundsätzlich 13 Jahre sicherer Beruf mit garantiertem bezahltem Studium, Betreuung und Sozialleistungen sowie zahlreichen Hilfen für den Übergang gegenüber.

Vor Beginn des Studiums beginnt die Laufbahn als **Offizieranwärter**[207] der Bundeswehr allerdings zunächst in der Truppe: hier ist eine militärische Phase von grundsätzlich 15 Monaten zu durchlaufen,[208] üblicherweise als „Vorlauf" bezeichnet. Bisher waren die ersten sechs Monate, Grund- und Spezialausbildung, eine Ausbildung speziell für

---

[203] Vorgaben S. 4, die Höchstverpflichtungszeit für Zeitoffiziere beträgt 25 Jahre.

[204] Nur „bei besonderer Bewährung im Rahmen des Bedarfs", Vorgaben S. 6.

[205] *Rainer Marr/Martin Elbe/Holger Morick*, Die Relevanz einer Karriereanalyse von Absolventen der Universitäten der Bundeswehr, S. 11; in: Marr, Kaderschmiede, S. 3 – 19, zitiert *Marr*, Relevanz; anders als in Kaiserreich und Weimarer Republik, s. o. S. 20.

[206] „Duale Karriere"; die psychologische und tatsächliche Situation hat Parallelen zu Leistungssportlern u.ä. die nach Karriereende auch in einen bürgerlichen Beruf wechseln müssen! DBwV, Offizierstudium, Ergebnisse Nr. 7, S. 113; *Hornung*, S. 33, 36; *Krex*, S. 84; *Marr*, Relevanz, S. 8f.

[207] Graphische Darstellung in Neugestaltung Ausbildung, S. 5; Stand 1970 Gutachten, S. 89.

[208] S. o. S. 13, 38,51f.

Offizieranwärter, Offizieranwärter-Lehrgang in speziellen Offizieran-wärter – Bataillonen, d. h. getrennt von den anderen Soldaten; seit 2020 ist diese Ausbildung in die Truppe verlagert und findet gemeinsam mit den Soldaten der anderen Laufbahnen statt.[209] Dies reduziert zwar den Elite – Aspekt, die angehenden Offiziere lernen aber Truppenalltag und die Mentalität der später von ihnen zu führenden Mannschaften und Unteroffizieren besser kennen und werden frühzeitig in ihrer Truppe sozialisiert.[210] Es schließen sich der dreimonatige Offizierlehr-gang 1, ein dreimonatiges Truppenkommando, definiert als Grund-praktikum, und eine dreimonatige Sprachausbildung an. Im Rahmen des Offizierlehrgangs erfolgt die **Offizierprüfung** (Laufbahnprüfung für den geh. Dienst nach § 24 SLV);[211] Ein gravierendes Problem ist, dass bereits im Offizieranwärterlehrgang, also in der ersten Station des geplanten Werdegangs, ca. 20% der Anwärter wieder ausscheiden.[212]

In Vorbereitung auf das und Begleitung des Studiums hat die Bundes-wehr auch offiziell **„Optimierungspotential … identifiziert"**.[213] Als Reaktion auf Klagen und Beschwerden plant sie mehrere – systemkon-forme – Maßnahmen zur Verstärkung von Praxis, militärischer Soziali-sation und Bindung an „ihren" Truppenteil. So soll „Sozialisierung, Bindung und Prägung…im Dreiklang Offizier der Truppengattung – Offizier des Heeres – Offizier der Bundeswehr" gestärkt werden.[214] Im Klartext heißt das, die Bindung an die „Truppe" und die truppengat-tungsbezogene Ausbildung sollen statt abstrakter und übergreifender

---

209 Wehrbeauftragter, 2019, S. 23f.
210 Rückkehr zum früheren Ausbildungsmodell, Loyal 4/18, S. 41; Wehrbeauf-tragte(r) 2019, S. 23 f, 2020, S. 50; Reformierte Ausbildung im Heer, Behörden-spiegel Newsletter Verteidigung, Nr. 293, 1.3.2021, S. 4; der kritische Beobachter könnte hier einen Zick–Zack–Kurs erkennen.
211 Je nach Teilstreitkraft können sich Unterschiede im Zeitpunkt ergeben; ggf. auch in Teilprüfungen.
212 Aber wohl „im Vergleich zum freien Arbeitsmarkt unauffällig", BMVg zitiert nach Wehrbeauftragter, 2019, S. 21; Berliner Morgenpost, 1.4.2018, https//www.morgenpost.de/politik/article2138909/Viele Rekruten brechen Of-fizierausbildung ab.
213 Neugestaltung Ausbildung, S. 5.
214 Neugestaltung Ausbildung, S. 5.

Elemente verstärkt werden.[215] So soll die Truppenpraxis und die Sozialisierung des Führungsnachwuchses verbessert und ausgeweitet werden, was interessanterweise als „Professionalisierung" bewertet wird. Maßnahmen mit dem gleichen Ziel sind analog für Luftwaffe und Marine vorgesehen.

Auf diesen Vorlauf folgt das Studium als Kernstück und längster und zentraler Teil der Ausbildung. Offizieranwärter, die zum Studium eingeplant sind, die Zulassungsvoraussetzung der jeweiligen Universität erfüllen und die Offizierprüfung bestanden haben, werden hierzu durch das Bundesamt für das Personalmanagement der Bundeswehr **an die jeweilige UniBw versetzt.**[216] Dies Studium als integraler Bestandteil der Offizierausbildung findet ausschließlich an den beiden Universitäten der Bundeswehr statt, die ihrerseits Hochschulen primär für diese spezielle Ausbildung sind.

Es ist als Teil des Soldatenverhältnisses konzipiert, als Dienst und mit Gehalt und mit der Pflicht, dies grundsätzlich in der Regelstudienzeit abzuschließen, d. h. für den konsekutiven Masterabschluss in 4 Jahren.[217]

Planmäßig nach 36 Monaten, also mitten im Studium, erfolgt die **Ernennung zum Leutnant**, also zum Offizier, Besoldungsgruppe A 9 und damit der Aufstieg in den gehobenen Dienst. An das Studium schließen sich, zur Umschulung und Eingewöhnung, der dreimonatige **Offizierlehrgang 2** an der Offizierschule der Teilstreitkraft an. Hiernach, also nach einer zweiten militärischen Phase – und nicht sofort nach dem Studium – erfolgt die Beförderung zum Oberleutnant.[218] Darauf folgt je nach vorgesehener Verwendung ein 6–9 monatiger **Offizierlehrgang 3** an der jeweiligen Schule der Truppengattung. In dieser postgradualen Phase wird jetzt das bisher zu kurz gekommene militärische Fachwissen – Einsatzgrundsätze der Waffengattung, Taktik – für das Niveau Zugführer erlernt. Auch diese Phase gilt als Teil der auf

---

215 Katalog der angelaufenen und geplanten Maßnahmen und deren Erläuterung Neugestaltung Ausbildung, S. 5 – 7, 12f.
216 Vorgaben, S. 4.
217 Einzelheiten, Vorgaben und Friktionen s. u. V. 1. und 2, XV.1 und 2.
218 BMVg, A1340/49 „Beförderung, Einstellung, Übernahme und Zulassung von Soldatinnen und Soldaten, Nr. 227; undeutlich *Bald/Lippert/Zabel*, S. 63, die dies als Automatismus nach dem Studium anzunehmen scheinen.

insgesamt 5 Jahre ausgelegten Offizierausbildung.[219] Dann endlich schließt sich die **erste Truppenverwendung** in einer eigenverantwortlichen Führungsposition, i. d. R. als Zugführer, an, von der die ersten zwei Jahre als **„angeleitete Praxis"** verstanden und definiert sind und zur Vorbereitung auf die Funktion Hauptmann verstanden werden.

Die Gesamtausbildung bis zu dieser ersten Truppenverwendung dauert also mindestens 6 1/2 Jahre, meist etwas länger, gut die Hälfte der Dienstzeit(!), und der Offizier ist dann mindestens 26 Jahre alt. Die **Beförderung zum Hauptmann (A 11)** kann dann 5 Jahre nach Ernennung zum Leutnant bzw. 8 Jahre nach Eintritt in die Bundeswehr erfolgen, § 25 SLV.

Für fliegendes oder seemännisches Personal sowie für Offizieranwärter, die bereits mit Hochschulabschluss zur Bundeswehr kommen oder die für die Sonderlaufbahnen oder sonst im Dienst der Bundeswehr an Landeshochschulen studieren,[220] gelten die erwähnten Sonderregeln.

Für die etwa 25% der Anwärter, die das Studium nicht erfolgreich abschließen,[221] ist zwangsläufig auch ein Karriereverlauf ohne Studium/ohne Studienabschluss vorgesehen.

Das seit Jahrhunderten klassische Modell, dass Hauptmann typisch Kompaniechef ist und umgekehrt, ist seit 2012 „aus den Fugen". Als Folge gestiegener Anforderungen, Verkleinerung der Bundeswehr und Überhang an Stabsoffizieren wurden die Dienstposten Kompaniechef auf A 13, Major, angehoben,[222] so dass die Zeitoffiziere i. d. R. vor dem Ausscheiden nicht mehr in den Genuss und die Erfahrung „Kompaniechef" kommen. Als kleiner Ersatz wurden die Stellen Zugführer 1. Zug oder Stellen als „Kompanieeinsatzoffizier" zu **Hauptmannstellen, teilweise A 12**, aufgewertet. Die Zeitoffiziere verlassen somit die Bundeswehr am Ende ihrer Verpflichtungszeit von 13 Jahren nach einigen Jahren als Hauptmann, A 11 oder A 12.

Die Berufsoffiziere (und länger dienenden Zeitoffiziere, bis 25 Jahre,

---

[219] Gutachten Tz 49; s. o. S.38, u. S. 209f.
[220] Definition der Fallgruppen s. o. S. 31, 50.
[221] Ausführlich und aufgeschlüsselt s. u. S. 98f. Zu den Regelungen für Bewerber ohne Studienabschluss s. u. XVI. 2.
[222] „Personalstrukturmodell 185", bzw. „Eckpunkte", s. u. S. 211, 224.

§ 40 SG) setzen ihre militärische Karriere fort. Der Definition des Studiums entsprechend besteht **keine Verknüpfung zwischen dem Studium und dem Aufstieg in die Stabsoffizierlaufbahn (Höherer Dienst)**. Für diese bleibt ein „Basislehrgang Stabsoffizier" erforderlich,[223] (der seit einiger Zeit die frühere Stabsoffizierprüfung ersetzt), was als Analogie zum zweiten Staatsexamen gesehen werden kann und theoretisch 9 Jahre nach der Beförderung zum Leutnant (= 12 Jahre nach Eintritt in die Bundeswehr) möglich ist.

---

[223] *Reuter-Boysen*, S. 35.

III. Universitäten der Bundeswehr – Rechtsgrundlagen

1. Verfassungs- und Hochschulrecht

Vom Bund getragene Hochschulen, die zudem noch in einem zivilen Studium allgemein anerkannte Hochschulgrade verleihen, sind ein Stresstest für das **föderale Bildungssystem**:

Die Universitäten der Bundeswehr dienen primär dem Studium von Bundeswehr-Offizieren, also der Ausbildung von Personal des Bundes für Verteidigung. Nach <u>Art. 87 Abs. 3 Satz 1 GG</u> kann der Bund neue Körperschaften und Anstalten errichten, wenn ihm die Gesetzgebung zusteht. Verteidigung ist schon fachlich das (einzige echte) **Monopol** und verfassungsrechtlich die spezielle und ausschließliche Aufgabe **des Bundes.** Hier hat er die ausschließliche Gesetzgebung, Art. 73 Abs. 1 Nr. 1, Var. 2; Pflicht und Zuständigkeit zur Aufstellung von Streitkräften, Art. 87a, und nach Art. 87b die Zuständigkeit für die Bundeswehr- und Verteidigungsverwaltung mit Personalwesen der Bundeswehr in eigener Verwaltung, Abs. 1 Satz 2, was alles von der Ratio her auch die Offizierausbildung einschließen müsste.

Soll diese aber in Hochschulen stattfinden und zu zivilen, allgemein anerkannten Universitätsabschlüssen führen – „formelle Teilhabe am öffentlichen Berechtigungswesen"[224] – kommt es zu einer grundsätzlichen Schnittstelle in der Kompetenzordnung des Grundgesetzes. Die **„Kulturhoheit"** mit dem Bildungswesen ist „der" Kernbereich der Länderkompetenz, der neben dem Bereich Schulen **auch das staatliche Hochschulmonopol** umfasst, „die" klassische, historische und zäh verteidigte Domäne der Länder.[225] Im Grundgesetz nicht explizit geregelt, folgt sie aber unstreitig aus der Generalzuständigkeit der Länder nach <u>Art. 30</u> und <u>70 GG</u>, von der nur die im Grundgesetz geregelten Ausnahmen bestehen.

---

[224] *Lorenz*, § 70 HRG, Rn. 2, 15.

[225] Vgl. hierzu die wenig glücklichen historischen Ausnahmen, aber außerhalb des „Altreichs", „Reichsuniversität Straßburg" von 1871 – 1918 (Reichsland Elsaß-Lothringen) und die „Reichsuniversitäten" Posen, Graz, Prag, Warschau, Krakau und Straßburg 1940 – 1945.

Die im GG genannten einschlägigen Zuständigkeiten des Bundes begründen jedoch keine solche Ausnahme und damit Kompetenz für eigene Universitäten und akademische Abschlüsse: nach Art. 87 Abs. 3 Satz 1 GG kann der Bund bei seiner Gesetzgebungszuständigkeit eigene Körperschaften und Anstalten errichten und hat auch nach Art. 73 Abs. 1 Satz 2, Var. 2 GG die ausschließliche Gesetzgebungsbefugnis für Verteidigung. Er hat aber **keine Kompetenz für Hochschulen,**[226] womit die Befugnis nach Art. 87 Abs. 3 Satz 1 ausgehebelt ist. Art. 87b Abs. 1 Satz 2 GG wird zwar auch gelegentlich als verfassungsrechtliche Grundlage ins Gespräch gebracht,[227] doch meint dieser nur das Personalwesen der Streitkräfte generell, nicht akademische Abschlüsse; auch die Gesetzgebungskompetenz für das eigene Personal, Art. 73 Abs. 1 Nr. 8 GG, umfasst nur Status und Laufbahnen, nicht die universitäre Ausbildung. Ebenso scheiden Gemeinschaftsaufgaben, Art. 91a ff, aus, da nach alter wie neuer Fassung der Bund die Länder nur bei zu komplexen Aufgaben, die sonst Ländermaterie wären, mitfinanzieren und nicht selbst Einrichtungen betreiben soll. Art. 74 Abs. 1 Nr. 13 Var. 2 schließlich betrifft nur die Forschung, nicht die Lehre, und auch die – sich mit dem **EHRG von 1971** schon anbahnende – Rahmengesetzkompetenz für das Hochschulwesen betraf nur Kompetenzen für die Gesetzgebung, aber keine Befugnis für eigene Hochschulen (heute übrig geblieben Art. 74 Nr. 33 GG).

Bei Alleinzuständigkeit für Verteidigung wäre für die akademische Offizierausbildung auch an eine ungeschriebene Bundeskompetenz[228] zu denken. Die einschlägige Fallgruppe **Annexkompetenz** darf bei der restriktiven Rechtsprechung des BVerfG jedoch nur angenommen werden, wenn der Bund ohne diese nicht von seiner Grundkompetenz

---

[226] *Lorenz,* § 70 HRG, Rn. 11 unter Ausschluss von Umgehungsmodellen; *Thieme,* Hochschulrecht, Rn. 65, 3; von Schroeders, S. 87ff.

[227] *Dittmann, Armin,* Bildung und Wissenschaft in der bundesstaatlichen Kompetenzordnung, S. 17, 2004; *Heintzen,* Art. 87 Rn. 3; *Reuter-Boysen,* S. 43.

[228] (Umstrittene) Definition und Unterschiede der ungeschriebenen Verfassungskompetenzen Uhle, Art. 70, Rn. 65 -74.

Gebrauch machen kann, also die Kompetenzerweiterung „unerlässlich" ist.[229] Das Studium der Bundeswehr ist jedoch nicht zwingend Bestandteil der Offizierausbildung,[230] hat mit der zivilen Verwertbarkeit auch andere Ziele und letztlich zeigt der gegangene Weg, dass auch andere Möglichkeiten bestehen.[231]

Es gibt damit im Grundgesetz nach wohl allgemeiner Ansicht keine Zuständigkeit, die dem Bund das Verleihen akademischer Abschlüsse gestattet. (Das BMVg erwog zunächst Bundeshochschulen als Anstalten – § 58 HRG existierte noch nicht – des öffentlichen Rechts nach Art. 87 Abs. 3 GG und ging dabei von der Notwendigkeit einer **Grundgesetzänderung** aus, sah aber hierfür keine Realisierungschance.[232])

Um die akademische Offizierausbildung zu verwirklichen, mussten die „Reformer" des BMVg also eine andere staats- und hochschulrechtliche Konstruktion finden. Hierzu wurden neben den Kultusbehörden der potentiellen Sitzländer auch die anderen betroffenen Bundesministerien, BMI, BMJ und BMBF, beteiligt.[233]

Dabei verbot sich das andere Extrem, Errichtung als **Landeshochschule** durch Landesgesetz aufgrund Vertrag mit und (Mit)Finanzierung durch den Bund, Modell der 1950 gegründeten „**Hochschule für Verwaltungswissenschaften Speyer**"[234] oder der 2006 entsprechend gestalteten **„Deutsche Hochschule der Polizei" in Münster-Hiltrup**[235] nach dem Zweck, grundsätzlich nur Bundeswehroffiziere

---

[229] BVerfG – Formeln: Gutachten vom 16.6.1954, 1 PBvV2/52; BVerfGE 3, 407, 421; 6, 306, 354; 12, 205, 237; 98, 265, 295; BVerfG NJW S. 2497, 2498.

[230] Definition und Charakter des Bundeswehrstudiums z. B. Vorgaben Tz 10, 101; s. o. S. 11f; s. u. S. 89, 228.

[231] Bundestag, Universität des Bundes, S. 7 Fn. 21; *Uhle*, Art. 70, Rn. 46, Fn. 2; *von Schroeder*s, S. 32-36 mit ausführlicher Literaturübersicht.

[232] *Reuter-Boysen*, S. 43.

[233] *Servatius*, Offizierausbildung, S. 11.

[234] Gesetz über die Deutsche Universität für Verwaltungswissenschaften i. V. m. § 1 Abs. 2 HGRhP; Weise, S. 9 f.

[235] § 81a HGNRW vom 12.7.2019, „als Universität eine gemeinsame auf den Polizeidienst ausgerichtete Hochschule des Bundes und der Länder und zugleich eine Einrichtung des Landes …"; beachte in beiden Fällen die schüchterne Benennung als Universität; im Übrigen Beispiele für Hochschulen nur nach § 73 Abs. 1 HRG, da nur Weiterbildung und kein grundständiges Studium stattfindet.

und keine Landesbediensteten auszubilden, zumal dann alle Mitarbeiter der Schule Bedienstete des federführenden Landes hätten werden müssen.

Auch Bundeshochschulen als „corporate universities", die zwar vom Bund getragen werden, aber die **Prüfungen und Abschlüsse extern**, durch Hochschullehrer von Landesuniversitäten, vornehmen lassen müssten, wären an Rang und Prestige nicht gleichwertig. Schließlich wäre ein Staatsexamen keine Lösung, da dies ein Universitätsstudium voraussetzt und der Abschluss im zivilen Bereich einen Hochschulgrad nur partiell ersetzt.

Es blieb deshalb nur, nach Vorbild kirchlicher und privater Hochschulen, in der Trägerschaft des Bundes Hochschulen zu errichten und diese von den Sitzländern **„staatlich" anerkennen** zu lassen. Dieser Schluss der Reformer war durchaus mutig. Wenn auch vom eben behandelten Problem der autonomen Bundeshochschule streng zu unterscheiden, stellt sich nämlich auch hier, gewissermaßen eine Stufe niedriger, wieder die Frage der Bundeskompetenz und damit der **Verfassungsmäßigkeit** zwar anerkannter, aber dennoch vom Bund betriebener Hochschulen:

Zunächst enthält das Grundgesetz, anders als Art. 7 Abs. 4 für Schulen, kein Recht zur Errichtung privater/nicht staatlicher Hochschulen. Die Zulassung und Anerkennung stand den Ländern also theoretisch frei, wie ja auch über die HSBw zwischen Bund und Sitzländern hart verhandelt wurde, zumal Hochschulrahmengesetz und Landeshochschulgesetze damals noch nicht existierten. Eine Erleichterug war, dass die Bayrische Verfassung über Artikel 168 Abs. 1 Satz 3 ermöglichte, private Hochschulen zu gründen. Doch waren auch im Übrigen nach tradierten, teilweise ungeschriebenen oder gewohnheitsrechtlichen und in anderen Rechtsgebieten geregelten Rechtsfiguren die Möglichkeiten einer solchen Konstruktion vorhanden.[236] Danach war unstreitig, dass neben den Ländern mit ihren „staatlichen" Hochschulen auch **andere Träger**, insbesondere **Kirchen oder Private**, Hochschulen errichten durften. Später haben §§ 70, 73 HRG und fast alle Länder ausdrückliche Rechtsgrundlagen hierfür geschaffen.

Allerdings bestanden und bestehen weiterhin Bedenken, ob § 70 HRG

---

[236] *Steinkamm*, S. 93f.

eine ausreichende Rechtsgrundlage ist, da fehlende verfassungsmäßige Kompetenzen nicht durch einfache Gesetzgebung ersetzt werden können und sich der Bund nicht wie private Träger auf <u>Art. 2 GG</u> berufen kann.[237] Damit bleiben vom Bund getragene Hochschulen generell, auch mit dem „Umweg" über die Genehmigung nach Landesrecht, eine **Betätigung des Bundes im Hochschulwesen**, was wiederum wegen des Hochschulmonopols der Länder problematisch ist. Die Annahme der Rechtswidrigkeit würde aber praktisch bedeuten, dass selbst bei staatlicher Anerkennung Bundeswehrhochschulen nicht bzw. nur nach Grundgesetzänderung zulässig wären. Dies wird zwar explizit nicht mehr vertreten, ist aber implizit in der Argumentation gegen **„Verteidigung als lex spezialis"** oder **„Annexkompetenz"** enthalten.[238] Demgegenüber sehen die ganz h.M., die „Politik" und die „einfachen" Gesetzgeber **keine Bedenken gegen Errichtung und Betreiben eigener vom Land anerkannter Offizierhochschulen durch den Bund**. Richtungsweisend sind §§ 71a HambUG 73, 112 Abs. 1 HmbHG 2001, wonach die HSU HH auch vor bzw. unabhängig von der Übertragung der Graduierungsbefugnisse – „kann" – eindeutig bereits als „wissenschaftliche Hochschule" gewertet wird. Auch §§ 54 E/70 HRG gehen von dieser Stufung für „nicht staatliche Hochschulen" ebenso aus wie die meisten Landesgesetze für Hochschulen in freier Trägerschaft. Damit können wissenschaftliche Hochschulen auch ohne Anerkennung gegründet und betrieben werden („unechte Privathochschule").[239]

---

[237] *Lorenz,* § 70 HRG, Rn. 10.

[238] *Uhle,* Art. 73, Rn. 46; *Pieroth,* Art. 74, Rn. 83, jeweils m.w.N.; *Heintzen,* Art. 73, Rn. 15 in: von Mangold-Klein/Starck, 7. Aufl. 2018, mit dem wenig überzeugenden Argument, Medizin werde von SanOffz auch an Landeshochschulen studiert, was zeige, dass es keine UniBw brauche. SanOffz ist jedoch eine Sonderlaufbahn mit speziellen Einstellungs- und Laufbahnvoraussetzungen, bei den UniBw geht es aber um die (Standard)Offiziere im Truppendienst.

[239] *Thieme,* Hochschulrecht Rn. 166; anders allerdings z. B. § 70 Abs. 1 Satz 4 LHG BW und Art. 91 Abs. 1 BayHSchG 1973, die ohne Anerkennung Errichtung und Betrieb untersagen; in By aber Kurswechsel: Nach Art. 108, 138 Abs. 1 BayVerf, 76 Abs. 1 BayHschG 2006 auch Tätigkeit vor Anerkennung vorgesehen. Dass auf die unechten Privathochschulen Schulrecht anzuwenden sei, so *Thieme,* Hochschulrecht, Rn. 166, *Schmuck,* § 104 Fn. 9, in: Nolden, Frank/Kurz, Achim/Schmuck, Sebastian (Hrsg.), Hochschulgesetz Sachsen-Anhalt, 2018, dürfte allenfalls partiell zutreffen.

Dies muss verfassungsrechtlich auf die Bundeskompetenz „Verteidigung" bzw. die Annexkompetenz hieraus gestützt werden.[240]

Danach stünde es dem Bund frei, „private" Hochschulen und „Akademien", z. B. nach dem Vorbild von internen Firmenhochschulen/corporate universities,[241] als hochschulanaloge Ausbildungseinrichtungen mit Abschlüssen auf entsprechendem Niveau zu errichten. Die Bezeichnungen **Hochschule/Universität** oder die Vergabe von Abschlüssen, die denen der Länderhochschulen entsprechen oder damit verwechselbar sind, werden aber – abgesehen von Mindeststandards nach Größe und Struktur – **nur durch die Genehmigung/Anerkennung** der Sitzländer möglich.[242]

Allerdings musste, indem in den zitierten Gesetzen von „nichtstaatlichen" Trägern bzw. Hochschulen gesprochen wird, pikanterweise auch der Bund, die „übergeordnete" staatliche Körperschaft, als „sonstiger Träger", also gewissermaßen als nichtstaatlicher, privater, klassifiziert werden. Somit sind diese Bestimmungen „eigentlich" terminologisch zu eng ausgefallen. Dieses Problem wurde rechtlich abgesichert, indem die Sitzländer **ausdrückliche Bestimmungen für die Hochschulen der Bundeswehr** in ihre Hochschulgesetze aufnahmen.[243]

Danach wird die Verfassungsmäßigkeit von nach Landesrecht anerkannten Bundeshochschulen öffentlich nicht mehr problematisiert[244]

---

[240] BVerwG, DVBl. 1993, S. 52; Bundestag, Kompetenzen; S. 10 und Bundestag, Universität des Bundes, S. 6f, aber jeweils offen und mit Nachweisen S. 6 Fn. 20 für und S. 7 Fn. 21 gegen Annexkompetenz; *Kment*, Art. 73 Rn. 6, 74 Rn. 81, in: Jarass/Pieroth, 16. Aufl. 2020; Nachweise Übersichten bei: *Uhle*, Art. 73, Rn. 46, Fn. 1; *von Schroeders*, S. 27-39; *Weise*, S. 5-39.

[241] Z. B. VW, Lufthansa, Daimler-Benz, Bertelsmann, Deutsche Bank, Deutsche Post, Thieme, Hochschulrecht, Rn. 65; *Marr/Morick/Elbe*, Karriereanalyse, S. 242, in: Marr, Kaderschmiede.

[242] Kompetenzschranke, vgl. BVerfGE 12, 205, 244; *Lorenz*, § 70 HRG, Rn. 1.

[243] § 71 a HmbgUniG i.d.F. vom 24.4.1973, seit dem 1.1.1979 § 143 des HmbG vom 22.5.1978, GVBl. I 109; Art. 96 BayHSchG vom 21.12.197, seit dem 1.6.2006 Art. 82 BayHSchG vom 23.5.2006 (GVBl. S. 245); Nach § 70 HRG wäre dies bis heute unter dem „falschen" Rechtsbegriff „sonstige", also nichtstaatliche, Träger zu subsumieren. Nach der Etablierung der UniBw sollte dies, auch in Landesverfassungen und Hochschulgesetzen der anderen Länder, begrifflich bereinigt werden.

[244] Zunächst politisches Argument im Streit eigene Bundeswehr- vs. Landeshochschulen, s. o. S. 42f, s.u. 72.

oder salopp formuliert, die Anerkennung durch ein Land heilt die Bedenken gegen die Bundeszuständigkeit im Übrigen. Diese Konstruktion der Hochschulen/Universitäten der Bundeswehr wurde vom **BVerwG** in ständiger Rechtsprechung **abgesegnet;**[245] das BVerfG musste sich hierzu noch nicht äußern, stünde aber auch vor der in fünf Jahrzehnten aufgebauten „normativen Macht des Faktischen".

Von der Rechtmäßigkeit des Betreibens von Hochschulen durch den Bund ist rechtlich die Wahrnehmung der **Rechte im akademischen Bereich** zu unterscheiden wie Immatrikulation, Exmatrikulation, und insbesondere die Teilhabe am Berechtigungswesen, insbesondere Verleihung der akademischen Grade. Durch Anerkennung bzw. Übertragung sind diese auf die HS/UniBw, nicht auf den Bund, übergegangen und werden von diesen als eigene hoheitliche Aufgaben weisungsfrei wahrgenommen.[246] Im Öffentlichen Recht ist zwar eine Beleihung öffentlicher Rechtssubjekte grundsätzlich kontradiktorisch. Ausnahmen müssen aber zumindest analog auch für den Fall der Übertragung von Rechten gelten, die sonst nicht wahrgenommen werden könnten. Damit stellt die Übertragung der akademischen Befugnisse rechtlich eine **Beleihung** dar.[247] Die UniBw sind deshalb Beliehene und damit insoweit (teil)rechtsfähig.[248]

Das Problem des Umgangs mit der fehlenden Bundeskompetenz im Hochschulrecht durch Genehmigung/Anerkennung von Bundeshochschulen durch Länder wurde erst durch die Gründung der HSBw „populär". Die Rechtsfigur war aber schon vorher praktiziert worden. Nach demselben Modell waren nämlich bereits 1971 die „höheren technischen Schulen", später **„technischen Akademien" der Bundeswehr, Darmstadt, München (Heer) und Neubiberg (Luftwaffe)**,

---

245 Inzidenter in BVerwG, DVBl. 1993, S. 52.

246 *Von Schroeders*, S. 116; *Thieme*, Hochschulrecht, Rn. 168; zunächst selbst von Gerichten verkannt, *von Schroeders*, S. 142; kritisch und mit anderer Konstruktion, aber durch Annahme von Weisungsbefugnis des Landes und Annexkompetenz gleiches Ergebnis *Weise*, S. 25ff; zur (auch) daraus resultierenden Teilrechtsfähigkeit s. u. S. 84f, 150f, 207.

247 H.M., z. B.: VGH München, NVwZ 1992, S. 1225f; BVerwG, DVBl, 1993, S. 52 f; *Lorenz*, § 70 HRG, Rn. 16; *Reich*, § 70 Rn. 1; *von Schroeders*, S. 129ff, 134 mit Abgrenzung zu Kompetenzerweiterung, Amtshilfe und Organleihe; *Thieme*, Hochschulrecht, Rn. 168.

248 S. u. S. 84f, 150f, 207.

auf Grund des BayFH-Gesetzes vom 27. Okt. 1970 als **„private"** **Fachhochschulen** vom bayerischen Kultusministerium anerkannt und ihnen die Befugnis zur Verleihung entsprechender Grade übertragen worden,[249] bevor sie in die HSBw M integriert wurden.

Analog wurde auch für die 1979 gegründete **Hochschule des Bundes für die öffentliche Verwaltung**, künftig zitiert HS Bund, verfahren: Der federführende Bundesminister des Inneren hat auch hier für die Abschlüsse die Hoheit der Länder bestätigt. So heißt es in deren Gründungserlass von 1978 (§ 4 Satz 2) „... verleiht den Hochschulgrad, wenn nach Landesrecht ihre Gleichwertigkeit mit einer entsprechenden Hochschule des Landes festgestellt oder ihr die Eigenschaft einer staatlich anerkannten Hochschule verliehen worden ist".[250]

Auch wenn dies hier nicht diskutiert worden ist, stellt sich natürlich dasselbe verfassungsrechtliche Problem der Betätigung des Bundes im Hochschulbereich trotz Übertragung des Berechtigungswesens durch die Sitzländer. Analog zu den UniBw muss auch hier für die vom Bund wahrgenommene Materie eine verfassungsmäßige Zuständigkeit des Bundes vorliegen. Als solche dürfte eine Annexkompetenz zu Art. 73 Nr. 8 GG, Rechtsverhältnisse der Bundesbediensteten, anzunehmen sein.[251]

---

[249] BMVg, Hochschulen 74, S. 26; *de Maizière*, S. 3; zu den Schwierigkeiten und erforderlichen Schritten zur Eingliederung und dem Scheitern des Integrationsmodells *Reuter-Boysen*, S. 99ff; Wikipedia, Stichwort Fachhochschulen der Bundeswehr.

[250] Ursprünglich Fachhochschule des Bundes; GMBl. 1978, S. 581 ff., gegründet und errichtet durch vorläufigen Erlass des BMI (nicht: Gesetz) vom 3.10.1978 „zur Errichtung einer Fachhochschule des Bundes für öffentliche Verwaltung" als nichtrechtsfähige Körperschaft(!) und ressortübergreifende staatliche Einrichtung des Bundes, s. u. S. 82, 89, 103; die Anerkennung wurde von allen Ländern erwirkt, in denen Teile der Hochschule einen Sitz hatten (Baden-Württemberg, Bayern, Berlin, Hessen, Nordrhein-Westfalen, Rheinland-Pfalz und Schleswig-Holstein), https://www.hsbund.de/DE/01Hochschule05ProfilStruktur05Rechtliches/rechtliches-node.html, Stichworte Rechtliches, Geschichte; für das Hauptsitzland NW nach § 34 FHGÖD, GV.NW 1984; anders als bei den UniBw ist die Abschlussprüfung hier die Laufbahnprüfung und der gehobene Dienst kann grundsätzlich nicht ohne diese erlangt werden, § 4 Satz 1 vorl. Erlass.

[251] *Dittmann*, S. 17f.

Entsprechend wurde mit den **akademischen Abschlüssen** der Schulen des **Bundesnachrichtendienstes** verfahren, denen diese Befugnis nach dem Recht des Landes NRW erteilt wurde.[252]

Inzwischen wurden zahlreiche weitere Hochschulen mit dem Recht der Verleihung akademischer Grade, typischerweise für Verwaltung und Polizei, als **interne Hochschulen** mit einem Land als Träger errichtet,[253] wobei es sich zwar um eine Aufweichung des Monopols der Landeshochschulen, aber als innere Angelegenheit der jeweiligen Länder um kein Bund-Länder-Problem handelt.

Staatsrechtlich, insbesondere aus der Sicht des Bundes, ist diese letztlich Umgehungskonstruktion wenig befriedigend. Auch durch die Schaffung eigener Paragraphen in den Landesgesetzen wird das verfassungsrechtliche Problem nur bedingt gelöst, da vom Bund getragene Hochschulen auch nach der Anerkennung durch ein Land eine Betätigung des Bundes im Hochschulwesen bleiben. Die Zuständigkeit von zwei heterogenen Körperschaften für Gründung und Aufsicht führt zu Schnittstellen (Mischverwaltung?),[254] der vertragliche Vorlauf und der ständige Kooperationsbedarf erzeugen unnötige Bürokratie, als Folge differierender Landesgesetze ergeben sich Unterschiede für die beiden UniBw und nicht zuletzt macht die Kategorisierung von Hochschulen des Bundes als „nichtstaatliche"(!) Hochschulen nach § 70 Abs. 1 HRG eine **Verfassungslücke** unübersehbar. Vor allem aber ist „Verteidigung" Kernkompetenz des Bundes, für die ihm neben der Gesetzgebung auch Aufstellung und Organisation der Streitkräfte, das Personalwesen und die Ausbildung obliegt. Wenn durch neuere Entwicklungen die Akademisierung der Offizierausbildung allgemein als notwendig erachtet wird, ist deshalb die Errichtung von UniBw nur über den Umweg als von Ländern anerkannte „Privathochschulen" nach Landesrecht systematisch fragwürdig und nicht mehr zeitgemäß, zumal sich

---

252 Schriftliche Auskunft des BND an den Verfasser vom 25.2.2020.

253 *Kutz*, Reform, S. 121; *Turner*, S. 336; *Tangermann, Christoph*, Hochschulen für angewandte Wissenschaften, S. 13 – 27, in: Geis, 53. AL 2020.

254 *Weise*, S. 30f zur „Entflechtung" von Bund und Ländern, „kompetitiver Föderalismus, auch Dittmann, S. 133.

im Bildungsbereich die Kompetenzen von Bund und Ländern zunehmend überlappen.[255]

Doch wäre eine alleinige Bundeskompetenz bisher kaum zu realisieren gewesen: Die Inanspruchnahme einer Annexkompetenz für autonome Bundeshochschulen hätte zum Widerstand der Länder und einem Verfassungsstreit mit ungewissem Ausgang geführt. Auch eine Initiative zur Verfassungsänderung wäre wenig aussichtsreich gewesen, wie das Scheitern späterer **Versuche des Bundes** gezeigt hat, **Bundeshochschulen zu ermöglichen**.[256] Verwunderlich war, dass die UniBw bei diesen späteren politischen Diskussionen nicht erwähnt wurden, obwohl der Bund damit „eigentlich" schon eigene Universitäten hatte, deren Ausbau genauso ein Modell hätte sein können wie eine Bundesuniversität oder bundesgeförderte Landesuniversitäten.

Es wäre deshalb naheliegend, dem Bund für Hochschulen in „Verteidigung" ein Recht auf die Verleihung allgemein, d. h. auch zivil, anerkannter Hochschulgrade zuzugestehen. Niedrigschwelliger wäre auch an eine pauschale Anerkennung der Abschlüsse von Bundeshochschulen durch Gesetz (vgl. § 71 HRG i.d.F. 1976) zu denken. Dies würde auch nicht zur Niveausenkung als Folge stärkerer Internisierung und „Militarisierung" und einer Einengung des Reservoirs an potentiellen

---

[255] *Thieme*, Hochschulrecht, Rn. 221f; bis zum Kondominium, Universitäten in Speyer und Münster-Hiltrup, die vier Forschungs(förderungs)Organisationen, Exzellenzinitiative, KIT Karlsruhe ….

[256] Gescheiterte Initiativen: *Schröder/Bulmahn/Scholz*, 2004ff und Schavan, 2011 mit entweder (nur) der Finanzierung einer (Landes)Universität (Humboldt-Universität Berlin) durch den Bund – Modell Stiftung Preußischer Kulturbesitz, was hinter dem Modell UniBw zurückgeblieben wäre – oder als echte Bundesuniversität – Modell ETH, wobei letzteres häufig zitiert oder als Subtext mitgedacht wurde; beide Modelle hätten eine GG-Änderung erfordert; Nida-Rümelin, 11.1.2004, braucht Deutschland eine Elite-Uni?, https://www.philosophie.uni-muenchen.de/lehreinheiten/philosophie 4/dokumente/jnr eliteuni.pdf; Pressemitteilung Bund-Länder-Kommission für Bildungsplanung und Forschungsförderung, 29.3.2004, Deutschlands Hochschulen sollen Weltspitze werden; *Meyer-Guckel*, 23.11.10, https://www.faz.net/aktuell/feuilleton/forschung -und-lehre/hochschulpolitik; Trenkamp, 14.2.11, https://www.spiegel.de/lebenundlernen/uni/streit-um-gründung-von-bundesuniversitäten; https://www.zeit.de/politik/deutschland/2011-02/schavan-bundesuniversitäten; angedacht waren allerdings Elitehochschulen auch im internationalen Maßstab, die die Landeshochschulen übertreffen sollten.

Dozenten (und Offizierstudenten?) führen, da über die externen Evaluierungssysteme (Wissenschaftsrat, Akkreditierungsagenturen) die **Qualitätssicherung** garantiert ist und die Sorge der Länder gerade nicht Niveauverlust war, sondern umgekehrt die **Attraktivität etwaiger Bundesuniversitäten** mit größerem Potential und einem Image als Elitehochschulen.[257] Da Verteidigung fachlich einziges Bundesmonopol ist, bestünde auch nicht die Gefahr eines „Lawineneffekts" durch andere Bundesressorts.

Um autonome Bundeshochschulen zu ermöglichen, bedürfte es einer **Änderung des Grundgesetzes,**[258] z. B. von Art. 87 Abs. 3, 87a oder 87b. Trotz der bisherigen entmutigenden Versuche muss dies nicht für alle Zeit ausgeschlossen sein.

Für die Konzeption der Bundeswehrhochschulen/-universitäten war es 1970 bis 1973 allerdings juristisch unvermeidlich und politisch alternativlos, „die Eigenschaft einer staatlich anerkannten Hochschule", analog § 70 HRG, nach dem Recht der Sitzländer zu erwirken und hierfür mit diesen Ländern nicht nur zusammenzuarbeiten, sondern auch deren **Landesrecht für Bundeshochschulen** zu akzeptieren.[259]

2. Gründungsprozess: Errichtung und Anerkennung/Übertragung

Als Standorte der Bundeswehrhochschulen waren **Hamburg** und **München** festgelegt worden.[260]

Nach dem politischen, rechtlichen und organisatorischen Vorlauf im Bund[261] wurden Verhandlungen über die Errichtung und Anerkennung je einer Bundeswehrhochschule mit der Freien und Hansestadt Hamburg sowie dem Freistaat Bayern aufgenommen. Dabei ist zu unterscheiden zwischen der **„Errichtung",** die dem Träger, hier also dem

---

257 *Kutz,* Reform, S. 117.
258 Bundestag, Universität des Bundes, S. 5.
259 BuReg Drs. 14/2897, S. 3f; Hochschulen, S. 5, 9; BMVg, Hochschulen 79, S. 9; *Lorenz,* § 70 HRG, Rn. 5, 10; *von Schroeders,* S. 27-39; *Servatius,* Offizierausbildung, S. 10.
260 Zu den Gründen s. o. S. 48.
261 Bildung einer Planungsgruppe im BMVg, Kabinett, Bundestags-Ausschüsse, Kenntnisnahme durch den Bundestag.

Bund, obliegt und die in § 70 Abs. 1 HRG vorausgesetzt wird, und der **„Anerkennung"** durch das Sitzland, aus der erst das Recht folgt, Prüfungen abzunehmen und akademische Grade zu verleihen, § 70 Abs. 3 HRG.

Diese Verhandlungen mit den Sitzländern verliefen zäh und schwierig, zumal Hintergrund nichts weniger als die gesamte Bildungsreform und konkret der politische Streit um die **Zukunft des Hochschulwesens** waren, fokussiert in der Ausgestaltung des **geplanten HRG**. Dabei gab es in Hamburg weite politische Kreise und außerparlamentarische Initiativen, die Bundeswehrhochschulen generell ablehnten,[262] aber als „kleine Lösung" zumindest möglichst viel politische „Reform" in die HSBw bringen wollten; im Gegensatz hierzu war Bayern ambivalent: Es bejahte die HSBw in München grundsätzlich, fürchtete aber gleichzeitig ein „Bundeskuckucksei im Bayerischen Landesnest"[263] und war heftig gegen zahlreiche der Reformvorhaben, so die im EHRG vorgesehene **Gruppenuniversität**, **Drittelparität** (gleichberechtigte Vertretung von Professoren, Mittelbau und Studenten) und den **Wegfall der Institute**, und forderte in allen Gremien Professorenmehrheiten. Auch bekämpfte es das politisch vermeintlich linke **Personaltableau** des Gründungsausschusses angefangen bei dem Vorsitzenden **Ellwein**,[264] der auf jeden Fall als Präsident einer HSBw M verhindert werden sollte. Die Positionen waren zeitweilig so verhärtet, dass der Bund mehrfach prüfte und androhte, nur eine HSBw in Hamburg zu errichten[265] bzw. Darmstadt als zweiten Standort ins Gespräch brachte; beides wäre aber kaum zu realisieren gewesen. Schließlich kam es aber doch zu Kompromissen. Hier half das **Hochschullehrerurteil des BVerfG**, in dem zwar Gruppenuniversität, aber (nur) Viertelparität und Professorenmehrheit festgelegt wurden;[266] auch erklärte der Bund, Prof. Ellwein nicht als Präsidenten bestellen zu wollen und Bayern akzeptierte ihn als Gründungsausschussvorsitzenden. Hamburg gab den grundsätzlichen

---

[262] Z. B. „Bund demokratischer Wissenschaftler", „Initiative Hamburger Bürger kontra Bundeswehrhochschule", „Kerngruppe Bildung und Militarisierung".

[263] *Reuter-Boysen*, S. 12, 33.

[264] Der in früheren Publikationen die bayerische Regierung attackiert hatte und als „links" galt, *Linsinger*, S. 300.

[265] *Reuter-Boysen*, S. 32, 52-55, 59ff.

[266] BVerfGE 35, 79, 117, 140ff.

Widerstand gegen die Bundeswehrhochschule und deren alleiniges Promotions- und Habilitationsrecht auf, der Bund stimmte seinerseits der **Integration in** noch zu bildende **Gesamthochschulen** zu, was eine weit über das geplante und bestehende Modell hinausgehende Öffnung bedeutet hätte.[267] So konnte schließlich mit beiden Ländern vereinbart werden, dass dem Bund die Gründung von Hochschulen der Bundeswehr im jeweiligen Land gestattet wird und die Länder die Übertragung entsprechender Befugnisse auf diese zusichern.

Dies erfolgte mit Hamburg durch das **Verwaltungsabkommen vom 3. Oktober 1972**,[268] wonach die Freie und Hansestadt Hamburg der Errichtung einer wissenschaftlichen Hochschule für die Ausbildung von Soldaten zustimmt und die Befugnisse, die sich aus der Anerkennung der wissenschaftlichen Hochschule ergeben, (nur) „im Benehmen mit dem Bundesministerium der Verteidigung" ausübt.[269] Als Verwaltungsabkommen – kein Staatsvertrag – war keine Gesetzesform erforderlich, so dass die Beteiligung von Bundestag und Bürgerschaft nicht erfolgte.[270] Um dies landesrechtlich auf eine sichere Rechtsgrundlage zu stellen, wurde in das Hamburger Universitätsgesetz der § 71a, „Wissenschaftliche Hochschule der Bundeswehr" eingefügt.[271] Danach „kann" die Freie und Hansestadt Hamburg der Hochschule der Bundeswehr Hamburg, die von der Bundesrepublik Deutschland als wissenschaftliche Hochschule für die Ausbildung von Soldaten errichtet wird, für bestimmte Studiengänge das Recht übertragen, „Prüfungen abzunehmen und akademische Grade zu verleihen" (Abs. 1). Daraufhin wurde die Hochschule der Bundeswehr Hamburg **durch Erlass des BMVg vom 16. Oktober 1972 errichtet**.[272]

Einen anderen Weg gingen der Bund und der Freistaat Bayern für die HSBw M. Es gab damals in Bayern zwar noch kein Universitätsgesetz,

---

267 *Ellwein / Müller / Plander*, S. 20; *Reuter-Boysen*, S. 36.

268 Zwischen der Freien und Hansestadt Hamburg, vertreten durch den Ersten Bürgermeister und den Senator für Wissenschaft und Kunst, und der Bundesregierung, vertreten durch den Bundeskanzler und den Bundesminister der Verteidigung, abgedruckt bei *von Schroeders*, S. 41.

269 Zitiert BMVg, Hochschulen Bundeswehr 74, S. 5; *von Schroeders*, S. 41.

270 *Weise*, S. 34f.

271 Hamburgisches Gesetz- und Verordnungsblatt 1973, S. 281; aktuell § 112 HmbHG vom 18.7.2001, HmbGVBl. 2001, S. 171.

272 *Lorenz*, § 70 HRG, Rn. 12.

aber Art. 138 Abs. 1 der **Bayerischen Verfassung** ermöglichte bereits die Anerkennung nichtstaatlicher Hochschulen. Statt der Einzelübertragung der wesentlichen Befugnisse einer wissenschaftlichen Hochschule auf die Hochschule der Bundeswehr wurde hier der Weg der **globalen Anerkennung** der Hochschule der Bundeswehr gewählt und im Oktober 1972 grundsätzlich in Aussicht gestellt.

Nächster Schritt war die Schaffung der erforderlichen (Rechts)Grundlagen und Regelungen für die HSBw, wofür vom Träger, also dem BMVg, nach Abstimmung bzw. im Einvernehmen mit den Sitzländern die **„Rahmenbestimmungen für Struktur und Organisation der Hochschule der Bundeswehr"** erlassen werden mussten.[273] Dies erfolgte wegen der noch offenen hochschulrechtlichen Lage zunächst als **„vorläufige"**, und zwar durch Erlass vom 21. November 1972 für die Hochschule der Bundeswehr Hamburg[274] und – erneutem Streit über die Ausgestaltung – vom 1. August 1973 für die Hochschule der Bundeswehr München.[275]

Danach sprach auch der Bayerische Kultusminister am 3. August 1973 **„die Genehmigung und Anerkennung der Hochschule der Bundeswehr München"** mit Wirkung zum 1.10. aus, zunächst befristet auf drei Jahre.[276] Durch ergänzenden Bescheid vom 12. September wurden auch die Fachhochschule der Luftwaffe Neubiberg und die **Fachhochschulen** des Heeres (Darmstadt, München) in die HSBw M **einbezogen**. Die **landesgesetzliche Grundlage** folgt aus dem neu eingefügten Art. 96 des Bayerischen Hochschulgesetzes, wonach „Einrichtungen zur Ausbildung im Dienst der Bundeswehr auf Antrag als Hochschulen staatlich anerkannt werden können".[277]

Kurzfristig und überraschend wurde vom BMVg der geplante innerstädtische **Standort** wegen Differenzen mit der Stadt München wegen

---

[273] Zu Inhalt, Bedeutung und Rechtsnatur s. u.S.79ff.

[274] BMVg, Hochschulen 74, S. 6; *von Schroeders*, S. 53 f: nach Vorschlägen des Gründungsausschusses überarbeitete Fassung vom 7.11.1974.

[275] Genehmigung des Kultusministers des Freistaats Bayern vom 3.8.1973; BMVg, Hochschulen 74, S. 6; *Reuter-Boysen*, S. 82 f; *von Schroeders*, S. 59;

[276] BMVg, Hochschulen 74, S. 6; *Reuter-Boysen*, S. 90ff.

[277] Bayerisches Gesetz- und Verordnungsblatt 1973, S. 679.

der Baugenehmigung außerhalb nach **Neubiberg** in die FH der Luftwaffe verlegt.[278] Wenn dies auch für das Konzept der „offenen und
städtischen Hochschule" kontraproduktiv war und von vielen Akteu-
ren „mit Bestürzung" aufgenommen wurde, so war die Entscheidung
doch wegen der günstigeren Immobilien- und Campuslage nachträglich
vorteilhaft.[279]

Entsprechend den Erfordernissen und dem üblichen Verfahren bei
Gründung von Hochschulen waren bereits **„Gründungsausschüsse"**
gebildet worden,[280] die analog den Gründungssenaten bei zivilen Hochschulen für die Gründungszeit vorläufig die vereinigten Funktionen
von Hochschulleitung und akademischem Senat wahrnahmen – Berufung der Professoren, Erarbeitung von Grundordnung[281] und Wahlordnung, Entwicklung von Studiengängen, Curricula, Studien- und
Prüfungsordnungen. Entsprechend dem Gruppenprinzip[282] waren Mitglieder hierin Hochschullehrer, wissenschaftliche Mitarbeiter und Studenten, aber auch Vertreter der örtlichen Hochschulen, der Rektoren-
konferenzen, der Kultusverwaltung und des Verteidigungsministeri-
ums; zur besseren Koordination war Prof. **Ellwein zum Vorsitzenden** beider **Ausschüsse** bestellt worden.[283]

Schließlich hatten Konzeption und Gründungsprozess auch noch eine
didaktisch-inhaltliche Komponente. Im Zuge der Bildungsreformdis-
kussion hatte das Curriculum eine gesteigerte Bedeutung gewonnen.
Das verkürzte Reformstudium und der Dualismus militärischer Bedarf
und zivile Abschlüsse erforderten für die HSBw grundlegend neue Studienordnungen, die Studienziele, Inhalte, Studienverlauf und Lern-
schritte definierten, wissenschaftlich aufbereiteten und zu neuartigen,
speziellen „Curricula" formten. Der Katalog der Zielvorstellungen
und einzelne Curricula wurden vom „Wissenschaftlichen Institut für

---

278 *Linsinger*, S. 300; *Reuter-Boysen*, S. 75f.
279 *Reuter-Boysen*, S. 90.
280 BMVg, Hochschulen 74, S. 7; Aufgabenkatalog *Reuter-Boysen*, S. 67.
281 Künftig abgekürzt GrundO.
282 S. u. XII. 1.
283 Dies wurde vom Freistaat akzeptiert, nachdem der Bund zugesichert hatte, Prof.
    Ellwein nicht zum Präsidenten der HSBw München machen zu wollen und auch
    im übrigen Personaltableau Zugeständnisse gemacht hatte; Namenslisten z. B. in
    BMVg, Hochschulen der Bundeswehr 74, S. 8f.

Erziehung und Bildung in den Streitkräften" entwickelt. Die Curriculum-Diskussion und darin die „Partizipation" als Lernziel spielte daher an den in Gründung befindlichen HSBw eine besondere Rolle.[284]

Während hierbei der besondere Charakter und die besondere Konzeption der Bundeswehrhochschule berücksichtigt werden musste, war dies für die **„Berufungspolitik"** nicht der Fall. Da in der Konzeption eine biografische oder mentale Affinität zum Militärischen bewusst nicht vorgesehen war, war dies auch kein Auswahlkriterium. Dadurch hatten und haben zahlreiche Professoren eine distanzierte bis **kritische Haltung zu allem Soldatischen**, was als Pluralismus der „zivilen" UniBw nicht zu kritisieren ist, aber zu Schnittstellen mit der Ausrichtung der Fächer und Curricula führen kann.[285]

Damit waren beide Hochschulen der Bundeswehr gegründet – formal zwar mit neun Monaten zeitlicher Differenz, und konnten wie geplant synchron beide (schon) am **1. Oktober 1973** ihren **Lehr- und Studienbetrieb** aufnehmen – nur etwa 3 1/2 Jahre nach dem Initial im Weißbuch vom Mai 1970!, gemessen an den Laufzeiten für andere Universitätsgründungen und den zu klärenden Differenzen eine exorbitante Leistung aller Beteiligten,[286] wenn es auch, vor allem auf dem Personal- und Immobiliensektor, noch lange Mängel und Improvisationen gab.[287]

Die fehlenden Komponenten für eine vollständige wissenschaftliche Hochschule wurden in den nächsten Jahren schrittweise ergänzt, so die Übertragung des alleinigen **Promotions- und Habilitationsrechts** für Hamburg mit neuem Übertragungsbescheid vom 23. Oktober 1978,

---

[284] Definition Empfehlungen der Bildungskommission, 27. Sitzung, 13.2.1970, teilw. abgedruckt Gutachten, S. 109; theoretische Kriterien: *Ellwein/Müller/Plander*, S. 26; *Reuter-Boysen*, S. 104f; praktische Beispiele: *Zoll*, Vermessungswesen, Abgedruckt bei Ellwein/Müller/Plander, S. 128; *B. Dillkofer, Ellwein* et al., Wirtschafts- und Verwaltungswissenschaften, 1975, oder Arbeitsgruppe Anleitstudium, Partizipation als Lernziel, 1975.

[285] *Neitzel*, S. 355 f.

[286] Dabei soll Helmut Schmidt nur ein kleines Zeitfenster für die Realisierung gesehen haben, *Linsinger*, S. 299; *Reuter-Boysen*, S. 11; allerdings lag die Akademisierung politisch „in der Luft".

[287] Ellwein/Müller/Plander, S. 18; Lehrbetrieb neben einer Großbaustelle; *Reuter-Boysen*, S. 14, 142, 159ff, 172 – „Versuchskaninchen statt Vorreiter" (Altpräsident Engerth).

also mehr als fünf Jahre nach der Gründung, Aufhebung der Befristung/Habilitationsrecht für München am 29.9.81, also acht Jahre nach der Gründung[288] und die Schaffung einer dauernden Rechtsgrundlage durch unbemakelte Rahmenbedingungen.

Auch in einem weiteren Punkt sind die Träume der Reformer nicht gereift bzw. langfristig wieder verdorrt. Gehörte zu ihrem Reformkonzept der Wissenschaftsfreiheit das Modell der „**offenen Hochschule**", d.h. theoretisch der freie Zugang für jedermann ohne Kontrolle, z. B. Bibliothek,[289] wurde praktisch von Anfang an eine **Bewachung**, alsbald durch zivile Kräfte mit nur hilfsweiser Unterstützung durch die Offizierstudenten eingefügt, wurde zunächst die UniBW M zum „**militärischen Sicherheitsbereich**" i.S.d. § 2 Abs. 2 des „Gesetzes zur Anwendung unmittelbaren Zwanges…"[290] Danach ist der Bereich ist mit Warnhinweisen gekennzeichnet, darf nicht ohne Erlaubnis betreten werden, der Ausweis ist an der Wache abzugeben und i.d.R. Begleitung sicherzustellen und es bestehen erweiterte Rechte für Wach- und Sicherheitspersonal bis hin zu Lagerung, Führung und theoretisch Gebrauch von Waffen und mehr Einsatz von Offizierstudenten für Wach- und Sicherheitsdienste. Für die HSU H wurde dies erst 2021 auf Anordnung des BMVg gegen den Willen eines großen Teils der Mitlieder vollzogen „zur Sicherheit der Universitätsmitglieder", da „die Einrichtungen der Bundeswehr …Bedrohungen sicherheitsgefährdender Kräfte ausgesetzt" sind.[291]

3. Rechtsstellung, Selbstverwaltung, Rahmenbestimmungen

Vor der Gründung waren die „Grundsteine" der Verfassung der

---

[288] Stufen und Einzelheiten s. u. V. 5.

[289] Und zunächst tatsächlich so praktiziert; Ellwein/Müller/Plander, S.4f, 49; Linsinger, S. 301; Schaffer/Fornahl/Düvelmeyer, S. 11, 73 f, 98. *Schwarz*, S. 162; „Zaun-Diskussion" noch heute an der UniBw M.

[290] UZwGBw vom 12.8. 1965, BGBl. I S. 796, zuletzt geändert durch Art. 12 G. vom 12.2.2007, BGBl. I 3198.

[291] Hamburger Abendblatt 29.4.2021; Hamburger Morgenpost 4.5.2021; Hamburg Journal, 28.4.21; TaZ 17.7.2021; Loyal 6/21, S. 36; der Zugang steht aber nach Vorlage eines Ausweises allen Besuchern offen.

HSBw, Rechtsnatur und die innere Organisation, zu klären. Bei der Gründung der HSBw waren die Muster hierfür noch äußerst vage. Für die Landeshochschulen war ihre „Verfassung" traditionell Gewohnheitsrecht, das aber in die seit Ende der Sechzigerjahre nach und nach zu den jeweiligen Hochschulgesetzen „verdichtet" wurde.[292]

Unstreitig enthält die Rechtsnatur der Hochschulen Elemente staatlicher Einrichtung (Personal, Verwaltung, Haushalt), einer Anstalt (die „Nutzung" insbesondere durch die Studenten) und Autonomie/Selbstverwaltung (für den akademischen Bereich), typisch körperschaftliche S. 137kteristika. Dieser **Gegensatz zwischen staatlicher Steuerung** (Einrichtung, Anstalt) und Autonomie (Körperschaft) ist bereits seit Gründung der ersten Universitäten im Mittelalter angelegt.[293] Da aber die körperschaftlichen Komponenten deutlich überwiegen und in der Erkenntnis, dass Wissenschaft ohne staatliche und politische Interferenzen objektiver und effizienter ist und deshalb Freiräume braucht,[294] dominierte meist, durchgehend seit ca. 1800 (Humboldt), für den wissenschaftlichen Bereich das Modell der selbstverwaltenden Korporation.

Zwischen diesen Polen war die Rechtsnatur der zukünftigen HSBw zu entscheiden, was bei der Planung der HSBw zwischen den beteiligten Ministerien BMVg, BMI, BMBW einerseits und den zuständigen Stellen der Länder diskutiert wurde. (Nur) staatliche Einrichtung wäre für den BMVg am pflegeleichtesten gewesen, aber von den Ländern niemals als Basis für eine Anerkennung akzeptiert worden; das Modell Anstalt wurde teilweise vom BMVg favorisiert, aber von den Ländern auch nicht als ausreichende Autonomiegarantie gesehen, zumal der spätere § 58 HRG seine Schatten voraus warf. Die Körperschaftskonstruktion, die den HSBw die größte Selbstständigkeit gewährt hätte und die zeitweilig auch von Hamburg favorisiert wurde, war dem BMVg suspekt und scheiterte wesentlich auch an verfassungsrechtlichen Bedenken. Daraus ergab sich der Kompromiss: Einrichtung und formal

---

[292] Erstes Universitätsgesetz für Hamburg, vom 25.4.1969; *Steinkamm*, S. 93.

[293] *Geis*, HRG, § 58, Rn. 16, 19; s. u. S. 137f.

[294] *Geis*, HRG, § 58, Rn. 5f, 28ff; Demgegenüber hat z. B. die kommunale Selbstverwaltung zweckmäßigere Aufgabenerledigung zum Ziel und ist eine umfassendere Autonomie; s. u. S. 137.

keine Körperschaft, aber Garantie von Wissenschaftsfreiheit sowie Autonomie und Selbstverwaltung analog den Landeshochschulen.[295]

Als die HSBw längst gegründet waren, kam es mit dem HRG 1976 für die Landesuniversitäten schließlich zu der klarstellenden Definition in § 58 – Körperschaften und zugleich staatliche Einrichtungen – und beendete damit den Jahrhunderte alten Schwebezustand über die Rechtsnatur der Universitäten. Für die HSBw hatte dies keine Auswirkungen und wurde wegen der genannten Bedenken[296] auch nicht übernommen.

Wie alle Hochschulen bedürfen auch die HSBw einer Rechtsgrundlage, die ihre Aufgaben, ihren Rechtsstatus, ihre innere Organisation und Struktur, die Personalstruktur, die Untergliederungen und Einzelheiten für Wahlen und Abstimmungen sowie die internen Verfahren regelt. Ein eigenes (Bundes)Gesetz scheidet hierfür aus, das mangels Gesetzgebungskompetenz des Bundes nicht geschaffen werden[297] und wegen der Trägerschaft des Bundes auch nicht unmittelbar vom Sitzland übernommen werden könnte. Auch gilt für die UniBW das HRG nicht, bzw. nur indirekt über § 70, Arg. § 1 HRG; ebenso gelten die Landeshochschulgesetze nicht unmittelbar. Die UniBw brauchen also eine **spezielle Rechtsgrundlage**.

Diese „Verfassung" der UniBw sind die jeweiligen **„Rahmenbestimmungen"**. Formal sind sie erstens die Vorgaben des Trägers, die er für „seine" Hochschulen in der Form des Erlasses festlegt. Inhaltlich ersetzen sie die heute übliche gesetzliche Grundlage, ein Hochschulgesetz. Dabei gehen sie zweitens über diese hinaus, indem sie auch Gegenstände regeln, die typischerweise in der GrundO oder Satzungen geregelt werden, z. B. Leitungsstruktur, horizontale Gliederung, Verfahrensvorschriften. Drittens beruhen wesentliche Regelungsgehalte ohnehin auf der Übertragung/Genehmigung der Befugnisse durch die Sitzländer und die Inhalte sind auch im Übrigen mit den Sitzländern im Verhandlungsvorlauf abgestimmt und von diesen genehmigt, so dass die RahBest zum Großteil das formulieren und zusammenfassen, was für eine Anerkennung nach Landesrecht und in dem Verhandlungsvorlauf von den Sitzländern gefordert wird.[298] Durch die Verabschiedung

---

[295] *Servatius,* Offizierausbildung, S. 10f.

[296] S. u. S. 81f, 84.

[297] *Reuter-Boysen,* S. 82f; *von Schroeders,* S. 53f; *Weise,* 49.

[298] *Reuter-Boysen,* S. 81 Fn. 267; *Steinkamm,* S. 99f.

der Entwürfe im Gründungsausschuss, spätestens aber durch den nachträglichen Übernahmebeschluss der akademischen Senate sind sie viertens auch formal zu einer autonomen Rechtsetzung des „legislativen" Selbstverwaltungsorgans der Hochschulen geworden und damit eine auf <u>Art. 5 Abs. 3 GG</u> beruhende **interne Generalnorm mit Satzungs- und teilweise Grundordnungscharakter**. Die RahBest kombinieren also verschiedenartige Rechtsgrundlagen „unter einem Dach" und sind eine echte „magna charta" der UniBw.[299]

Die Formulierung der Rahmenbestimmungen erfolgte in Wechselwirkung zum in Angriff genommenen Hochschulrahmengesetz, in dessen politischem „Vorlauf", z. B. Sitzungsberichten und Entwürfen, sich die Streitpunkte, Tendenzen und Inhalte schon in den Jahren vor seiner Verabschiedung abzeichneten. So orientieren sich die RahBest stark am **zukünftigen Hochschulrahmengesetz – das** (damalige) **BMBW** nahm hierzu **wesentlichen Einfluss** auf den BMVg[300] – und lagen auch im Trend der **Hochschulgesetze der Sitzländer**,[301] die gleichfalls über ihr Genehmigungsermessen und ihre Aufsichts- und Kontrollrechte faktisch Einfluss ausüben.[302]

Wegen der verbleibenden Unsicherheiten wurden die Rahmenbestimmungen zunächst als „vorläufige…" erlassen und erst später durch als endgültig verstandene ersetzt. Diese wurden seither mehrfach geändert, aktualisiert und den **neuen Entwicklungen** im Hochschulrecht sowie dem jeweiligen **Landesrecht angepasst**, was den UniBw teil-

---

[299] Zur unter Aspekt der Autonomie problematischen Form des Erlasses (zunächst) ohne Mitwirkung der Betroffenen, insbes. der Offizierstudenten, kritisch *Fröchling*, S. 195, aber „geheilt" durch Übernahmebeschluss des Akademischen Senats; differenzierend zur Rechtsnatur *Weise*, S. 49.

[300] *Reuter-Boysen*, S. 56f.

[301] EGHRG vom 23.2.1971, erste Fassung des HRG vom 26.1.1976, BGBl. I S. 185ff.

[302] Für Hamburg z. B. „Einbau" der HSBw in die Gesamthochschule, Nachweise bei *Kutz*, Reform, S. 150 und für Bayern die Gremienstruktur, was sich dann später (hochschul)politisch bzw. durch BVerfG-Urteil erledigte, s. o. S. 72, s. u. S. 173.

weise innere Umorganisationen und größere Unabhängigkeit und Flexibilität ermöglichte.[303] Bei Übereinstimmung in den wesentlichen Regelungen weicht der Wortlaut der RahBest für die Universitäten in Hamburg und München zunehmend voneinander ab: Hier werden der Fortentwicklung und den Besonderheiten der beiden Universitäten und Sitzländer insoweit **Spielräume** gelassen. Die RahBestH sind jedoch teilweise veraltet, insbesondere in der Personalstruktur, doch werden hier die Vorgaben von HRG und HmbHG ohne grundsätzliche Diskussion übernommen. Hier versucht das BMVg auf eine Anpassung hinzuwirken, wofür es die RahBestM als Vorbild sieht.

Üblicherweise werden die Hochschulen in den Landeshochschulgesetzen **definiert**; dem entsprechen die RahBest, sinnvollerweise gleich eingangs, § 1 Abs. 1 RahBestH bzw. § 2 Abs. 1 RahBestM. In etwas abweichender Formulierung sind sie „Universitäten der Bundeswehr", der Bundesrepublik Deutschland, nach Landesrecht für Hamburg nach Maßgabe des § 112 HmbHG,[304] bzw. vom Freistaat Bayern staatlich anerkannt, Art. 82 BayHG,[305] und dienen der wissenschaftlichen Ausbildung von Offizieranwärtern und Offizieren. Ihr rechtlicher Status wird beschrieben als „**Einrichtung des Bildungswesens** im Geschäftsbereich des Bundesministeriums der Verteidigung" und als

---

[303] Aktuelle Fassungen: „Rahmenbestimmungen für Struktur und Organisation der Helmut-Schmidt-Universität der Bundeswehr Hamburg" i.d.F vom 2.9.2019, https://www.hsu-hh.de/asv/wp-content/uploads/sites/6/2019/09/Rahmenbest.-für-Struktur-und-Organisation-HSU-HH-02-09-2019.pdf, künftig zitiert RahBestH, bzw. Rahmenbestimmungen für Struktur und Organisation der Universität der Bundeswehr München vom 24.8.2017. Organisationsschema BMVg, Hochschulen 74, S. 27; Universität der Bundeswehr München, Beilage zur DUZ 10.10.2003.

[304] Ursprünglich § 71a, eingefügt durch Änd. Gesetz vom 10.7.1973, GVBl. S. 284; aktuell § 112 i.d.F. vom 18.7.2001, GVBl. S. 171; künftig zitiert HmbHG; wenn nicht aus historischen Gründen auf eine ältere Fassung Bezug genommen wird, wird immer ohne speziellen Hinweis die aktuelle Fassung zitiert.

[305] Ursprünglich Art. 96 vom 1.12.1972, GVBl. S. 679; aktuell i.d.F. vom 23.5.2006, GVBl. S. 245; künftig zitiert BayHSchG; wenn nicht aus historischen Gründen auf eine ältere Fassung Bezug genommen wird, wird immer ohne speziellen Hinweis die aktuelle Fassung zitiert.

„mitgliedschaftlich organisiert", die ihre „akademischen Angelegenheiten" **selbst verwalten**.[306]

Während der Begriff „Einrichtung" nur zielgenauer definiert wird, fehlt bei den UniBw natürlich der Begriff „Körperschaft". Bei dieser Rechtsfigur besteht bei <u>Art. 87 Abs. 3 GG</u> das Problem der fehlenden Bundeskompetenz und zweitens bedarf es zur Bildung einer Körperschaft eines Gründungsaktes, i. d. R., wenn auch nicht zwingend, eines Gesetzes; dieser fehlt bei den HSBw;[307] auch eine Umgehung nach Vorbild des BMI für die FH Bund wurde für die UniBw nicht versucht.[308] Die Universitäten der Bundeswehr sind also formal **keine Körperschaften** und damit grundsätzlich nicht rechtsfähig.[309]

Materielles Kriterium einer Körperschaft ist die **Autonomie**,[310] gewährleistet durch mitgliedschaftliche Organisation mit Mitwirkungsrechten, Selbstverwaltung eigener Angelegenheiten mit eingeschränkter staatlicher Aufsicht im Rahmen der extern vorgegebenen Rechtsgrundlagen, sowie Selbstrechtsetzung, d. h. das Recht, die eigenen Angelegenheiten durch **eigene Ordnungen und Satzungen**[311] zu regeln, insbesondere als „Krönung" die GrundO, <u>§ 58 Abs. 2 HRG</u>, als Hauptsatzung bzw. „Verfassung" der Universität, selbst zu erlassen.[312] Materiell haben die UniBw dieselben Aufgaben und Rechte für die akademischen Angelegenheiten wie die Landeshochschulen, § 2 Abs. 2

---

[306] Nach dem Schema des Verwaltungsaufbaus sind sie „Mittelbehörden", *Krex*, S. 87, was für die Bewertung der Leitungsfunktionen und den Stellenschlüssel von Bedeutung ist.

[307] Vgl. o. S. 62f; aber andere Rechtslage, da jetzt staatl. anerkannt! Hier war auch ein Kompromiss zu finden in dem natürlichen Gegensatz BMVg vs. UniBw – Dienststellen wären pflegeleichter, rechtsfähige Körperschaften selbstbewusster, vgl. *Servatius*, Offiziersausbildung, S. 10.

[308] Gründungsakt und Rechtscharakter s. o. S. 68, s. u. 89; Felz, Sebastian, Die Gründung der Fachhochschule des Bundes, Verwaltungsrundschau 10/2019, S. 333ff.

[309] *Von Schroeders*, S. 112f; zu weitgehend *Weise*, S. 70, der wegen der materiellen Autonomie einen konkludenten Gründungsakt annimmt und die UniBw auch formal für (nichtrechtsfähige?) Körperschaften hält.

[310] *Geis*, HRG, § 58, Rn. 47.

[311] *Geis*, HRG, § 58 Rn. 63 ff; *Kempen*, Rn. 129ff; *Stern, Klaus*, Das Staatsrecht der Bundesrepublik Deutschland, Band I, S. 646, 1977, zitiert Stern; traditioneller (kaum noch beachteter) Unterschied Ordnung (genehmigungspflichtig) – Satzung (genehmigungsfrei).

[312] *Geis*, HRG, § 58, Rn. 81ff; *Thieme*, Hochschulrecht, Rn. 183.

RahBestH, § 11 Abs. 2 RahBestM, und genießen wie diese weitgehende **Autonomie und Selbstverwaltungsrechte**; sie sind „mitgliedschaftlich" organisiert, §§ 1 Abs. 1, 32 RahBestH bzw. §§ 2 Abs. 1, 46 ff UniBw M, vgl. §§ 36, 37 HRG, und haben das Recht und die Pflicht,[313] Grundordnungen zu erlassen, RahBestH § 1 Abs. 1 Satz 3; für die UniBw M nicht explizit, aber Arg. Präambel **GrundO** mit Bezug auf § 2 Abs. 1. Während an der UniBw M alsbald die GrundO beschlossen wurde,[314] ist es an der HSU HH, obwohl die RahBestH häufig darauf verweisen, bisher nicht zur Inkraftsetzung einer GrundO gekommen.[315]

Vor allem wird die **Wissenschaftsfreiheit** nach Art. 5 Abs. 3 GG, § 3 HRG für alle Mitglieder ausdrücklich garantiert, § 1 Abs. 3 RahBestH, § 2 Abs. 8 RahBestM, und zwar auch für die Offizierstudenten,[316] wobei Bund und Universität eine ausdrückliche Pflicht zur Sicherstellung aufgegeben wird, §§ 1 Abs. 3 RahBestH, 1 Abs. 8 RahBestM. Dies ist nicht nur die individuelle Freiheit der dort tätigen Wissenschaftler, sondern auch Selbstverwaltung und Autonomie der Hochschule als Institution.[317]

Als gleichlautende Schranke wird entsprechend § 3 Abs. 5 HRG die Pflicht zur **Rücksicht auf die Rechte anderer** und die Beachtung der Regelungen für das Zusammenleben in der Universität genannt, was zwar enger ist als das HRG in den neueren Fassungen und die meisten Landeshochschulgesetze, aber in etwa § 3 Abs. 5 HRG a. F. entspricht

---

[313] *Geis*, § 58, Rn. 81.

[314] Derzeitige Fassung vom 31.1.2002, künftig zitiert GrundO.

[315] Es wurde allerdings von der HSU HH ein GrundO – Entwurf verabschiedet, der aber vom BMVg nicht genehmigt wurde. Auch die Defizite der HSU HH bei den RahBest liegen nicht daran, dass die zuständigen Organe träge oder schlampig wären, sondern an unterschiedlichen Positionen und Interessen, z. B. Austarierung der Befugnisse Präsident vs. Senat bzw. Universität vs. BMVg, weswegen eine Festlegung lieber vermieden wird, s. das Beispiel GrundO. Was von den Aufsichten in Bund und Land irgendwie hingenommen wird – der BMVg wirkt allerdings vorsichtig auf Anpassung nach Vorbild UniBw M hin. So mag das Fehlen des Fokus und Symbols für Autonomie und Selbstverwaltung auch paradigmatisch ein wenig für gerade diese stehen.

[316] Wissenschaftsfreiheit für Studenten jedenfalls, wenn selbständige wissenschaftliche Leistungen vorliegen (B.A.,M.A. Arbeiten; *Kempen*, Rn. 19; zur Studierfreiheit z.B. s. u. S. 90, 186, 194, 198, 208.

[317] *Geis*, HRG, § 58, Rn. 33.

und damit keine – einschränkende – Besonderheit der UniBw ist. Die UniBw entsprechen damit in ihrem akademischen Status den Landesuniversitäten.

Damit sind die für Hochschulen nach Art. 5 Abs. 3 GG zu fordernden Freiräume gegenüber der staatlichen Aufsicht gewährleistet und alle wesentlichen Elemente des körperschaftlichen Status vorhanden; der fehlende formale Status der Körperschaft bedeutet also keine Einschränkung von Autonomie und Wissenschaftsfreiheit.[318] Dieser Status ist, jedenfalls im Endergebnis, umfassend und global und durch Grundgesetz garantiert und nicht in Einzelfällen übertragen. Es handelt sich also für diesen konstitutiven Bereich Status und Autonomie um ein **eigenständiges Recht**, womit die Rechtsfigur der Beleihung hier nicht einschlägig ist. Vielmehr haben auch die UniBw nicht nur für die Autonomie in eigenen Angelegenheiten, auch gegenüber Bund und Sitzland alle Eigenschaften einer Körperschaft. Es handelt sich damit um **materielle Körperschaften**.

Zur juristischen Körperschaft fehlt allerdings der formale Begründungsakt und damit die Vollrechtsfähigkeit.

Dieser formal mindere Status der UniBw ist unbefriedigend. Wünschenswert wäre es, die Universitäten der Bundeswehr wie die Landeshochschulen auch **formal zu Körperschaften** zu machen. Abgesehen von der symbolischen Betonung der wissenschaftlichen Autonomie würden sie damit rechtsfähig, was eine Klärung verfahrensrechtlicher Labyrinthe und Streitfragen wäre.[319] Vor allem würde dies systematisch der materiellen Natur der UniBw entsprechen, sie aufwerten und den Landesuniversitäten gleichstellen.

Die Errichtung einer Körperschaft des öffentlichen Rechts nach Art. 87 Abs. 3 Satz 1 GG setzt erstens die Gesetzgebungszuständigkeit, hier des Bundes, weiter die organisatorische Verselbstständigung und Ausgliederung eines bestimmten Bereichs staatlicher Aufgaben und drittens einen formalen Gründungsakt voraus. Die **hoheitlichen Befugnisse** der UniBw, für die der Bund auf Grund der Kulturhoheit keine Zuständigkeit hat, insbesondere Immatrikulation/Exmatrikula-

---

318 *Gessenharter*, S. 95; *von Schroeders*, S. 115; *Weise*, S. 81.
319 Vgl. u. S. 150, 206f.

tion, Studienorganisation und Prüfungswesen – die Teilhabe am Berechtigungswesen – erfolgen aus **vom Land verliehenen**, abgeleitetem **Recht**. Damit steht nach der Übertragung-/Anerkennung die Kulturhoheit dem Betreiben einer Bundeshochschule im Bereich „Verteidigung", der Gesetzgebungszuständigkeit des Bundes im Übrigen nichts mehr entgegen.[320] Neben der Kompetenz des Bundes für „Verteidigung" setzt die Schaffung einer Körperschaft als mittelbare Staatsverwaltung weiter auch die Übertragung und selbstständige Ausübung staatlicher Tätigkeit voraus. Was abzüglich des der Landeskompetenz entstammenden Berechtigungswesens den UniBw verbleibt, ist mehr als eine bloße Hülle – es ist die komplett organisierte Hochschule, Forschung und Lehre mit korporativer Struktur und Autonomie.[321] Dieser Hochschulbetrieb kann als die konstituierende, der Körperschaft **zur selbstständigen Erledigung übertragene staatliche Aufgabe** verstanden werden. Deshalb sollte i. S. d. Definition und Systematik des Hochschulrechts und in Analogie zu den Landeshochschulen erwogen werden, die UniBw in (rechtsfähige) Körperschaften umzuwandeln,[322] nachdem der BMI durch die Konstruktion als (nicht rechtsfähige) Körperschaft für die FH Bund begonnen hat, die Türen zu öffnen.

Im gleichen Absatz, § 1 Abs. 1 RahBestH bzw. § 2 Abs. 1 RahBestM werden beide UniBw auch ausdrücklich als **„Einrichtungen des Bildungswesens im Geschäftsbereich des Bundesministeriums der Verteidigung"** bezeichnet. Auf den in den vorangegangenen Fassungen verwendeten Begriff „Dienststelle" wurde verzichtet: Der Begriff der Dienststelle setzt zwar auch eine gewisse Eigenständigkeit durch ein eigenes Aufgabengebiet und eine bestimmte organisatorische Selbstständigkeit voraus, bedeutet andererseits aber Einbindung in die staatliche Hierarchie und Fachaufsicht und den Ausschluss eigener

---

[320] S. o. S. 64ff.

[321] Im Ergebnis auch *Kutz*, Reform, S. 152f; a. A. Gutachten von BMI und BMJ, Fundstelle bei *Kutz*, Reform, S. 152 f, Fn. 448b, dort als „bestellte Gutachten" bewertet, über die sich allerdings der BMI für die FH Bund selbst hinweggesetzt hat ohne gesetzliche Grundlage als – nicht rechtsfähige – Körperschaft realisiert und von den Ländern geduldet, s. o. S. 68; *von Schroeders*, S. 108f.

[322] Gründungsausschuss der HSBw HH, zitiert nach *Ellwein/Müller/Plander*, S. 35; *Steinkamm*, S. 91; *Kutz*, Reform, S. 152 f unter Bezug auf die (ehemaligen) Hamburger Bildungssenatoren Bialas und Sinn, denen allerdings wohl eine Körperschaft nach Landesrecht vorgeschwebt hat.

Rechtsfähigkeit. Die Formulierung „Einrichtung" nimmt dagegen die klassische Formulierung des HRG, „… und zugleich staatliche Einrichtung" auf, die traditionell den **Doppelcharakter** der Hochschulen definiert. Der Begriff „Dienststelle" ist jetzt nur noch in § 2 Abs. 1 und 3 RahBestH bzw. § 11 Abs. 1 und 3 RahBestM enthalten, hier aber nicht als Definition für die Universitäten als ganze, sondern nur für die sonstigen, also die nichtakademischen Angelegenheiten, die „als Dienststelle …" wahrgenommen werden. Folglich ist mit der körperschaftlichen Verfassung des akademischen Bereichs sowie dem Dienststellencharakter für „alle sonstigen Angelegenheiten" eine weitgehende Übereinstimmung mit § 58 Abs. 1 HRG gegeben.

Für beide Universitäten wird gleichlautend definiert, dass sie „der wissenschaftlichen **Ausbildung von Offizieranwärtern und Offizieren** der Streitkräfte und der Weiterbildung ihrer Absolventen" dienen. Angesichts der klaren Bezugnahme auf die Wissenschaftsfreiheit des Art. 5 Abs. 3 GG und § 3 HRG für alle Mitglieder in § 1 Abs. 3 RahBestH bzw. § 2 Abs. 8 RahBestM ist dieser Funktionsbezug aber nur deskriptiv und bedeutet **keinerlei Einschränkung der Lehr- und Forschungsfreiheit**.

Die weiteren **Aufgabenkataloge**, §§ 1 Abs. 2–5 RahBestH, 2 Abs. 2–7 RahBestM, orientieren sich jeweils an **§ 2 HRG** – Pflege der Wissenschaften durch Forschung, Lehre, Studium und Weiterbildung, wissenschaftlicher Nachwuchs, Förderung kultureller Belange, Fremdsprachen und Sport sowie Beseitigung der Nachteile für Wissenschaftlerinnen und die Unterrichtung der Öffentlichkeit. Wie allerdings auch bei neueren Katalogen der Landesgsetze wird bei den RahBestM die Tendenz zur (unnötigen) Anreicherung und Detaillierung erkennbar, die die Primäraufgaben – Forschung, Lehre, Studium – mit den Nebenpflichten nivelliert.

In § 2 Abs. 7 Satz 2 der RahBestM sind noch die „Studiengänge des **Hochschulbereichs für angewandte Wissenschaften**", ehemals FH, mit anwendungsbezogener Lehre für die Berufspraxis beschrieben, ohne dass sich hieraus Änderungen für Status und Rechtsfragen ergäben.

In Ausgestaltung des **Dualismus von Hochschule und Staat** unterscheiden und definieren die §§ 2, Abs. 2 bzw. 3 RahBestH und §§ 11

Abs. 1 und 2 bzw. 3 RahBestM gleichlautend die „akademischen Angelegenheiten" und „sonstigen Angelegenheiten".[323] Die akademischen Angelegenheiten werden in Abs. 2 durch eine Generalklausel – Forschung, Lehre, Weiterbildung – definiert und durch einen Katalog der damit zusammenhängenden (administrativen) Aufgaben ergänzt: Lehr- und Prüfungsbetrieb, wissenschaftlicher Nachwuchs, Berufungsverfahren, aus der Mitgliedschaft folgende Rechte und Pflichten, Immatrikulation und Exmatrikulation, Ordnungen für akademische Angelegenheiten, akademische Grade und Ehrungen. Der Katalog entspricht den akademischen Aufgaben der Landesuniversitäten.[324] Diese **akademischen Aufgaben** werden „als **Selbstverwaltungsaufgaben**", Arg. Abs. 1, wahrgenommen und unterliegen (nur) der **„Rechtsaufsicht"** der zuständigen Hamburgischen Behörde für Wissenschaft und Forschung, künftig zitiert Behörde, bzw. des Bayerischen Staatsministeriums für Wissenschaft, Forschung und Kunst, künftig zitiert Staatsministerium und jeweils – gleichrangig – des BMVg.

„Alle **sonstigen Angelegenheiten** werden … **als Dienststelle** im Geschäftsbereich des BMVg wahrgenommen", §§ 2 Abs. 1 Satz 4 RahBestH, 11 Abs. 1 Satz 4 RahBestM. Neben dieser Generalklausel werden die wichtigsten „sonstigen Angelegenheiten" in Abs. 3 benannt, Personal- und Gebührenangelegenheiten, Haushalts-, Kassen- und Rechnungswesen, Liegenschaften, Universitätseinrichtungen einschließlich der technischen Einrichtungen, Hausrecht und die sonstigen Aufgaben als Dienststelle im Geschäftsbereich des BMVg. Diese Definition entspricht der Ratio und der Lösung des Dualismus von § 58 HRG. Auch diese Aufzählung ist eine verkürzte Fassung der in den Landeshochschulgesetzen üblichen Kataloge.[325] Ohne ausdrückliche Nennung impliziert dies die **Fachaufsicht des BMVg**.

Den UniBw wird von den RahBest das **Zusammenwirken „mit anderen Hochschulen** und staatlichen sowie staatlich geförderten **Forschungs- und Bildungseinrichtungen"** aufgegeben, § 3 Abs. 1 RahBest. Wie weit dies (nicht) gehen soll, wird in Abs. 3 RahBestH nä-

---

323 Definitionen und Kataloge entsprechen denen der Landesuniversitätsgesetze, vgl. *Geis*, HRG, § 58, Rn. 51, 56.

324 *Geis*, HRG, § 58, Rn. 35, 51.

325 *Geis*, HRG, § 58, Rn. 56.

her erläutert: Danach sind erforderlich das Einvernehmen der Landes-
behörde/des Ministeriums sowie des BMVg und der Kooperationsbe-
reich – „kann sich ... erstrecken auf" – wird durch einen Katalog definiert, der sich einerseits auf gemeinsame Schwerpunkte in Forschung
und Lehre sowie gemeinsame Lehrveranstaltungen und andererseits
auf die Gewährung von Forschungsmöglichkeiten für Externe und die
gemeinsame Nutzung von Einrichtungen bezieht. Beides bedeutet eine
Einschränkung gegenüber entsprechenden Regelungen in den Landeshochschulgesetzen, aber auch den RahBestM, die auf das Einvernehmen der Aufsichtsbehörden und einengende Kataloge verzichten. Die
Regelung ist nicht mehr zeitgemäß und sollte bei einer Neufassung der
RahBestM entfallen.

IV. Studium, Lehre, Prüfungen, Grade

Der akademische Bereich ist die Kernaufgabe der wissenschaftlichen Hochschule, Arg. § 2 Abs. 1 HRG. Entsprechend den Humboldtschen Prägungen umfasst dieser Forschung und Lehre, mitzudenken ist die akademische Selbstverwaltung, die in engem Zusammenhang und gemeinsam unter dem Schirm der Wissenschaftsfreiheit, Art. 5 Abs. 3 GG, § 3 HRG, § 11 HmbHG, Art. 3 BayHG, § 1 Abs. 3 RahBestH bzw. § 2 Abs. 8 RahBestM, stehen.

Das Studium an den UniBw hat eine **ambivalente Stellung zwischen militärischer Karriere und ziviler Anerkennung**. So qualifiziert es nicht zu einer Laufbahn oder bestimmten Karrierestufen. Es ist, wie die etwas sperrige Definition lautet, **„regelmäßig integraler Bestandteil der Ausbildung der Offiziere"**.[326] Die UniBw zielen auf einen im zivilen Bereich qualifizierenden wissenschaftlichen Abschluss und nicht auf die Ausbildung zum Offizier; sie bilden also nicht gezielt für den Offizierberuf aus und das Studium ist keine für spätere Verwendungen qualifizierende Ausbildung.[327] Dieser Charakter und Zusammenhang ist bei Überlegungen zum Studium stets zu beachten.

Nach Sinn, Zweck und Entstehungsgeschichte der Bundeswehrhochschulen – schnelle Errichtung als Bedarfshochschulen für die Ausbildung von Offizieren – standen zunächst Ausbildung und damit **Studium und Lehre im Fokus** der Bemühungen.

---

[326] Vorgaben, Tz 101; s. o. S. 11f, 58, 63, s.u. 228.

[327] Antwort der Bundesregierung auf die Kleine Anfrage der Abgeordneten Nolting und Genossen der F.D.P., S. 3 f, BT-Drs. 14/2897 vom 14.3.2000, zitiert BuReg Drs. 14/2897; *von Schroeders*, S. 77f; *Servatius*, Bewährung, S. 207. Vgl. hierzu die Fachhochschule des Bundes für öffentliche Verwaltung, bei der die Abschlussprüfung die Laufbahnprüfung ist, s. o. S. 68.

1. Reformstudium, erziehungs- und gesellschaftswissenschaftliche Anteile

Der (auch) soldatische Status der Offizierstudenten,[328] §§ 5 Abs. 1 RahBestH, 79 Abs. 1 RahBestM, bedingt auch weitergehende Regelungen wie die Studienorganisation, gemeinsames Wohnen usw. und schränkt insoweit die Studienfreiheit sowie Art. 2 und Art. 12 G, ein. Im Übrigen entspricht das Studium grundgesetzlich und hochschulrechtlich dem an den Landesuniversitäten. So garantiert §§ 1 Abs. 3 RahBestH, 79 Abs. 2 RahBestM die Freiheit des Studiums nach <u>Art. 5 Abs. 3 GG</u> entsprechend HRG bzw. den Landeshochschulgesetzen.[329] Neben der generellen wissenschaftlichen Meinungsfreiheit können theoretisch im Rahmen der Lernfreiheit Lehrveranstaltungen und innerhalb des Studienganges Studienrichtung und Schwerpunkte **frei gewählt** oder auch ganz oder teilweise **weggelassen** werden, §§ 5 Abs. 3 RahBestH bzw. 79 Abs. 2 RahBestM. Allerdings ist zu beachten, dass das Kompaktstudium (Trimester, Curricula, ausgeklügeltes Lehrbetriebskonzept mit Kleingruppenarbeit und organisiertem Experimentieren, Üben, Wiederholen und Vertiefen) straffer organisiert ist als an staatlichen Hochschulen üblich und damit für die Studenten faktisch **wenig individuelle Spielräume** bestehen.[330]

Aus der allgemeinen Studienfreiheit wird auch der **zivile Charakter und Stil des Studiums** abgeleitet: keine Anwesenheitspflicht, Anzugsordnung „freigestellt" = kein Uniformzwang und damit fast ausschließlich Zivilkleidung,[331] keine Meldung zu Beginn der Vorlesung, keine Hörsaalleiter usw. – keineswegs zwingend unter dem Aspekt der Studierfreiheit und nicht unproblematisch angesichts von Dienstpflicht und Besoldung.[332]

---

[328] S. insbes. u. S. 192ff.

[329] *Ellwein/Müller/Plander*, S. 40.

[330] BMVg, Hochschulen 74, S. 10; *Reuter-Boysen*, S. 173.

[331] Erlass vom 11.10.1973 = ZDv. 37/10; spezifisch für HSBw, nicht auf andere BW-Einrichtungen übertragbar, BVerwG, I. Wehrdienstsenat, Beschl. vom 14.1.1975 – 1 WB 62/74, DVBl. 1975, S. 436ff.

[332] Zumal Studienfreiheit keine Frage der Formen, sondern der Inhalte ist – auch die Landeshochschulen sind nicht wegen, sondern trotz ihres legeren Betriebes gut; vgl. auch die Wiedereinführung von Antreten und Uniformpflicht an der Berliner Polizeiakademie, Die Welt, 1.10.2018.

Bei zwangsläufigem strukturellen und formalen Rahmen weist das Reformstudium der UniBw die schon mehrfach hervorgehobenen Besonderheiten auf:[333]

Durch die **Trimester**-Organisation erreicht es bei vergleichbarem Niveau den **Master-Abschluss** planmäßig bereits nach **gut vier Jahren**; dies ermöglicht ein **spezielles „Lehrbetriebskonzept"**, das von Kleingruppenarbeit ausgeht und dabei besonderen Wert auf Betreuung, Üben und Vertiefen legt. Dies erforderte Berücksichtigung bereits beim Entwurf und Bau der Liegenschaften, indem neben den großen Hörsälen für Grundsatzvorlesungen entsprechend viele Seminare, Labore, Werkstätten und Einzelarbeitsplätze geschaffen wurden. Dementsprechend ist – verglichen mit Landesuniversitäten – eine außerordentlich **günstige Dozenten/Studentenrelation** erforderlich und verwirklicht. So ist die Relation Professoren/Studenten etwa 1:18, Wiss. Personal: Studenten 1:5, mit Drittmittel-Personal 1:4, zum Vergleich: der Durchschnitt an Landeshochschulen beträgt 1:65;[334] Master-Vorlesungen haben selten mehr als 25 Teilnehmer, in Seminaren entsprechend weniger (nur in stark frequentierten Studiengängen gibt es – wenige – Großvorlesungen bis 200 Studenten).[335] Dem steht die straffere Studienorganisation, die individuelle **Förderung** und zumindest indirekt größere **Kontrolle** und der entsprechende **Leistungsdruck** gegenüber.

Nach den Vorstellungen der Reformer um Ellwein sollten die geistes- und gesellschaftswissenschaftlichen Fächer – auf Kosten der technischen – im Vordergrund stehen.[336] Auch sollte die Offizierausbildung einheitlich nach dem Reformmodell der HSBw abgedeckt und die Fachhochschulen der Bundeswehr überflüssig werden. Beides hat sich als unzweckmäßig erwiesen: Sowohl für den Bedarf der Truppe selbst als auch die spätere Employability hat sich ein besonderer **Bedarf an Absolventen technischer Fächer** gezeigt; besonders ausgeprägt war

---

[333] BMVg, Hochschulen 74, S. 10f; *Ellwein/Müller/Plander*, S. 25; *Reuter-Boysen*, S. 28.
[334] DUZ 2/15, S. 32.
[335] Internet-Präsentationen der UniBw; s. o. s. 14; *Piesker*, Zwischen Krieg und Frieden, Die Bundeswehr-Unis in Hamburg und München locken mit exzellenten Studienbedingungen und Berufsperspektiven, FAZ 5.1.2021, S. 2, zitiert *Piesker*, *Schaffer/Fornahl/Düvelmeyer*, S. 6.
[336] *Servatius*, Offizierausbildung, S. 14.

auch die **Nachfrage nach FH-Studienplätzen**, so dass die drei FH der Bundeswehr in die HSBw M, wenn auch mit spezifischen Schwierigkeiten, übernommen und integriert wurden.[337]

Das Studium ist nach einem **Stufensystem** aufgebaut: Im Grundstudium werden nach einer hochschuldidaktischen Einweisung Bandbreite, Inhalte, Methoden und Verfahren der Fachdisziplin vermittelt. Danach sind Spezialisierungen auf Fachgebiete und Problembereiche vorgesehen; insbesondere im dritten Studienjahr kann zwischen Vertiefungsbereichen und Schwerpunkten gewählt werden.

Eine weitere Besonderheit ist die starke Betonung des **„Berufsfeldbezuges"** bereits durch die Kommission,[338] der eine stärkere Vorbereitung auf eine spätere Berufspraxis im Vergleich zu zivilen Studiengängen nahelegt. Allerdings war und ist eine militärische Einfärbung des Studiums nie beabsichtigt, wie auch der Verzicht auf militärwissenschaftliche Fächer zeigt. Ein vielleicht missverständlicher Passus, dass „die Belange der Streitkräfte mitzuberücksichtigen" sind, ist seit langem aus den RahBest gestrichen, so dass nur noch übrig ist „auf ein berufliches Tätigkeitsfeld innerhalb und außerhalb der Bundeswehr vorbereiten ...", § 49 Abs. 1 RahBestH und gleichlautend § 82 Abs. 1 RahBestM, was der Reformforderung nach Praxisbezug auch an Landesuniversitäten entspricht und stark an § 7 HRG angelehnt ist, so dass durch den Berufsfeldbezug inhaltlich **kein Einfluss auf Lehr- und Studienfreiheit** ausgeübt wird.[339] Schließlich dürfte auch der „weiche" Teil der Vorstellungen auf die erziehungs- und gesellschaftswissenschaftlichen Komponenten übergegangen sein.

Die „Berufsfeldbezogenheit" auf den Bedarf von Bundeswehr und Offizier erfordert allerdings eine ausgeprägte fachpraktische Ausbildung mit zentraler Rolle von Praktika. So ergibt sich das **Jahres-Studienschema** 3 x 3 Monate Studium, 2 Monate Praktika, aufgeteilt in je 1 Monat Fach- und Militärpraktika (Wehrübung) und den verbleibenden Monat Urlaub.[340]

---

[337] *Reuter-Boysen*, S. 90f; s. o. S. 32, 67f, 74.

[338] Gutachten Tz 57; § 49 Abs. 1 RahBestH bzw. 82 Abs. 1 RahBestM; zu Definition und Problemen *Servatius*, Offizierausbildung, S. 14ff.

[339] *Servatius*, Offizierausbildung, S. 16.

[340] *Reuter-Boysen*, S. 28.

Weiterer Kern der Reform, Alleinstellungsmerkmal und innovative Komponente des Offizierstudiums sind umfangreiche **erziehungs- und gesellschaftswissenschaftliche Anteile**, die in das Studium integriert sind, von der Gründungsmannschaft „Erziehungs- und gesellschaftswissenschaftliches Anleitstudium", künftig abgekürzt EGA, genannt. Dies geht von dem Grundgedanken aus, dass an die zukünftigen Offiziere als Führer, Ausbilder und Erzieher besondere Anforderungen an **Menschenführung und psychologische Kompetenz** gestellt werden. Deshalb sollen die gesellschaftliche Eingebundenheit des Offizierberufes, z. B. **rechtliche, historische, politische und ethische Bezüge**, hervorgehoben werden[341] als Teil einer allgemeinen „Wissens-, Sinn- und Wertevermittlung" und so eine geistig-konzeptionelle Vernetzung zur Inneren Führung herstellen.[342] Der Begriff Anleitstudium (für angeleitetes Fachstudium) soll klarstellen, dass es weder um ein Studium Generale als Horizont erweiternde Basis noch um ein Nebeneinander von Haupt- und Ergänzungsstudium geht, sondern **Fachstudium und Anleitstudium sich „gegenseitig durchdringen"** müssen.[343] Das erziehungs- und gesellschaftswissenschaftliche Studium wird deshalb als eine Art Basis für alle übrigen Studiengänge begriffen. Vorgesehen sind zwei Trimester - Wochenstunden, der Schwerpunkt sollte in den Studienjahren von pädagogischen zu gesellschaftswissenschaftlichen Komponenten wechseln und zu Trainigsaufgaben und -Veranstaltungen in Eigenverantwortung führen.[344] Alsbald erwies sich als Mangel, dass für die gesellschaftswissenschaftlichen Studiengänge die **technische Perspektive** fehlte, und das Fach wurde an der HSU HH zu EGTA und an der UniBw M zu EGTWA (+ Wirtschaftswissenschaftsanteile) erweitert.

Die Organisation wurde unterschiedlich gehandhabt: Während die HSU HH für EGTA die zentrale Einrichtung **ISA (interdisziplinäre Studienanteile)-Zentrum**, § 25 RahBestH, geschaffen hat, versuchte

---

341 Gutachten Tz 61; BMVg, Hochschulen 74, S. 24; *Fröchling*, S. 183-202; Schriftliche Mitteilung der UniBw M vom 11.8.2020; mit kritischen Anmerkungen zum Ansatz und zeitweiligem Verlauf *Hornung*, S. 38ff; *Opitz*, S. 27; *Reuter-Boysen*, S. 10, 29, 117ff; *Schößler*, „reichlich naiv postulierten …Anleitstudium", S. 11.

342 Vgl. *Balke*, S. 76.

343 *Fröchling*, S. 187.

344 BMVg, Hochschulen 74, S. 26; *Reuter-Boysen*, S. 122, 124; *Linsinger*, S. 305.

die UniBw M hierfür einen eigenen Fachbereich zu etablieren, was aber wegen innerer Friktionen, insbesondere wegen Differenzen zwischen den wissenschaftlichen und den FH-Bereichen, letztlich nicht erfolgreich war.[345] Trotz des euphorischen Ansatzes entwickelte sich das Fach zeitweilig nicht befriedigend und wurde von vielen Dozenten und Studenten statt als krönende Innovation mehr als Störfaktor und Anhängsel gesehen, „Spezialistentum ohne gesellschaftliche Bezüge".[346] Unter Engagement des **BMVg** (StS von Bülow) wurde deshalb **nachgesteuert**[347] und auch an der UniBw M mit der zentralen Einrichtung **„Studium +"** eine gelungene Organisationsform gefunden. Seither können beide UniBw die erfolgreiche Durchführung des Anleitstudiums in Anspruch nehmen.[348]

Hinzu kommen drei weitere Besonderheiten: Dem Ausbildungszweck für Offiziere entsprechend hat, außerhalb der Curricula des Fachstudiums, das **Sprachentraining**, auch nach der dreimonatigen Sprachenausbildung vor dem Studium, wegen der Internationalität von Organisation und Einsatzspektrum – 90% der Offiziere werden zeitweilig im Ausland verwendet (Auslandseinsätze, supranationale Verbände) – in der Bundeswehr eine besondere Bedeutung und wird von der Universität entsprechend organisiert, gepflegt und beworben.[349]

Da die körperliche Fitness und Belastbarkeit integrierter Bestandteil des Berufsbildes „Soldat" ist, gilt das Gleiche für den Sportunterricht. Anders als bei zivilen Hochschulen sind regelmäßige Sportstunden Pflicht; weiterführend kann die Qualifikation als Übungsleiter erworben werden.[350]

Als weitere Pflicht, um den Stand im militärischen Handwerk zu erhalten, tritt noch die **Allgemeine militärische Ausbildung, AMA**, sog.

---

[345] *Reuter-Boysen*, S. 117-139.

[346] Jahresbericht des Wehrbeauftragten 1977, S. 14; „musste zurücktreten", Weißbuch 1979, Kastentext S. 215; *Bonnemann, Arwed*, Hochschuldidaktisches Zentrum, S. 195, zitiert *Bonnemann*; *Opitz*, S. 27, beide in: Festschrift; *Fröchling*, S. 198 ff.

[347] Mit stärkerer additiver statt integrativer Tendenz, *Fröchling*, S. 200; *Reuter-Boysen*, S. 132f, 136f.

[348] Studium + 2006 preisgekrönt von der Mercator-Stiftung und vom Stifterverband; Schriftliche Berichte an den Autor HSU HH ohne Datum, UniBw M vom 11.8.2020.

[349] BMVg, Hochschulen 74, S. 11; s. o. S. 14, u. S. 171.

[350] BMVg, Hochschulen 74, S. 11.

„grüne Anteile", mit wöchentlich einem Nachmittag hinzu.[351]

Bei dem Druck des durchorganisierten Studiums müssen aber alle aufgeführten „Nebengebiete", vor allem das Militärische, irgendwie dahinter zurücktreten,[352] so dass sie von den Studenten oft nur als lästige Anhängsel empfunden und eher unengagiert wahrgenommen werden.

Die Prüfungsordnungen und Regularien entsprechen denen staatlicher Hochschulen:[353] Ursprünglich Vordiplom und Diplom, seit der Umstellung auf das Bologna-System **Bachelor und Master**. Auch entsprechend den allgemeinen Regeln können alle nicht bestandenen Prüfungsteile und Prüfungen einmal, in besonderen Ausnahmefällen zweimal, **wiederholt** werden. Beim endgültigen Nicht-Bestehen wird der Offizier vom Studium „abgelöst"; nur in seltenen Fällen ist ein Studienfach-Wechsel möglich.[354] Neben den „akademischen" Folgen – Verfehlen des Studienabschlusses – hinaus führt dies zu spezifischen Problemen für die weitere soldatenrechtliche Laufbahn und die weitere militärische Verwendung.[355]

Auch wenn durch zahlreiche Innovationen das Studium an den UniBw in den fast 50 Jahren wesentlich vielgestaltiger und diverser geworden ist, bleibt doch die Ursprungsvorstellung vom einheitlichen Vollstudium bestimmend. Trotz der vielfältigen Probleme und Alternativen will die Bundeswehr deshalb an dem Grundmodell – **kompaktes Vollstudium relativ früh** in der Dienstzeit – nicht rütteln.[356] Somit haben bis auf weiteres nur systemkonforme Reformvorschläge Chancen auf Realisierung.

2. Schatten und Friktionen

Das Studium an den UniBw läuft trotz Innovations- und Reformcharakter natürlich keineswegs problemlos.

Unter dem Aspekt von Wissenschaft und Studium problematisch ist zwangsläufig der Charakter als „Bedarfshochschule": (fast) nur für die

---

351 Z. B. s. o. 11, 46, 53, s. u. 189, 195.
352 *Ellwein/Müller/Plander*, S. 49.
353 BMVg, Hochschulen 74, S. 11f.
354 S. u. S. 196f.
355 S. u. S. 196f, 199f.
356 Neugestaltung Ausbildung, S. 18f.

Offizierausbildung gedacht, ist die Zahl der Studenten beschränkt, es gibt grundsätzlich **nur einen „Typ" von Studenten**, diese müssen studieren, obwohl die **Verknüpfung von Studienfach und späterer Tätigkeit,** insbesondere in den Dienstgraden unter Stabsoffizier, die von den Zeitoffizieren ausschließlich durchlaufen werden, nur höchst **locker** ist, Variationsmöglichkeiten und Personalbandbreite sind (zu) begrenzt; schließlich wirken auch Milieu und Campusfixierung trotz unbestreitbarer Vorteile einengend (**Ghettobildung**).

Die Umstellung vom Truppenalltag auf den formal zwar lockeren, aber nach Curriculum und zeitlicher Belastung straff organisierten Studienbetrieb ist ein gewisser Bruch und eine erhebliche Umstellung. Das belastet mental und praktisch den Studienbeginn und drückt bereits auf den engen Studienplan. Als Verbesserung ist hier das Vorschalten eines „Propädeutik-Monats" als Art Hodegetik im Gespräch. Aus der Sicht der Offiziersstudenten und des Studiums sicher eine Erleichterung, brächte dies aber fast unlösbare praktische Komplikationen für den fest gefügten Drei-Monats-Turnus des Studiums bis hin zur Unterbringung im Campus – doppelte Studentenzahl in diesem Monat![357]

Die systemische Diskrepanz in der Studienmotivation lässt faktisch eine **„Vier-Klassen"-Gesellschaft** der Studenten entstehen.[358] Lässt sich eine vergleichbare Spreizung teilweise auch bei den Studenten der Landeshochschulen analysieren, verteilt sie sich aber dort; dagegen hat sie bei den UniBw bei der stärkeren Kohortenbildung durch identische Studienorganisation und nach Fächern und Jahrgängen formierte Gruppen wesentlich stärkere Auswirkungen.[359]

Die idealtypische **Doppelmotivation für Offizier und Studium** findet sich allenfalls bei einem Teil der Studenten, die das Studium als Instrument sehen, gleichermaßen ihre Qualifikation für den Offizierberuf und ihren Bildungshorizont ganz allgemein zu erweitern; dies wird noch am häufigsten bei angehenden Berufsoffizieren gegeben sein.

---

[357] Neugestaltung Ausbildung, S. 14, 17.

[358] Vgl. die vier Offiziertypen bei *Elbe*, Berufskarrieren, S. 10, klassischer Typ, Sicherheitstyp, sozialer Typ und neuer Karrieretyp, wobei sich Parallelen zu den hier geschilderten Kategorien ergeben.

[359] Vgl. *Elbe*, Berufskarrieren, S. 10f; *Neitzel*, S. 355.

Im Zielkatalog der zweiten Kategorie, **Zeitoffiziere**, die die Übernahme als Berufsoffizier nicht anstreben oder für unsicher halten, dominiert häufig die mentale Ausrichtung auf den späteren Zivilberuf, für den das Studium die Eintrittskarte ist und wobei **Studienfach und späterer Zivilberufswunsch übereinstimmen**; so sind viele Offizierstudenten vor allem für das Studium motiviert; etliche sind auch **nur für das Studium** ohne Numerus Clausus und mit Gehalt und Versorgung **Offizier** geworden.

Entgegengesetzt wollen die Studenten der dritten Kategorie primär Offizier werden und sehen das Studium ohne innere Bindung vor allem als Mittel zur formalen Qualifikation, die für die weitere Karriere erforderlich ist. Dabei ist ihnen das **Studienfach** „eigentlich" **gleichgültig**, zumal besonders in den Dienstgraden der Zeitoffiziere die Verwendungen nur selten studienfachkonform sind.[360]

Schließlich absolvieren auch die eigentlich nicht Studierwilligen, die aber trotzdem Offizier werden wollen, das Studium eher lustlos und unengagiert wie einen Pflichtlehrgang.

Das fehlende Engagement mündet bei den letztgenannten Gruppen häufig in den **„Weg des geringsten Widerstandes"**, d. h. es werden unabhängig von den subjektiven Voraussetzungen bevorzugt Fächer, Kombinationen, Schwerpunkte und Dozenten gewählt, die als „weich" und „leicht" gelten.

Der **Studienbetrieb**, insbesondere im Kleingruppenverfahren, wird durch diese systemische Diskrepanz in der Studienmotivation zwangsläufig belastet, zumal aus dem Gros der Mindermotivierten dann auch die Abbrecherquote resultiert.

Zu Diskrepanzen führt schließlich auch die **unterschiedliche Schwierigkeit und Belastung** in den einzelnen Studienfächern, die alle in das gleiche Schema des stark reglementierten 9 bzw. 12-trimestrigen Studiums eingeordnet werden. Hier klagen vor allem Studenten technischer, aber auch einzelner geisteswissenschaftlicher Fächer (Psychologie), dass kein Engagement für das gesellschaftswissenschaftliche Anleitstudium, AMA und Truppenkommandierungen sowie Campus-Events mehr möglich ist bzw. „Plus – Punkte" außerhalb des eigentlichen Studiums nicht zu erwerben sind. Insbesondere kommen Rückmeldungen,

---

360 Neugestaltung Ausbildung, S. 17.

dass die Studienbelastung vor allem in den **Ingenieurwissenschaften** sehr hoch sei bis hin zu Überlegungen, für letztere die Regelstudienzeit zu verlängern. Dies wäre aber ein totaler Bruch mit den Grundsätzen des Kompaktstudiums und der Einheitsausbildung sowie des Jahrgangsprinzips mit normierter Karriere und somit wesentlicher Teile des Reformmodells.

Ein heiß diskutiertes Phänomen, in dem sich Problematik und Besonderheiten des spezifischen Studiums an den UniBw widerspiegeln, ist die **Misserfolgsquote**. Anfänglich lag die Zahl der Offizierstudenten, die das Studium endgültig nicht bestanden haben, deutlich über 1/3.[361] Die Planungsannahme der Bundeswehr liegt bei 18%, die aber deutlich überschritten wird: die Misserfolgsquote hat sich auf **etwa 25%** eingependelt;[362] je nach Studiengang treten jedoch Quoten bis über 40% auf.[363] Dabei ist die Misserfolgsquote für die BA – Studiengänge 2 ½ mal so hoch wie die für die MA – Studiengänge, 32 : 13%.[364] Seit „Bologna" werden aber als **Studienabbrecher nur** die Offizierstudenten gezählt, die bereits **im Bachelor-Studium** scheitern:[365] Haben sie den Bachelor erworben, gilt dies als der erforderliche akademische Abschluss, so dass das Scheitern im Masterstudium **karrieremäßig theoretisch ohne Belang** ist, „aber in personellen Auswahlverfahren durch die Personalführung im Rahmen der ganzheitlichen Betrachtung berücksichtigt" wird.[366] Bemerkenswert ist, dass in den Abbruchsquoten,

---

[361] *Servatius*, Offizierausbildung, S. 13.

[362] Loyal 3/18, S. 16f; Neugestaltung Ausbildung, S. 2-5; *Hartmann*, S. 67; *Reuter-Boysen*, S. 154; Wehrbeauftragter, 2019, S. 23.

[363] Aufgeschlüsselt nach Studiengängen bei erheblichen Differenzen *Domsch*, S. 213, und im Vergleich mit Landeshochschulen 2005 *Krex*, noch auf Basis Diplom, S. 82 ff; Wehrbeauftragter, 2019, S. 23: dabei schwanken die „Spitzenreiter" mit Werten über 40% VWL/BWL, Maschinenbau, Elektrotechnik, Raumfahrttechnik, Informatik und den FH-Studiengängen aktuell, während es zwischen Geistes- und Ingenieurwissenschaften zeitweilig keine Unterschiede mehr zu geben schien, „dominieren" z.Z. die technischen Disziplinen.

[364] HSU HH, Zahlen, Daten, Fakten, 2020, Stichwort Studienerfolgsquote.

[365] Wehrbeauftragter, 2019, S. 23.

[366] Antwort der Bundesregierung vom 28.06.2007 auf die Kleine Anfrage der Abgeordneten Meinhard und Genossen, S. 5, BT-Drs. 16/5851.

soweit vergleichbar, keine nennenswerten Unterschiede zu den Landeshochschulen bestehen,[367] womit sich die optimalen Studienbedingungen und der Stress des Kompaktstudiums in etwa auszugleichen scheinen. Damit ist die Quote „eigentlich" wenig verwunderlich. Werden die Studienabbrecher sinnvoll verwendet, verstößt das zwar gegen das Leitbild des voll akademisch ausgebildeten Offiziers, hat aber auch positive Aspekte.[368] Die Bundeswehr hat 2020 die Ursachen und Zusammenhänge untersucht und einen Bericht hierüber erstellt, der jedoch VS-klassifiziert ist und deshalb hier nicht dargestellt werden kann.[369]

Zu einer weiteren Gefahr scheint eine **„Verbachelorisierung"** des Offizierskorps und der UniBw zu werden. Mangels laufbahnrechtlicher Fixierung des Studiums gelten auch die Offiziere mit **Bachelor** als mit „Studium" und **akademischem Abschluss**, so dass diese gegenüber den Kameraden mit Masterabschluss offiziell keine Nachteile haben.[370] Das verleitet dazu, sich mit dem Bachelor zufrieden zu geben, sei es durch FH- Studium, studieren von BA – Studiengängen oder „aufgeben" im Masterstudium. Abweichend von den wissenschaftlichen Hochschulen der Länder, aber in der (Psycho)Logik der **Offizierausbildung als Hauptzweck**, streben 61,9% der Studenten der HSU HH bzw. 78,5%, UniBw M, „nur" den Bachelor und (nur) 38,1% bzw. 21,5% den Master-Abschluss an.[371]

Dieser BA-Anteil ist höher als an Landesuniversitäten, wo eher – wenn auch entgegen der Zielsetzung von „Bologna" – die Tendenz zur Nivellierung „nach oben", also zum MA – Abschluss besteht, bedeutet also eine **Reduzierung des Akademisierungsniveaus** sowohl im Truppenalltag wie für den Offizierstand.[372] Dies kollidiert mit den Vorstellungen der Väter der Reform, denen, auch wenn es den BA damals

---

367 *Krex*, S. 82; DUZ 6/2017, S. 42.
368 S. u. XVI. 2.
369 Auskunft BMVg vom 26.1.2021; vgl. Wehrbeauftragter, 2019, S. 23.
370 BMVg, Hochschulen 74, S. 26; Auskunft BMVg vom 26.1.21; faktisch sind die Wartezeiten bis zu den Beförderungen etwas länger (um die kürzeren Studienzeiten auszugleichen?).
371 Zahlenangaben für beide UniBw https://ranking.zeit.de/che/de/hochschule/66 HSU HH bzw./36 UniBw M.
372 Umfassende Abwägung in Neugestaltung Ausbildung, S. 20f.

noch nicht gab, nur ein Vollstudium vorschwebte; wenn auch pragmatisch und vernünftig, könnte dieser Trend für Image und Niveau der UniBw und der Offiziere nicht ohne Folgen bleiben.

3. Die Studiengänge – bundeswehraffin und innovativ

Entsprechend dem primären Zweck zielte der Fächerkatalog auf den Bedarf der Bundeswehr und wurde, auch der bescheidenen Größe der HSBw geschuldet, bewusst klein gehalten. Im Laufe der Jahre wurden die Fachbereiche jedoch aufgefächert und der Katalog der studierbaren Fächer erweitert. Inzwischen werden von den UniBw über 37 Studiengänge sowie 10 Weiterbildungsstudiengänge angeboten. Viele Fachrichtungen weisen entsprechend dem militärischen Background gegenüber dem Studium an zivilen Hochschulen deutliche Besonderheiten auf. Beispielhaft seien genannt:[373]

Pädagogik (HH und M) muss das militärische und zivile Berufsfeld umfassen. Bei den Aufgaben als **Führer, Ausbilder und Erzieher**[374] einer großen Zahl und einem nach Provenienz und Bildungsstand breiten Spektrum von Untergebenen besteht im Militär ein großer Bedarf an speziellen pädagogischen Kenntnissen und Erfahrungen (**Militärpädagogik als eigene Teildisziplin**), hat in Studium und Anwendung ein größeres Gewicht und eine größere Bandbreite als im zivilen Bereich und enthält auch Komponenten von Psychologie und Soziologie. Ursprünglich als Vorbereitung auf Führung und Erziehung gedacht, trat mehr die Ausbildungspädagogik in den Vordergrund.[375] Inzwischen ist der Studiengang Pädagogik in die Studienschwerpunkte **Erwachsenenbildung, Sozialpädagogik und Berufsbildung** (betriebliches und berufliches Ausbildungswesen) differenziert. Motiv für das Studienfach Pädagogik ist typisch „der Umgang mit jungen Menschen"; aber „eigentlich" als eher „weiches" und „Auffangfach" geltend, wird es auch gern von **Offizieren mit Ehrgeiz als Generalisten**

---

[373] BMVg, Hochschulen 74, S. 13-23.
[374] Zum Begriff s. o. S. 29, 38, 52, 93.
[375] DBwV, Offizierstudium, Ergebnisse Nr. 3, S. 112.

gewählt, so dass es bei Berufsoffizieren überrepräsentiert ist.[376]

Inzwischen wurden die Studiengänge umbenannt in **„Bildungswissenschaften"** (HSU HH) bzw. **„Erziehungswissenschaften"** (UniBw M), umstrukturiert und modernisiert.

Für Zeitoffiziere finden sich Verwendungsmöglichkeiten im Personalbereich größerer Firmen; ein Übergang in den Lehrerberuf ist nicht vorgesehen, da hierfür zahlreiche Komponenten – Zweitfach, Staatsexamen – fehlen, wird aber trotzdem oft angestrebt, wofür dann Zusatzqualifikationen erworben werden müssen.

BWL und VWL wurden alsbald getrennt in die Kombination von **Wirtschafts- und Organisationswissenschaften** bzw. **VWL (staatswissenschaftlicher Richtung)**. Dies verschiebt den Studienschwerpunkt und das spätere Verwendungsspektrum von der reinen Ökonomie auf Organisation und Verwaltung,[377] was sinnvoll sowohl für die Verwendung in der Bundeswehr wie auch für die zivile Anschlusskarriere erscheint, da auf diesen Gebieten die ehemaligen Offiziere ohnehin über anerkannte Expertise verfügen.

Neu hinzu gekommen ist an der HSU HH der Studiengang Wirtschaftsingenieur.

In der **Elektrotechnik** (HH und M) ergeben sich gleichfalls spezifische Anforderungen gegenüber dem zivilen Bereich in der Energieversorgung, im Fernmeldewesen, im Radarwesen, im Flugsicherungsdienst und in der elektronischen Kampfführung. In der Informations- und Datenverarbeitung bestehen Überschneidungen mit der Informatik.

Das **Maschinenbaustudium** (nur HSU HH) kann nicht das ganze Spektrum des Fachs abdecken und ist spezialisiert auf Kraftfahrzeugtechnik und Schiffstechnik (Marine) jeweils unter Berücksichtigung der Besonderheiten der **militärischen Fahrzeuge**.

Gegenüber zivilen Studien und Berufsbildern liegt in der **Luft- und Raumfahrttechnik** (nur UniBw M) neben den typischen Bereichen des Flugzeugbaus – allerdings unter stärkerer Berücksichtigung von Kampfflugzeugen und Hubschraubern – ein wichtiger Schwerpunkt

---

[376] *Bald/Lippert/Zabel*, S. 13; der Schluss ist allerdings nicht zwingend, da möglicherweise eine zivile Anschlusskarriere weniger attraktiv ist als bei anderen Studienfächern.

[377] *Strunk*, S. 234.

auf den Erfordernissen von Betrieb und Einsatz. Dabei besteht der Bedarf der Bundeswehr nicht nur bei der Luftwaffe, sondern auch bei der Marine und im Heer.

Im **Bauingenieurwesen** (nur UniBw M, hervorgegangen aus der Pionierschule) liegt der spezielle Bedarfsschwerpunkt für die Bundeswehr im Pionierwesen (Brücken- und Straßenbau, Sprengen) und im Bereich der Infrastruktur (Flugplätze, Anlagen, Schutzbereiche). Im **Vermessungswesen** (nur UniBw M) besteht neben der allgemeinen Geodäsie und Kartographie ein besonderer und spezifischer Bedarf bei der Artillerie.

Durch Einbeziehung der bereits bestehenden und anerkannten Fachhochschulen des Heeres (Darmstadt, München) und der Luftwaffe (Neubiberg) sind deren vier **Fachhochschulstudiengänge** in die Universität der Bundeswehr München integriert, nämlich **Wirtschaft** mit den Schwerpunkten Personal, Organisation, Datenverarbeitung und Logistik; **Bauingenieurwesen**; **Elektrotechnik/Nachrichtentechnik** sowie **Maschinenbau mit Schwerpunkt Luft- und Raumfahrttechnik**. Zunächst waren die Fachhochschulstudiengänge nach dem Modell einer **integrierten Gesamthochschule** jeweils mit dem entsprechenden wissenschaftlichen Studiengang zu einem Fachbereich zusammengeschlossen; auf Grund der Anforderungen für universitäre Studiengänge, insbesondere Habilitationsbefugnis, mussten diese auf Druck des Bayerischen Staatsministeriums jedoch wieder getrennt werden;[378] die UniBw M ist damit heute eine **„kooperative Gesamthochschule"**.[379]

Die Fachhochschulstudiengänge und auch die neuen BA-Studiengänge sind vor allem für Offizieranwärter geeignet, die **(nur) die Fachhochschulreife** erworben haben.

Seit der Gründung sind viele neue und beliebte, **nach Fach und Studienart ausdifferenzierte** Studiengänge hinzugekommen. Beide UniBw arbeiten konsequent daran, das Studienangebot dem veränderten Bedarf der Bundeswehr, den sich wandelnden Bedingungen der Lebenswelt und den aktuellen Interessen der Studenten anzupassen, und

---

[378] BMVg, Hochschulen 74, S. 24; *Reuter-Boysen*, S. 37, 90f, 101f; s. o. S. 74, 91, s. u. S. 116.

[379] Vgl. *Weißbuch* 79, S. 214 (Kastentext)

so die **„permanente Studienreform"**, vgl. § 8 HRG, durchzuführen.[380] Fernstudium und duales Studium bieten weitere Perspektiven. Neue Studiengänge müssen auffällig und attraktiv für potentielle Studieninteressenten sein und dabei möglichst neue „Zielgruppen" für Studium in der Bundeswehr und damit den Offizierberuf erschließen, sollen aber nach der Konzeption der UniBw stets Bedarf und „Abnehmer" in den Streitkräften haben. Hierfür seien beispielhaft genannt:[381]

Die Erfordernisse von **IT, Digitalisierung und KI** bestimmen Betrieb und Berufsbilder in der Bundeswehr nicht nur wie in jeder modernen Großorganisation, sondern mit Szenarien und längst schon praktischen Vorfällen von „Cyber War" steht die Bundeswehr buchstäblich „an der Front". Dem hat sie bereits mit einem eigenen Organisationsbereich und dem 2017 neu aufgestellten **Kommando CIR (Cyber und Informationsraum)** Rechnung getragen. Quantitativ und vor allem qualitativ dementsprechend dringend ist der Bedarf an wissenschaftlich ausgebildeten Spezialisten. Auf Initiative des Cyber-Bereiches ist deshalb an der UniBw M der **Master-Studiengang „Cyber Sicherheit"** begründet worden, in dem auch ziviles Personal für den Cyber-Bedarf der Bundeswehr ausgebildet wird.

Überhaupt bekennen sich einige der neuen Studiengänge mehr zum **militärischen Fokus** als in der „Ideologie" der frühen Siebzigerjahre vorgesehen, z. B. zwei neue Masterstudiengänge:

Um die steigenden Anforderungen im militärischen Nachrichtenwesen durch eine wissenschaftliche Ausbildung zu unterlegen, wurde an der UniBw M der konsekutive Masterstudiengang **„Intelligence and Security Studies"**, gemeinsam mit der Hochschule des Bundes für Verwaltung, geschaffen,[382] für den auch mit Nachrichtenwesen befasste Bundesbedienstete als Externe zugelassen werden. Besonders hervorzuheben ist auch der Masterstudiengang **„Militärische Führung und Internationale Sicherheit"**, der gemeinsam mit der Führungsakademie an der HSU HH für den Führungskräfte-Nachwuchs durchgeführt wird. Es handelt sich hierbei um ein zweijähriges berufsbegleitendes

---

[380] *Reuter-Boysen*, S. 173.
[381] Einzelheiten in den jeweiligen Internet-Präsentationen der beiden UniBw.
[382] Zum fachlichen Hintergrund Krüger, Europäische Sicherheit & Technik, 6/2019, S. 58f.

Studium mit Präsenzanteilen, das sich an militärische Nachwuchsführungskräfte richtet und mit dem Generalstabslehrgang korrespondiert, „um deren professionelle Ausbildung um eine wissenschaftliche Reflexion von Strategie, Führung, Sicherheit und internationale Beziehungen zu ergänzen und zu vertiefen".[383]

Dies lässt den Gedanken an alte Forderungen aufleben, ohne Relativierung des zivilen Charakters des Studiums mehr **„militärische" Studienfächer** anzubieten,[384] z. B. Strategie, Militärgeschichte und Führungslehre. Dies würde insbesondere, aber keineswegs nur, späteren Berufsoffizieren und dem echten Führungsnachwuchs – Generalisten – zugutekommen. Dadurch könnte auch das Problem der Entfremdung vom militärischen „Handwerk" gemildert werden. Dies wäre ohne großen Mehraufwand zu realisieren durch „andocken" an bestehende Fächer wie Geschichte, Politik, Pädagogik und die modifizierten Teile von EGTA.[385]

Einige neu etablierte Studiengänge auch an den Universitäten führen zwar (nur) zum BA, werden aber von den Studenten gut angenommen: So **„Kulturwissenschaften, Soziale Arbeit"** (HSU HH) sowie der gemeinsam von beiden UniBw organisierte und durchgeführte Studiengang „Psychologie". Besonderes Merkmal: ist die durch die Auslandseinsätze aktuell gewordene psychische Traumaforschung.[386]

Diese beiden Studiengänge sowie der für Oktober 2021 vorgesehene

---

[383] *Rodenbücher, Christiane*, Offiziere absolvieren erstmals neuen Studiengang, 30.9.2018, https://www.fueakbw.de/index.php/de/aktuelles/31; s. u. S. 216.

[384] Katalog einschlägiger Fächer *Hackl*, S. 82ff, auch unter Berufung auf Clausewitz und Hahlweg; *Opitz*, S. 32; *Radbruch* im Vergleich mit dem Ausland, S. 240, in: Schulz, Neuordnung; *Rühle*, S. 47, 53; *Steinkamm*, S. 101; *Wörner*, Die Bundeswehrhochschulen – eine Zwischenbilanz, Politische Studien Heft 206, 1972, S. 586ff, 594; den gemeinsamen Masterstudiengang der HSU HH mit der FüAk der Bundeswehr; s. S. 103f, 123; vgl. insbesondere den – zivilen – Masterstudiengang Military Studies/Militärgeschichte an der Universität Potsdam, der auch eine zivile Nachfrage und damit Perspektiven für Zeitoffiziere beweist.

[385] *Rühle*, S. 46ff; Partiell ist dies auch im Gang, vgl. den gemeinsamen Studiengang mit der Führungsakademie und GIDS, s. o. S. 104 s. u. 123, 216; Koop-Modell ISA-Stud.+/AMA vorgeschlagen, *Hartmann*, S. 74.

[386] Interview Niehuss, DUZ 01/2016, S. 11; aktuelle Zahlen, steigende Tendenz und Bedeutung Wams, 25.7.21.

BA/MA – Studiengang **„Human Ressources Management"**[387] und der für 2022 geplante Studiengang **„Kulturwissenschaft"** an der UniBw M sind besonders **frauenaffin**, ebenso **„Psychologie"** fast 50%,[388] und erhöhen die Attraktivität der Bundeswehr für diese Zielgruppe unter den Offizierstudenten, die einem militärischen Berufsziel und den dominierenden technischen Studienfächern sonst eher distanziert gegenüberstehen.

Auch der 2019 eröffnete Bachelor-Studiengang **„Rechtswissenschaft für die öffentliche Verwaltung"** an der HSU HH ist sehr gefragt, obwohl er (nur) für den gehobenen Dienst in der Verwaltung qualifiziert.

Konstruktiv Neuland beschritten wurde auch mit dem seit 2015 bestehenden Bachelor Studiengang **„Aeronautical Engineering"** an der UniBw M, der als **duales Studium** mit 4,5 Jahren Dauer ausgelegt ist; hier ging die Initiative von der Luftwaffe aus mit dem Ziel, die **Piloten-Ausbildung** mit dem akademischen **Studium** zu verbinden, wodurch eine Verkürzung der Ausbildung und eine frühere Verfügbarkeit der Absolventen (Piloten) erreicht werden konnte.

Spätestens die Corona-Krise seit 2020 hat die Bedeutung der Digitalisierung in inneren Abläufen und der Technik des Lehrens und Lernens drastisch vor Augen geführt, während der auch an den UniBw die **Präsenzlehre durch Hometeaching und –learning und damit IT- und Online-Verfahren ersetzt** werden musste. Selbst wenn nach Ende der Pandemie wieder überwiegend zum Präsenzunterricht – schon wegen der sozialen Kontakte – zurückgekehrt wird, wird der Zwang nach umfassenden E- und Smart-Learning beherrschend sein und weitgehende Umstellung in Mentalität, Verfahren und Technik bedingen und die entsprechenden **Anpassungen der Curricula, Methoden, Fortbildung und vor allem IT-Ausstattung** erfordern. Dies gilt natürlich nicht nur für Lehren und Lernen, sondern ebenso für Forschung, Verwaltung und die gesamte Arbeit der UniBw.

Im Trend liegen die UniBw auch mit dem Ausbau der **Weiterbildung**,

---

[387] Behördenspiegel Newsletter Verteidigung, Nr. 277, 29.10.2020.
[388] *Piesker*, S. 4.

die nach §§ 2 Abs. 3, 12 HRG[389] und ihnen folgend den Landeshochschulgesetzen zur „dritten Säule" der Universitätätigkeit werden sollte. Doch geht es bei den UniBw nicht nur um dies allgemeine Ziel des „lebenslangen Lernens", vielmehr besteht spezieller Bedarf für die Aktualisierung des gelernten Studieninhaltes, das **„Empowerment"** für die ausscheidenden/ausgeschiedenen **Zeitoffiziere**. Obwohl in den RaBest vorgesehen, § 1 Abs 3 RaBestH bzw. § 2 Abs. 3 RaBestM, anfangs ein Stiefkind, haben die UniBw jetzt stark „nachgerüstet" und bieten drei (HSU HH) bzw. sechs (UniBw M) Studiengänge – neben zahlreichen anderen Weiterbildungsformaten – an, die zumeist als Fernstudiengänge mit Präsenzanteilen ausgelegt sind und sich grundsätzlich an Zeitoffiziere vor oder nach ihrem Ausscheiden, aber auch an Externe, richten. Das weiterbildende Studium setzt einen berufsqualifizierenden Abschluss voraus, § 49 Abs. 5 RahBestH. Die UniBw M hat mit dem **CASC (Campus Advanced Studies Center)** ein eigenes Institut gegründet, das alle Weiterbildungsaktivitäten zusammenfasst und die sechs Studiengänge administriert,[390] sowie einen von einer speziellen Gesellschaft getragenen zweijährigen berufsbegleitenden auch für zivile Teilnehmer offenen Aufbaustudiengang zum Erwerb des MBA in Kooperation mit der (internationalen) ESB Reutlingen.

Hier scheint bei den UniBw trotz der zahlreichen Verbesserungen in den letzten Jahren noch Luft nach oben, zumal Truppenoffiziere lange nicht als die typische Zielgruppe galten. Weitere Möglichkeiten bringen auch hier Fernstudium und duales Studium.

Soweit für bestimmte Berufe ein staatliches Monopol besteht, sollte erwogen werden, das (erste) **Staatsexamen** möglich zu machen, z. B. durch Aufbau-, Ergänzungsstudium oder in einem Studienverbund im Rahmen der Berufsförderung – die erweiterte Verwendbarkeit der Zeitoffiziere als **Juristen** – wegen der allgemeinen Verrechtlichung und Veradministratisierung[391] – oder **Lehrer** – für diese dürfte sich

---

[389] Eingefügt mit dem Vierten Gesetz zur Änderung des HRG vom 20.8.1998, BGBl. I S. 2190.

[390] 172 Studenten, davon 38 Externe, Erhebung der UniBw M Stand Okt. 2020; *Schaffer/Fornahl/Düvelmeyer*, S. 7; s. u. S. 172.

[391] *Hackl*, S. 82f; vgl. auch die Zunahme ziviler juristischer Studiengänge mit BA oder MA-Abschlüssen; auf dieser Basis ließe sich das Staatsexamen leicht nachholen; *Steinkamm*, Einführung neuer Studiengänge, S. 110, in: DBwV, Offizierstudium.

auch eine Lösung für das geforderte Zweitfach finden lassen – würde für eine weitere Zielgruppe den Übergang in den allgemeinen Staatsdienst erleichtern, zumal der Soldatenstatus an den Beamtenstatus angelehnt ist und sich so Synergieeffekte bei einem Übergang auch für den Höheren Dienst ergeben würden. Das „offizielle" Gegenargument, diese Ausbildung würde nicht der Bundeswehr selbst nützen, vgl. Voraussetzung und Begründung von Reform und Fächerauswahl, ist widerlegt durch § 26 Abs. 2 Nr. 2 SLV, wonach Quereinsteigern auch dieser Fachrichtung Privilegien gewährt werden, also offensichtlich Bedarf und Interesse an der Anwerbung bestehen.

Auch durch das Bologna-System eröffnen sich noch unausgeschöpfte Möglichkeiten. So können/sollten **BA- wie MA-Studiengänge polyvalent** gestaltet werden und so den Übergang auch in einen Masterstudiengang eines anderen Fachs ermöglichen. Es existieren bereits mehrere selbstständige BA- und MA-Studiengänge, die von den Organisatoren und den Nutzern durchaus als positiv und nützlich bewertet werden. Diese Möglichkeit sollte noch mehr genutzt werden und es gibt Überlegungen in diese Richtung;[392] der BMVg behält sich allerdings die Zustimmung zum – in Unverständnis des Bologna-Prozesses noch als solchen definierten – **Studienfachwechsel** vor,[393] was der Ratio von Bologna widerspricht, zumal kaum die spätere Verwendung in der Bundeswehr und auch oft nicht der anschließende Zivilberuf passgenau traditionellen Studiengängen zuzuordnen sind.

In den fast 50 Jahren ihrer Existenz sind im tertiären Sektor **neue Modelle und Studienarten** entstanden, die damals noch nicht etabliert waren, an denen die UniBw aber heute ihr Studienangebot messen lassen müssen.

Zwischenformen wie Berufsakademien oder **duales Studium** sind zur Verbindung von Theorie- und Praxis-Phasen durchaus sinnvoll[394] und würden von den Ländern anerkannt. Dies wird auch inzwischen bei dem ersten Fachhochschulstudiengang, Aeronautical Engineering, an

---

392 Neugestaltung Ausbildung, S. 15, 18.
393 Es wird ein dienstliches Interesse verlangt; Neugestaltung Ausbildung, S. 15; Nr. 201.
394 Was Berührungspunkte mit dem Trettner-Plan gehabt hätte, s. o. S. 33.

der UniBw M und einem großen Teil der Industriestipendiaten praktiziert, allerdings nur für den Bachelor.[395] Sie haben aber bis heute noch
nicht das Image des vollwertigen Studiums, so dass Leitbild und der
Image- Zweck der Vollakademisierung nicht erreicht werden würden.[396] Dies kommt deshalb nur ergänzend in Betracht und ist (noch)
keine Alternative für das von den Reformern Gewollte.

Ähnliches gilt auch für das **Fernstudium**, dessen grundsätzliche
Schwächen es in Nischen drängen: es erfordert erhebliche **Umstellun-
gen von Curricula, Didaktik und Technik** und ist nur schwer neben
dem (Offizier)Dienst zu bewältigen und hat (deshalb) auch im zivilen
Bereich eine (zu) hohe Abbrecherquote. Auch hier entspricht das
Image i. d. R. nicht dem Vollzeitstudium. Es etabliert sich aber in immer mehr Nischen und es gibt auch an den UniBw zunehmend Beispiele vor allem in der Weiterbildung, die ausgebaut werden könnten.

Auch das Studium zu teilen und das **Masterstudium ans Ende der
Dienstzeit** zu legen – dies könnte sowohl als konsekutiver wie auch
als weiterbildender Master ausgestaltet werden – böte für die militärische Verwendung durch die schnellere Verfügbarkeit der Offizierstudenten in der Truppe und den später beim Ausscheiden aktuelleren
Wissensstand Vorteile. Der Erwerb eines getrennten Master-Grades
könnte auch gut durch die Berufsförderung der Bundeswehr unterstützt werden und böte auch für die Zeitoffiziere eine aktuelle Auffri-
schung für den Arbeitsmarkt. Dies würde allerdings das Studium und
das Modell der Offizierausbildung zerreißen; das Master-Studium wäre
dann auch nur eine Art Berufsförderung und die Bundeswehr könnte
es für sich nicht nutzbar machen. Auch würde es nach der langen Un-
terbrechung zusätzliche Einarbeitung und Propädeutika erfordern und
so zur Verlängerung des MA-Studiums führen und Übergangsprobleme nur zum Teil lösen, indem die Absolventen auf diesem Niveau
doch wieder Berufsanfänger wären. Schließlich dürfte dies wegen des
für die Dienstzeit nicht voll gewährten Statusses des Vollakade-

---

[395] Neugestaltung Ausbildung, S. 19-21 S. 95, ist aber insbes. für Spezialgebiete im
Fachhochschulbereich – UniBw M – denkbar und bereits verwirklicht (Aeronautical Engineering, Spitzensport).

[396] Neugestaltung Ausbildung, S. 21; s. o. S. 52.

mikers die Motivation leistungsstarker und ehrgeiziger Bewerber senken.[397] Im Übrigen werden die erwünschten Aspekte praktisch durch die neuen großen Angebote teilweise berufsbegleitender Weiterbildungsstudiengänge bewirkt.

Zweckmäßig könnte die Trennung aber für einzelne Studiengänge oder Berufsbilder sein. Auch könnte über **Master** als Weiterbildung für Offiziere (nur) mit dem BA, insbesondere FH-Absolventen, nachgedacht werden. Jedenfalls haben KMK und die Hochschulgesetze mit dem „Weiterbildenden Master" die Voraussetzungen hierfür geschaffen, §§ 19 Abs. 3 HRG, 54 Abs. 3 HmbHG, Art. 56 Abs. 3 BayHG. Dies setzt allerdings neben Berufspraxis i. d. R. einen BA-Abschluss voraus. Von der KMK ist aber das Studium weiterbildender Masterstudiengänge auch für Berufspraktiker ohne BA-Abschluss geöffnet worden;[398] interessant wären (weiterbildende) Masterstudiengänge dadurch auch für Feldwebel/Meister bzw. Fachoffiziere und natürlich auch die Bundeswehr.

Die Errichtung neuer Studiengänge setzt auch Akzente für Schwerpunkte, Ausrichtung und Planung der Universität und ihre Ressourcenverteilung. Sie ist deshalb nicht selten Gegenstand von Diskussionen und Verhandlungen zwischen Universität und BMVg. Regelungen für Initiativen und Verfahren bestehen nur für die UniBw M: Danach wäre der formale inneruniversitäre Weg die Initiative der Fakultät – „erstellt und beschließt Vorschläge" über Einrichtung und Änderung von Studiengängen, § 33 Abs. 2 Nr. 5; anschließend Behandlung im Senat, der „beschließt die Vorschläge", § 25 Abs. 3 Nr. 4; der Verwaltungsrat schließlich „beschließt" über die Einrichtung und Änderung, § 27 Abs. 3 Nr. 9, nicht mehr „Vorschläge", d. h. Entscheidung durch den Verwaltungsrat. Daneben hat der Universitätsrat ein **Empfehlungsrecht zur „Änderung und Weiterentwicklung des Studienange-**

---

[397] Vorbildliche Abwägung mit Beibehaltung des konsekutiven Masters als Ergebnis Neugestaltung Ausbildung, S. 18ff; *Hartmann*, S. 73.

[398] Ländergemeinsame Strukturvorgaben für die Akkreditierung von Bachelor- und Masterstudiengängen, Beschluss der Kultusministerkonferenz vom 10.10.2003 i.d.F. v. 4.2.2010, Tz 2.1 S. 2: § 39 Abs. 3 HambHG, Art. 44 Abs. 1 BayHG; mangels eines „Landesgesetzes" muss dies auch für die UniBw gelten und könnte in die Rahbest aufgenommen werden.

bots", § 26 Abs. 3 Nr. 3; die Beteiligung der Hochschulleitung ist explizit nur mittelbar über Entwicklungspläne, Schwerpunkte, Haushalte u.ä. vorgesehen. Die Beteiligung des Staatsministeriums und des BMVg ist nicht geregelt, folgt aber spätestens aus dem **Genehmigungserfordernis für die Studien- und Prüfungsordnungen**.[399]

Die RahBest der HSU HH enthalten keine speziellen Regelungen für Studiengänge. Über die generell geregelten Zuständigkeiten der Organe und der Rechtsaufsicht folgt aber ein analoges Verfahren.

Natürlich besteht auch der Weg „von oben" oder „von außen" für informelle fachliche oder politische Initiativen, mit denen die „Abnehmer", Truppe und Teilstreitkräfte, den von ihnen erkannten Bedarf an die UniBw oder BMVg herantragen.

Die Vielzahl neuer und innovativer Studiengänge zeigt die Flexibilität der UniBw und ihre Reagibilität auf aktuelle Entwicklungen, so dass den Interessenten ein erstaunliches **Spektrum an Studiermöglichkeiten** angeboten werden kann. Dies vergrößert Attraktivität und Motivation und reduziert Friktionen und die drop-out-quote des Studiums.[400] Diese Vielfalt aber auf überregionalem Niveau zu halten, stellt die UniBw als kleine Universitäten, selbst wenn die **Ressourcen** von Überschneidungsbereichen genutzt werden können, vor große Herausforderungen. Diese Entwicklung sollte trotzdem im Interesse der Offizierstudenten und späterer ziviler Abnehmer, aber auch der Bundeswehr selbst, fortgesetzt werden, wobei zur Milderung der Ressourcenprobleme auch an **Kooperationen** mit Landesuniversitäten zu denken ist.

4. Externe – zivile – Studenten

Obwohl als Bedarfshochschule (nur) für die Offizierausbildung ohne „allgemeinen Bildungsauftrag" konzipiert,[401] hat die Diskussion um die **Öffnung** auch für externe, zivile Studenten die HSBw, auch unter dem Aspekt von Integration in Hochschullandschaft und Zivilgesellschaft, von Anfang an begleitet und ist eine der – erst rudimentär realisierten –

---

[399] §§ 50 Abs. 3, 52 Abs. 2 RahBestH; s. u. S.140 ff.
[400] S. o. S. 49, 98f, s. u. S. 198, 211f.
[401] StS von Bülow 1979, zitiert nach *Gessenharter*, S. 88; BT-Drs. 16/6851, S. 2f.

Gründungsideen der „Reformer".[402] Zumindest in Hamburg wurde die Öffnung auch für zivile Studenten als notwendige Kehrseite der dort zeitweilig beabsichtigten und vom Bund zugesagten Integration in die Gesamthochschule gesehen.[403] Natürlich wurde hiergegen beiderseits auch wieder die wechselseitige Unterwanderung beschworen. Weiteres Gegenargument ist die **(verfassungs)rechtliche Schranke** für eine Betätigung des Bundes im Hochschulwesen. Der Freistaat Bayern hatte deshalb in seinem Zulassungsbescheid für die HSBw M zunächst zivile Studenten ebenso ausgeschlossen wie auch der BMVg.

Es besteht aber **Interesse**, die Universitäten der Bundeswehr auch für zivile Studenten **zu öffnen**. Dies gilt sowohl für die potentiellen „Kunden", Studenten und Arbeitgeber, aufgrund des speziellen Modells des Kompakt-Studiums, positiver Leistungsdaten und des speziellen Images,[404] für die UniBw und den BMVg bei und wegen schwankungsbedingt freier Kapazitäten und Einnahmequellen und schließlich wegen deren generell drängender NC-Probleme und der Diversifizierung ihrer Hochschullandschaft „eigentlich" auch für die Sitzländer. Deshalb wurden inzwischen **Rechtsgrundlagen für zivile Studenten geschaffen** und die UniBw vorsichtig geöffnet. So gestatten Art. 82 Satz 2 BayHSchG und § 2 Abs. 2 Satz 2 RahBestM ausdrücklich auch zivile Studenten „im Rahmen freier Kapazitäten und in Abstimmung mit dem BMVg". Das gleiche folgt aus dem Fehlen einer Ausschließlichkeitsbestimmung in den RahBestH für die HSU HH; dort ist die gesetzliche Regelung noch offener: für „diese" Studiengänge, für die die akademischen Befugnisse auf die HSU HH übertragen sind, kann die Befugnis übertragen werden, „auch zivile Studenten auszubilden", § 112 Abs. 1 HmbHG, es bedarf aber auch hierfür die Öffnung der Genehmigung der Landesbehörde.

---

[402] „zentrale Grundbedingung der …", *Gessenharter*, S. 96f; *Fröchling*, S. 201; *Opitz*, S. 31; *Schubert*, S. 20; *Wiesendahl*, S. 146; zum durchaus offenen Diskussionsstand bereits seit Mitte der Siebzigerjahre Weise, insbes. S. 82, Fn. 1 und 2.

[403] Zur vom Bund zugesagten Beteiligung am (hamburger) Gesamthochschulmodell *Kutz*, Reform, S. 154 m.w.N., Fn. 456.

[404] *Weise*, S. 82 ff; *Bloos*, Freie Studienplätze wecken Begehrlichkeiten. Verteidigungsministerium sperrt sich gegen eine Öffnung, in: VDI – Nachrichten 10, 1991, S. 21; DBwV, Offizierstudium, Bierwirth, S. 7; *Hartmann*, S. 71; *Straush, Alexandra*, Die Truppe schielt nach Zivilisten, DUZ-Magazin, 08/2011, S. 19, zitiert Straush.

So sind an der HSU HH seit 2001 und an der UniBw M seit 2002 zunächst jeweils rund 50 zivile **„Industriestudenten"** zugelassen. Inzwischen wurden weitere Studenten mit wachsender Tendenz in mehreren Studiengängen immatrikuliert; dies sind vor allem Studdenten aus anderen Ministerien und Behörden des Bundes („Behördenstudenten"), an beiden Universitäten 105.[405] Hinzu kommen noch für etliche Studiengänge einzelne zivile Studenten ohne Aufschlüsselung der Herkunft; 2020 waren es an der UniBw M 347 zivile Studenten ohne bzw. 519 zivile Studenten mit Weiterbildungsstudiengängen, also etwa 15%.[406]

Allerdings werden bisher grundsätzlich noch keine Individual-Studenten, sondern **nur Industrie- bzw. Behördenstudenten** zugelassen. Für dies Modell stellen die Universitäten der Bundeswehr in einschlägigen Studiengängen im Rahmen freier Kapazitäten möglichst bundeswehrnahen Unternehmen oder öffentlichen Behörden und Einrichtungen, die Kooperationspartner der Universität sind, Studienplätze zur Verfügung.[407] Hierfür werden **Studiengebühren** erhoben, die **von den Unternehmen/Behörden getragen** werden. Die Einzelheiten werden in einem Vertrag mit dem Partnerunternehmen/der Partnerbehörde geregelt. Diese Studenten müssen die Zulassungsbedingungen des jeweiligen Sitzlandes erfüllen, insbesondere die Hochschulreife oder eine entsprechende Qualifikation erworben haben. Dabei kann entweder das Unternehmen oder die Partnerbehörde die Studienplätze gleichsam „kaufen" und Mitarbeiter an die UniBw entsenden oder der Bewerber muss ein einschlägiges Unternehmen finden, das für ihn die Studiengebühren trägt.

Die zivilen Studenten stehen in keinem Dienstverhältnis zur Bundeswehr. Die **militärische Komponente entfällt**; sie gehören nicht dem Studentenbereich und den Studentenfachbereichen an, die Rechte und Pflichten nach Soldatengesetz sind nicht einschlägig und sie nehmen nicht an der AMA teil. Im eigentlichen Studium, dem akademischen Bereich, haben sie die gleichen Rechte und Pflichten wie die Offizierstudenten und gehören **korporationsrechtlich gleichberechtigt** zur

---

405 50 BuAmt für Ausrüstung, Informationstechnik und Nutzung der BW, 25 BuAmt für das Personalmanagement der BW, 20 BM Verkehr und digitale Infrastruktur, 10 BKA, Auskunft BMVg vom 13.10.2020.
406 Auskunft der UniBw M vom 28.10.2020.
407 Bundesregierung, BT-Drs. 16/5851, S. 3f; *Schaffer/Fornahl/Düvelmeyer*, S. 5, 97.

Gruppe der Studenten. Für Studienzeiten und Fristüberschreitungen gelten nur die Regeln der Universität, wenn nicht im Vertragswerk mit dem Partner etwas Anderes geregelt ist. Ihr beruflicher Status im Übrigen richtet sich nach ihrem Vertragsverhältnis mit dem Partnerunternehmen. Meist sind sie in einem **dualen Studium**, d. h. sie wechseln im Trimester- oder Jahresturnus zwischen Ausbildung und Universität; auch während des Studiums erhalten sie die Vergütung von ihrem Unternehmen. Die zivilen Studenten können die Einrichtungen der UniBw nutzen und, soweit freie Zimmer vorhanden sind, auf dem Universitätscampus untergebracht werden.

Auch für zwei weitere Gruppen Studenten sind die UniBw inzwischen geöffnet: So können **Gaststudenten** zum Besuch einzelner Lehrveranstaltungen immatrikuliert werden, § 79 Ab. 3 RahBestM; für die HSU HH gilt eine Vereinbarung aller Hamburger Universitäten, Studenten wechselseitig als Gaststudenten zuzulassen, was in der Gründungsphase auch eine politische Rolle (als Vorstufe zur Gesamthochschule) spielte. Dabei können Gasthörer auch ohne Hochschulzugangsberechtigung zugelassen werden; allerdings machen aber nur in Einzelfällen Interessenten vom Gasthörerstatus Gebrauch.[408]

Zweitens kann, dem Trend der KMK und der Landesgesetzgebung seit etwa 2000 folgend, besonders begabten Schülern im Einzelfall genehmigt werden, Lehrveranstaltungen zu besuchen und Studien- und Prüfungsleistungen zu erbringen, **„Frühstudierende"**, § 79 Abs. 4 RahBestM, womit diesen auch für die UniBw ein Status und eine rechtliche Anerkennung für erbrachte Leistungen verliehen wird. Die UniBw M hat hierfür ein von der Telekom gefördertes **„Hochbegabtenprogramm"** entwickelt, das erste vor den anderen Münchner Universitäten, für ca. 10 Studenten pro Jahr.[409] Es findet eine vergleichsweise intensive Betreuung durch die UniBw M statt; die Schüler dürfen nach Landesrecht hierfür Schulunterricht versäumen.

Mit entsprechendem Ausweis ist für beide Gruppen der Zugang durch die Wache problemlos möglich.

Trotz ursprünglicher Bedenken sind also inzwischen vorsichtige

---

[408] *Gessenharter*, S. 88; Auskunft der UniBw M vom 28.10.2020.
[409] Schriftliche Auskunft der UniBw M vom 11.11.2020, der erste der so Geförderten ist inzwischen Juniorprofessor an der UniBw M.

Rechtsgrundlagen geschaffen worden und es gibt bereits in der erwähnten Größenordnung verschiedene Kategorien von zivilen Studenten.

Eine weitergehende „Öffnung" für zivile Individual-Studenten, eine bereits diskutierte Gründungsidee, wäre wegen der grundsätzlichen Schwächen der UniBw als Ressorthochschule – klein, spezialisiert, abgeschottet – äußerst **wünschenswert**.[410] Eine solche grundlegende Erweiterung der Rekrutierungsbasis würde den UniBw neue Impulse geben, sie quantitativ und qualitativ dramatisch aufwerten und wäre auch ein Reservoir bei freien Studienplätzen und tendenziell sinkendem Bedarf an Offizieranwärtern.[411] Vor allem wäre dies der einzige Weg, die durch Bedarfshochschule und „Größe" angelegte Nischenrolle zu überwinden und damit auch qualitativ in eine höhere Liga aufzusteigen. Erweiterungen der Zielgruppen bedürfen aber der Zustimmung der Sitzländer[412] und eine zu weite Öffnung stieße neben organisatorischen Schwierigkeiten auch auf verfassungsrechtliche Grenzen. Spielraum besteht aber für Bedienstete anderer (Bundes)Behörden – möglichst mit Bezug zu Verteidigung oder Sicherheit – und vor allem für weitere **Zielgruppen innerhalb und im Umfeld der Bundeswehr**, die im weiteren Sinne unter „Verteidigung" i. S. d. Art. 73 Abs. 1 Nr. 1, Var. 2, 87a Abs. 1 GG und damit unter den Kernauftrag der UniBw zu subsumieren sind: z. B. (ehemalige) Zeitoffiziere mit kürzeren Verpflichtungszeiten, Verknüpfung mit freiwilligem Wehrdienst oder Reserveoffiziereigenschaft, wobei gleichzeitig ein Potential für Quereinsteiger und Reserveoffiziere erschlossen würde nach dem Modell: Freiwilliger Wehrdienst gegen Berechtigung zum (Kompakt)Studium an den UniBw.[413] Die praktischen Probleme[414] – Studentenbereich, AMA, Sprach- und Sportpflicht, Überprüfung durch den MAD, Einschränkung der Meinungsfreiheit, § 15 SG – könnten pragmatisch durch Einbeziehen oder Ausklammern gelöst und der Ressourcenmehrbedarf mit Studiengebühren finanziert werden. Auf der zivilen Seite besteht

---

[410] Vgl. Interview Niehuss, DUZ 01/2016, S. 11.

[411] S. u. S. 224.

[412] Bundestag, Kompetenzen, S. 11; Bundesregierung BT-Drs. 16/5851, S. 3.

[413] (Damaliger) BMVg de Maizière und SPD-MdB Arnold, jeweils zitiert nach *Straush*, S. 19.

[414] Problemkatalog des BMVg, aufgeführt bei *Kutz*, Reform, S. 154.

auch ein **„Markt"** für alternative Studien- und Weiterbildungsmodelle, wofür kostendeckende Studiengebühren durchaus in Kauf genommen werden.[415]

Aber jedenfalls dann, wenn die Zahl ziviler Studenten sich der Größenordnung der Offizierstudenten annäherte, käme dies als Betreiben allgemeiner Hochschulen durch den Bund in Konflikt mit dem Hochschulmonopol der Länder. Damit würde eine **Grundgesetzänderung** erforderlich, was immerhin gelegentlich diskutiert wird.[416]

5. Promotionen, Habilitationen

Promotionsrecht und Habilitationsrecht sind unstreitig definitorisch „identitätsbestimmende" Kriterien einer wissenschaftlichen Hochschule.[417] Damit war von Anfang an klar, dass trotz ihrer Ausrichtung als Bedarfshochschule, deren Hauptklientel, Offiziere, selten für Promotionen und kaum für Habilitationen in Frage kämen, die Bundeswehrhochschulen auch das **eigenständige Promotions- und Habilitationsrecht** – ohne Beteiligung einer Landesuniversität – erhalten müssten, um den Landesuniversitäten gleichwertige Hochschulen zu sein. Für die HSBw HH gab es zunächst Bedenken, dieser das alleinige Promotions- und Habilitationsrecht zu übertragen.[418] Nach Überwindung dieser Widerstände arbeitete die Freie und Hansestadt Hamburg wieder mit ihrem Modell der Übertragung von Einzelkomponenten:

---

[415] Derzeit in der Bundesrepublik rund 150 nichtstaatliche Hochschulen, davon 21 Universitäten, 39 kirchliche sowie über 30 Ressorthochschulen; nach: Privat studieren von Berlin bis München: Alle Privathochschulen in Deutschland, Privathochschulen.net; Behördenspiegel, Newsletter Verteidigung, April 2020, S. 5; aber nur 6% der Studierenden, DUZ Magazin, 10/13, S. 21;Aufzählung, Kategorisierung und Bewertung, dabei kritisch zu Größe und Qualität: *Epping*, S. 54; *Thieme*, Privathochschulen, S. 10; *Turner*, S. 299-317 und S. 336 (Ressorthochschulen) und mit dem pessimistischen? Ausblick, „Eliteschmieden" wohl nur über nichtstaatliche Hochschulen möglich, S. 312f; zur Konkurrenz für die Landeshochschulen *Krex*, S. 84.

[416] Bundestag, Kompetenzen, S. 11; hieran würde auch ein (möglicher) Übergang der Federführung vom BMVg auf das BMBF nichts ändern, S. 12.

[417] Paradigmatisch Kriterienkatalog in den Empfehlungen der WRK 2-9/1959, MittHV 7 (1959), S. 77ff; *Epping*, S. 57, 62.

[418] Bericht des Ausschusses Wissenschaft und Kunst, Drs. Bürgerschaft 4.7.73, VII/3056.

Die Behörde für Wissenschaft und Kunst ersetzte den (vorläufigen) Übertragungsbescheid von 1975 – drei Jahre später – durch einen neuen **Übertragungsbescheid** vom 23.10.1978, (erst) fünf Jahre nach der Gründung! – in dem erweiternd der HSBw HH für die dort vertretenen Fächer mit von der Behörde genehmigten Prüfungsordnungen das Promotions- und Habilitationsrecht verliehen wurde.[419]

Für den analogen Vorgang bei der HSBw M bedurfte es bei dem dortigen Weg der Globalübertragung einer **Änderung des Bayerischen Hochschulgesetzes**. So bestimmte Art. 98 Abs. 3 Satz 1 BayHSchG zwar, dass Hochschulen sonstiger Träger – „nichtstaatliche" – kein Promotions- und Habilitationsrecht erhalten können. Die Rechtsgrundlage für die Hochschulen der Bundeswehr, Art. 96 Abs. 2 BayHSchG, wurde deshalb mit der Neufassung das BayHSchG vom 7.11.1978[420] dahin erweitert, dass auf diese Art. 98 Abs. 3 Satz 1 BayHSchG nicht mehr anwendbar ist. Allerdings wurde zunächst nur das Promotionsrecht mit Wirkung vom 1. Oktober 1980 übertragen; für die Übertragung auch des **Habilitationsrechts** wurde die **Trennung der universitären von den Fachhochschulstudiengängen** gefordert.[421] Nachdem die HSBw M dem gefolgt war und die Fachbereiche getrennt hatte, wurde vom Staatsministerium mit dem Bescheid vom 29.9.1981 – acht Jahre später, in dem die unbefristete Anerkennung der Hochschule ausgesprochen wurde, auch das Habilitationsrecht übertragen. Mit dem BayHSchG von 2006 wurde die UniBw M nochmals aufgewertet und der Komplex schließlich optimal gelöst, indem nach Art. 82 „im Rahmen der staatlichen Anerkennung" **Promotions- und Habilitationsrecht durch Gesetz** verliehen sind.[422]

Für Offizierstudenten würde aber eine Promotion die heute vierjährige Studienzeit um i.d.R. drei Jahre verlängern; promovierte Offiziere könnten dann erst nach frühestens sieben Jahren wieder in eine militä-

---

[419] *Von Schroeders*, S. 119.

[420] BayHSchG in der Fassung der Bekanntmachung vom 7.11.1978, BayGVBl. S. 791ff.

[421] Anerkennungsbescheid des BayStMUK vom 29.9.1981 – 1 A 6 – 5/126 242, S. 15; s. auch Fakultätsgliederung, § 28 Abs. 2 RahBestM.

[422] *Lindner, Josef Franz*, Freistaat Bayern, Rn. 315, 35. Lfg. 2008, in: Geis, Hochschulrecht.

rische Verwendung kommen. Die Promotion neben dem anschließenden Truppendienst durchzuführen wäre zwar theoretisch möglich, aber kaum mit der Belastung des typischerweise sehr unregelmäßigen Offizierdienstes gerade der unteren Dienstgrade zu vereinbaren. Eine Besonderheit sind die **Jahrgangsbesten**, denen der Verbleib an der UniBw zum **Promovieren** angeboten wird,[423] sowie die „Wissenschaftlichen Mitarbeiter Offiziere".[424] Im Übrigen sind nach dem Zweck der UniBw Offiziere für den Truppendienst auszubilden, Promotionen und Habilitationen allenfalls für wenige Spezialisten oder Berufsoffiziere in einer späteren Phase bei Freistellung vom Dienst ohne oder mit Bezügen sinnvoll. Doch wird hiervon **nur in extremen Ausnahmefällen** Gebrauch gemacht,[425] wenn sich die Bundeswehr auch ihrerseits Nutzen von dem Thema verspricht, z. B. bei Spezialgebieten, die bevorzugt im Militär vorkommen, und die Abwägung zugunsten von Promotion oder Habilitation ausfällt. Was früher gelegentlich an Landesuniversitäten erfolgte, kann bei den einschlägigen Disziplinen nun allerdings wesentlich organischer an den Universitäten der Bundeswehr durchgeführt werden.

Zielgruppe sind jedoch auch ehemalige (Zeit)Offiziere, die im Rahmen der Berufsförderung nach ihrer Dienstzeit noch promovieren wollen und können.[426]

Das zur Promotion Gesagte gilt in verstärktem Maße für die Habilitation.

Promotionen und Habilitationen sind natürlich problemlos und ohne Besonderheiten möglich für Externe und wissenschaftliche Mitarbeiter, die **Zivilisten** sind. Dabei wird das Spektrum durch **Habilitationsverbünde**[427] erweitert. Trotzdem sind Habilitationen sehr selten, in manchen Jahren auch keine.

Das – alleinige – Promotions- und Habilitationsrecht ist nicht nur ein formales Kriterium, sondern hat die Hochschulen der Bundeswehr mit

---

[423] *Reuter-Boysen*, S. 175; Auskunft der UniBw M vom 28.10.2020.

[424] S. u. S. 132f.

[425] Sachgerecht und rechtmäßig, kein Anspruch der Offizierstudenten, BVerwGE 33, 150; 73, 182f.

[426] *Bald/Lippert/Zabel*, S. 63f.

[427] Z. B. UniBw M mit Uni Augsburg, azurjuwe, Karriereportal für junge Juristen, News 27.5.2008.

den Landesuniversitäten gleichgestellt und damit ihre Attraktivität und Konkurrenzfähigkeit gesteigert.[428] Dies gilt nicht nur für die angehenden Offiziere, sondern erst recht für die zivilen wissenschaftlichen Mitarbeiter, die jetzt an den Bundeswehruniversitäten promovieren und sich habilitieren können, aber vor allem für die Professoren, die in Konkurrenz zu den Landesuniversitäten gewonnen werden müssen und jetzt ihr Recht, wissenschaftlichen Nachwuchs heranzubilden, wahrnehmen können.

Der Erwerb von Promotions- und Habilitationsrecht war damit der **„Schlussstein"** des Konzepts der HSBw und hat deren Errichtung auch **als wissenschaftliche Hochschulen** abgeschlossen.

Gemessen an Landesuniversitäten liegt hier natürlich ein „Geburtsfehler", dass die **wissenschaftlichen Karrieren** ihrer Hauptklientel **nach dem Studium abbrechen** und die UniBw damit nicht ihren eigenen Nachwuchs heranbilden können. Deshalb konnten sie bisher nicht Mitglieder der DFG werden.[429] Allerdings sind Kontakte im Gang, dies zu korrigieren. Eine weitere Öffnung für zivile Studenten wäre hier natürlich hilfreich.

---

[428] *Von Schroeders*, S. 120ff.

[429] *Reuter-Boysen*, S. 84, 175; nach tel. Auskunft der DFG-Geschäftsstelle vom 9.9.2020 sind wieder Gespräche im Gang, wobei die Position der DFG konzilianer ist als z.Z. der Gründung der HSBw.

V. Forschung

Nach dem Humboldtschen Modell sollte die Lehre idealiter **aus der Forschung fließen**. Nach der Aufgabenstellung der wissenschaftlichen Hochschulen, zu deren Aufgaben auch Promotionen und Habilitationen gehören, und der Aufgabenbeschreibung der Professoren nach Gesetz und Ernennungsurkunde, ist deshalb die Forschung der Lehre mindestens gleichrangig, Arg. die übliche vorrangige Nennung, so auch § 1 Abs. 2, 6 Abs. 1 RahBestH, bzw. § 2 Abs. 3, 55 Abs. 1 RahBestM. „Klassisch" von der WRK formuliert „Forschung und einer an dieser orientierten Lehre ...".[430]

Nach Zweck und Entstehungsgeschichte der Bundeswehrhochschulen stand aber zweifellos die Ausbildung zum Offizier und damit, besonders in der Position des BMVg, die **Lehre im Vordergrund** (Bedarfshochschule); dies wirkte sich bis in die Bauplanung aus. Nach den Umständen und dem Zeitdruck bei der Gründung, möglichst bald die wissenschaftlich ausgebildeten Offiziere zu „liefern", hinkte die Forschung zwangsläufig hinterher.[431] Allerdings hatte schon die Bildungskommission vorgesehen: „wird Forschung ermöglicht und betrieben...". Hierauf wirkte auch bereits der Gründungsausschuss hin. Es war deshalb von Anfang an über die lehrbegleitende und lehrunterstützende Forschung hinaus echte **Forschung einschließlich Grundlagenforschung** vorgesehen,[432] auch um den Landesuniversitäten gleichwertig zu sein.

Dabei sind die rechtlichen Rahmenbedingungen denen an den Landesuniversitäten identisch: **Art. 5 Abs. 3 GG, § 3 HRG** gelten selbstverständlich auch für die Forschung der Universitäten der Bundeswehr, §§ 1 Abs. 3 RahBestH bzw. 2 Abs. 8 RahBestM. Damit ist ihre Forschung „frei". Die RahBestH widmen der Forschung einen eigenen

---

430 WRK MittHV 7, 1959, S. 77ff. noch weitergehend „Selbstzweckhaftigkeit der Forschung und damit zur „Komplementärfunktion" der Lehre, Köttgen, Arnold, Das Grundrecht der Deutschen Universität, 1959, S. 27, zitiert Köttgen.

431 BMVg, Hochschulen 74, S. 25; Weißbuch 1979, Kastentext S. 215; *Ellwein/von Müller/Plander*, S. 17f, 52; *Kutz*, Kontinuität, S. 31; *Zimmermann*, S. 35.

432 Gutachten Tz 58 Nr. 4; HSBw74, S. 25; *Ellwein/Müller/Plander*, S. 52; *Reuter-Boysen*, S. 27f.; (notwendige) institutionelle Verknüpfung, Köttgen, S. 29.

Abschnitt, Teil F, §§ 42-48 RahBestH, und die RahBestM mehrere Paragraphen, §§ 5–9, die weitgehend gleichlautend sind. Die Definition der Forschung – „Gewinnung wissenschaftlicher Erkenntnisse sowie der wissenschaftlichen Grundlegung und Weiterentwicklung von Lehre und Studium", § 42 RahBestH bzw. § 5 RahBestM – ist die allgemein übliche in Übernahme von § 22 HRG. Das gilt auch für die Forschungsgegenstände. Hier folgt aus der „Berücksichtigung der Aufgabenstellung", Satz 2 der jeweiligen Regelung in den RaBest, dass sie nur eine lose Verknüpfung zu Tätigkeit und Bandbreite der Universität in Abgrenzung zur außeruniversitären (Groß)Forschung – sicherstellen soll. Dieses entspricht der Formulierung in § 22 HRG und den Landesgesetzen, so dass hieraus **keine Einschränkung durch den Charakter als (Bedarfs)Hochschule der Bundeswehr** folgt. Sofern die RahBestM „bei Forschung am Menschen" die Anrufung einer Ethikkommission fordern, ist dies zwar nicht gesetzlich vorgeschrieben, aber in Medizin, Arzneimittelwesen und Psychologie allgemeiner Standard. Aus dem Status als Universität der Bundeswehr als einer Funktionshochschule ergeben sich also rechtlich und formal keinerlei Beschränkungen für die Forschung.

Die Forschungsergebnisse werden grundsätzlich, wie auch an den Landesuniversitäten üblich, **veröffentlicht**, vgl. auch die allgemeine Berichtspflicht nach § 1 Abs. 5 RahBestH bzw. Abs. 6 RahBestM; es wird also **keine geheime Forschung** betrieben.[433] Das gilt auch für Drittmittel, § 45 Abs. 2 RahBestH bzw. bzw. § 54 Abs. 2 RahBestM, wonach Forschungsergebnisse veröffentlicht werden „sollen". Insbesondere ist ein Forschungsbericht an den BMVg zu erstellen, der zu veröffentlichen ist, § 43 Abs. 2 RahBestH in vierjährigem Turnus bzw. § 2 Abs. 6 RahBestM ohne Vorgabe einer zeitlichen Frequenz. In einem speziellen Paragraphen zur „Veröffentlichung von Forschungsergebnissen" ist demgegenüber nicht die Pflicht zur Veröffentlichung generell, sondern nur die Nennung der beteiligten Mitarbeiter als Mitautor geregelt, §§ 48 RahBestH bzw. 5 Abs. 2 RahBestM. Natürlich sind, wie auch an den Landesuniversitäten, Probleme mit vertraulichen Gegenständen nicht ausgeschlossen und nach den Umständen des Einzelfalles zu lösen.

---

[433] BMVg, Hochschulen, S. 25.

Die Universitäten haben den Auftrag und das Recht, die Forschungsvorhaben und **Schwerpunkte zu koordinieren**. Dabei sind Schwerpunkte besonders zu fördern. Die Universitäten sollen mit anderen Einrichtungen der Forschung, Forschungsförderung und –koordination zusammenarbeiten, § 43 Abs. 1 RahBestH bzw. § 6 RahBestM.

Die **„Forschung mit Mitteln Dritter"** § 45 Abs. 1-3 RahBestH bzw. § 7 Abs. 1-3 RahBestM folgt für beide UniBw weitgehend wörtlich § 25 HRG. Danach sind die Universitätsmitglieder berechtigt, Forschungsvorhaben aus Drittmitteln durchzuführen, und zwar auch an der Universität, wenn die Aufgaben der Universität, ihre Dienstaufgaben und Rechte und Pflichten anderer dadurch nicht beeinträchtigt werden. Die Projekte sind der Fakultät bzw. dem Präsidenten (Hamburg) bzw. generell dem Präsidenten (München) anzuzeigen; sie dürfen nicht von einer Genehmigung abhängig gemacht werden, können aber durch Auflagen beschränkt werden, falls Dienstaufgaben und Rechte anderer betroffen sind.

Die Inanspruchnahme von Personal, Sachmitteln und Einrichtungen der Universität ist grundsätzlich gestattet und „darf nur untersagt werden", soweit die genannten Voraussetzungen dies erfordern. Für die Nutzungen von Personal, Sachmitteln und Einrichtungen der UniBw sind Anteile an die UniBw abzuführen, die dieser zur Verfügung stehen, jeweils Abs. 6.

Dabei erfolgt bei den Vorhaben, die an der Universität durchgeführt werden, die **Verwaltung der Mittel durch die Universität** und daraus finanziertes Personal wird **als Personal der Universität** eingestellt, § 45 Abs. 4 f RahBestH bzw. § 56 Abs. 1 f RahBestM – die abmildernde Formulierung „grundsätzlich" steht nur noch in den RahBestH[434] – womit auch das Tarifrecht und die sonstigen Sonderbestimmungen des öffentlichen Dienstes gelten. Das Recht zur Wahrnehmung von Nebentätigkeiten bleibt von diesen Bestimmungen unberührt.[435] In Anlehnung an das Nebentätigkeitsrecht des Bundes regelt der BMVg näheres durch Richtlinien, § 47 RahBestH bzw. § 7 Abs. 4

---

[434] Z. B. falls der Drittmittelgeber dies anders bestimmt oder/und eine übertarifliche Vergütung erfolgen soll/muss, wäre dies für beide UniBw weiterhin über Nebentätigkeit mit Privatdienstverträgen möglich.

[435] S. u. S. 126.

RahBestM.

Dem Vorbild der Landeshochschulgesetze folgend, kann von den UniBw wissenschaftlichen Einrichtungen außerhalb der Universität der Status eines **„Institutes an der Universität"** verliehen werden, RahBest § 44 HSU HH, § 34 Abs. 2 RahBestM. Die Mitglieder der An-Institute haben grundsätzlich das Recht, die Einrichtungen der Universität zu nutzen. Die Verleihung erfolgt nach Zustimmung des jeweiligen Landes (Behörde/Staatsministerium) durch den BMVg; dies dient natürlich auch der Kontrolle, dass es primär um Wissenschaft und Kooperation geht und nicht um Aufwertung eines privaten Instituts bzw. einer Ausgründung der Universität, um Bindungen durch staatliche Regulierungen zu umgehen.

Beide Hochschulen haben den anfangs erwähnten Forschungsrückstand weitgehend aufgeholt und können heute als **forschungsaktive Hochschulen** angesprochen werden, wenn auch der BMVg nach dem Zweck als „Bedarfsträgeruniversität" nach wie vor den Schwerpunkt im Bereich der Lehre sieht.[436] Dabei ist das gesamte Spektrum der Forschung von der angewandten Forschung bis zur Grundlagenforschung, Auftrags- und Drittmittelforschung[437] angemessen vertreten. Dies gilt auch für den **Technologietransfer**, wo besonders die UniBw M im technologieaffinen Umfeld Akzente setzt, wobei als besondere Aufgabe hinzukommt, einschlägige Start Ups schnell in die Truppe zu bringen.[438] Wenn die UniBw bisher auch noch keinen SFB und kein Exzellenz-Cluster erreichen konnten, liefern sie auf einigen Forschungsfeldern und Kompetenzclustern Spitzenforschung:[439]

Herausragende Schwerpunkte sind dabei an der HSU HH: „Bildung, Differenz und plurale Gesellschaft"; aktuell die „Mathea-Studie" zur Corona-Pandemie; „University for Sustainability"– Entwicklung internationaler klimaneutraler Modellcampus mit klimaneutraler Energieversorgung zur Nutzung erneuerbarer Energien mit CO_2-freiem S.

---

[436] BT-Drs. 16/5851, S. 2.

[437] Dabei ist die Drittmitteleinwerbung noch unterdurchschnittlich, BT-Drs. 16/5851, S. 6.

[438] BT-Drs. 16/5851, S. 6; *Schaffer/Fornahl/Düvelmeyer*, insbesondere S. 43ff; Behördenspiegel, Newsletter Verteidigung, Nr. 277, 29.1.2020.

[439] BMVg, Hochschulen 74, S. 25; aktuelle Forschungsberichte beider Universitäten sowie GIDS-Statement 1/2020, S. 11; Loyal 3/2020, S. 4.

103Kraftwerk, Wasserstofftankstelle und Flugmobilbordnetz-Simulator; „Lasertechnologie/Kristallzucht" sowie „Unmanned Aircraft Systems" mit „Counter-UAS-Center". Ergänzend zu einem Studiengang wurde als sicherheitspolitisches Forschungsinstitut das **GIDS (German Institute for Defence und Stategic Studies)** ins Leben gerufen[440] als „Brücke" zwischen der eher militärischen Perspektive der Führungsakademie und der eher theoretischen Grundlagenforschung der HSU HH, die als „Pfeiler" dieser Brücke ein „Netzwerk für interdisziplinäre Konfliktanalysen (NIKA)" an der Fakultät für Wirtschafts- und Sozialwissenschaften gegründet hat; sowie an der UniBw M: „Sicherheit in Technik und Gesellschaft" mit dem ganz aktuellen Projekt „Schutz vor Terroranschlägen durch Hecken"; „Mobilität der Zukunft"; „Raumfahrtforschung" mit Bundeswehrbezug; „Innovation Center", auch zur Unterstützung von Unternehmungsgründungen im High-Tech-Bereich, **Beteiligung am SFB Transregio** der TUM, Betreibern des Forschungsinstitus CODE mit Grundlagenforschung zu militärischen Aspekten beim Quantencomputing, Quantenkommunikation und Postquantenkryptographie[441] und nicht zuletzt „stellt" sie mit dem Alumni Thomas Reiter, beurlaubter Brigadegeneral und Vorstand der DLR, einen „echten" deutschen Astronauten.

Ganz aktuell haben die Bundeswehr und ihre Universitäten auch auf das Corona – Umfeld reagiert: Im Zuge des „Konjunkturprogrammes des Bundes zur Überwindung der Corvid – Krise" wurde das „**Zentrum für Digitalisierung und Technologieforschung der Bundeswehr**", DETEC, gegründet, das von beiden Universitäten unter Federführung der UniBW M getragen wird. Hier ist bereits ein spektakulärer Millionenauftrag von der Fa. Airbus an die Helmut – Schmidt – Universität für Robotergestützte Automatisierung und Digitalisierung im Flugzeugbau ergangen.[442]

---

440 *Sebaldt, Martin*, Das Elend der Strategen, S. 126; Berlin 2020; Internet-Präsentationen: https://gids-hamburg.de/der-auftrag-des-gids; https://gids-hamburg.de/helmut-schmidt-universität; https://gids-hamburg.de/fuehrungsakademie-bw; s. o. S. 104, s. u. S. 216.

441 Newsletter Verteidigung Nr. 295, 15.3.2021.

442 Internet – Präsentation dtec.bw; WAMS 25.7.21, S. 32.

VII. Personal der Universitäten der Bundeswehr

Das Personal der UniBw setzt sich im Wesentlichen aus den **Kategorien zusammen, die auch im HRG und den Landeshochschulgesetzen vorgesehen** sind. Die RahBest regeln Aufgaben, Status und Befugnisse der jeweiligen Kategorie; darüber hinaus bestimmen sie die Gruppenzuordnung für Selbstverwaltung und Mitwirkung im Rahmen der Gruppenuniversität.[443] Die RahBestH definieren die Mitgliedschaft über eine Aufzählung der Personalkategorien am Anfang, § 4, einschließlich Präsident und Studenten, in einem eigenen Teil B – Mitglieder der HSU, werden dann anschließend die Peronalkategorien beschrieben; während die RahBestM die Aufzählung der Mitglieder, § 15, unter Teil A, Allgemeine Grundlagen, von dem eigenen Komplex Personal, Teil C, §§ 53 ff, getrennt und hinter die rechts- und organisatorischen Teile A und B geschoben haben.

Da das an der Universität tätige Personal rechtlich zwingend im Wesentlichen den Vorgaben des HRG und den Landesgesetzen entspricht, bedarf es in deren „Kielwasser", insbesondere der Neuordnung der Mittelbaustruktur,[444] gelegentlicher **Anpassung**, wobei die HSU HH mit der Aktualisierung der RahBest hinterher hinkt, aber Einstellungen und Zuordnungen dann unmittelbar nach den Regelungen der genannten Gesetze vornimmt.

1. Professoren

Aufgabenbeschreibung und Rechtsstellung bzw. Voraussetzungen und Berufungsverfahren sind für die HSU HH systematisch getrennt, § 6 und § 37 ff RaBestH bzw. für die UniBw M jetzt systematisch hintereinander geregelt, §§ 53 ff und §§ 59 ff RaBestM.

---

[443] S. u. XII. 1.
[444] Grundlegend 5. Gesetz zur Änderung des HRG vom 16.2.2002, BGBl. I 2002, S. 693, künftig zitiert HRG 5. Novelle, nach deren Aufhebung durch das BVerfG in der Fassung des Gesetzes zur Änderung dienst- und arbeitsrechtlicher Vorschriften im Hochschulbereich (HRG/HdaVändG, „Reparaturnovelle") vom 27.12.2004, BGBl. I, S. 3835, künftig zitiert HRG/HdaVändG.

Die Aufgabenbeschreibung ist gleichlautend, eng **an § 43 HRG angelehnt** und entspricht den Regelungen für die Landesuniversitäten, § 6 Abs. 1 – 5 RahBestH bzw. § 55 Abs. 1 – 5 RahBestM.

Danach haben die Professoren **ihr Fach** entsprechend der Denomination („Ausgestaltung des Dienstverhältnisses und Funktionsbeschreibung der Stelle") in Wissenschaft, Forschung und Lehre angemessen **zu vertreten**, jeweils Abs. 1 und 4. Dazu gehören auch die Heranbildung von wissenschaftlichem Nachwuchs, wobei nur den Universitätsprofessoren autonomes Promotions- und Habilitationsrecht zusteht, die FH-Professoren an der UniBw M haben nur kooperatives Promotionsrecht. Weitere Aufgaben sind Weiterbildung, Studienreform, Studienberatung und die Mitwirkung an Prüfungen. In diesem Rahmen sind sie verpflichtet, ihr Lehrdeputat zu erfüllen, dessen Zuordnung und Integration in Studienordnungen, Curricula usw. zu beachten, Lehrveranstaltungen in allen Fächern abzuhalten und zur Sicherstellung des Lehrangebotes **Beschlüsse der Universitätsorgane zu befolgen**, Abs. 3, was insoweit eine eindeutige, aber notwendige und allgemein anerkannte Einschränkung der Lehrfreiheit ist.[445]

Der Status der Professoren an Universitäten der Bundeswehr entspricht dem der Professoren nach Landesrecht.

Professoren sind grundsätzlich **Beamte auf Lebenszeit**, allerdings mit zahlreichen Sonderregelungen; es sind aber auch Angestelltenverhältnisse und Professuren auf Zeit möglich.

Die **Amts-/Berufsbezeichnung „Professor"** ist zugleich eine akademische Würde, § 6 Abs. 6 RahBestH bzw. § 57 Abs. 1 RahBestM. Diese darf auch von Professoren auf Lebenszeit nach der Versetzung in den Ruhestand weitergeführt werden. Üblich (Gewohnheitsrecht?) ist, dass dies auch bei sonstigem Ausscheiden und Zeitprofessuren, i. d. R. nach sechs Jahren, gestattet wird. Hierzu sagen die RahBestH nichts; die RahBestM knüpfen dies an detaillierte Voraussetzungen, mindestens sechs Jahre, Zustimmung des Leitungsgremiums, Mitteilung an BMVg und Staatsministerium, §§ 57 Abs. 1.

---

445 *Kempen*, Rn. 96.

Die Besoldung richtet sich nach den Bestimmungen des Bundes entsprechend der Besoldung der Professoren im Landesdienst:[446] Bundesbesoldungsgesetz, Anl. II (W 2 bzw. W 3, Grundgehalt mit variablen Leistungsbezügen, ausgestaltet durch die Leistungsbezügeverordnung).[447] Bei Gehalt und Lehrdeputat werden die Unterschiede zwischen den Universitäts- und den Fachhochschulprofessoren relevant:[448] Dabei sind 80% der Universitätsprofessoren und 20% der Fachhochschulprofessoren W 3. Das **Lehrdeputat** beträgt – in Anpassung an das Trimester-System 6 Trimesterwochenstunden für die Universitäts- und 14 für die Fachhochschulprofessoren. Die **Übernahme der FH-Professoren** in die HSBw war eine **Pionierleistung für Gesamthochschulen/„Bologna" – Hochschulen!** und verlief alles andere als reibungslos. Hierfür mussten vier unterschiedlich zu behandelnde Gruppen gebildet werden.[449]

Nur die Universitätsprofessoren haben Anspruch auf ein **Forschungsfreijahr** nach vier Jahren Lehre, Anspruch auf „Freistellung … zur Förderung ihrer dienstlichen Forschungstätigkeit"; dies übernimmt die Freisemester der Professoren an Landesuniversitäten, angepasst an das Trimestersystem, wegen des konzentrierteren Studiums etwas großzügiger als an Landesuniversitäten.[450] Die RahBest verweisen auf Richtlinien des BMVg, §§ 46 HSU HH bzw. 9 UniBw M, systematisch nicht dem Professorenstatus, sondern der Forschung zugeordnet.

Professoren haben ein weiterreichendes Recht zur Ausübung von **Nebentätigkeiten** als andere Beamte; die RahBestH verweisen hier lapidar auf eine Richtlinie des BMVg, § 47, die RahBestM auf „die beamten- und tarifrechtlichen Regelungen", § 56 UniBw M, was danach nicht ganz korrekt ist.

Neben der Weiterführung der Professorenbezeichnung können Professoren **nach dem Ausscheiden weiterhin Lehrveranstaltungen und Prüfungen** durchführen und in Absprache Ressourcen der

---

[446] Zunächst Besoldungsordnung C, seit den Nullerjahren Besoldungsordnung W; zu Anfangsschwierigkeiten *Ellwein/Müller/Plander*, S. 46.

[447] Für Fachhochschulprofessoren Grundgehälter deutlich angehoben aufgrund BVerfG 130, 263, 308f.

[448] Zu Status und Gruppenzugehörigkeit s. u. S. 174f.

[449] *Reuter-Boysen*, S. 73, 96 ff; zu den gruppenrechtlichen Problemen s. u. S. 174f.

[450] *Reuter-Boysen*, S. 73.

UniBw nutzen, § 6 RahBestH und, detailliert geregelt in § 58 RahBestM i. V. m. § 7 GrundO, ist sogar ein Status „Exzellenter Emeritus" vorgesehen, auf Zeit, mit Verlängerungsmöglichkeit, wobei zur Vermeidung von Inflationseffekten 5 an der Universität nicht überschritten werden sollen.

Die **Einstellungsvoraussetzungen** entsprechen § 44 HRG und den einschlägigen Landesregelungen, § 37 RahBestH bzw. § 53 RahBestM, also Hochschulstudium, wissenschaftliche Eignung, nachgewiesen durch die „Qualität" einer Promotion – Formulierung ist misslungen, soll „überdurchschnittlich" bedeuten. Hinzu kommen für den **Universitätsbereich** zusätzliche wissenschaftliche Leistungen, i. d. R. **Habilitation** oder gleichwertige wissenschaftliche Leistungen. Die RahBestM sehen inzwischen die **Juniorprofessur** als Alternative vor, § 53 Abs. 2; die HSU HH hat diese Anpassung noch nicht vollzogen, auch wenn sie bereits Juniorprofessoren einstellt.[451]

Für Fachhochschulprofessoren – nur UniBw M – ist stattdessen eine fünfjährige berufliche Praxis erforderlich, die wissenschaftliche Erkenntnisse oder Methoden erfordert, § 53 Abs. 1 Nr. 4 RahBestM; als abstrakter Wissenschaftsnachweis „reicht" also eine überdurchschnittliche Promotion.

Das **Berufungsverfahren** beginnt mit der „Beratung" im Senat und der „Entscheidung" des Präsidenten, ob die Stelle besetzt werden kann und wie bisher oder für eine andere Fachrichtung ausgeschrieben wird, § 38 Abs. 2 HSU HH, § 59 RahBestM.

Professorenstellen sind öffentlich **auszuschreiben**; die Ausschreibung erfolgt im Einvernehmen mit dem BMVg, § 38 Abs. 1 RahBestH, § 59 Abs. 2 Satz 4 RahBestM.

Nach der Ausschreibung bildet die Fakultät einen **Berufungsausschuss**, der an der HSU HH aus fünf Professoren, je einem Mitglied des wissenschaftlichen Mittelbaus und der Lehrkräfte für besondere Aufgaben und zwei Studenten, § 38 Abs. 3, und an der UniBw M aus mindestens drei Professoren der eigenen Fakultät, mindestens einem Professor einer anderen Universität, einem Vertreter des Mittelbaus und einem Studenten sowie der zivilen Gleichstellungsbeauftragen be-

---

[451] S. u. S. 131.

steht § 61 Abs. 2 RahBestH; an der HSU HH letztere ohne Rechts-grundlage und ohne Stimmrecht; Professoren anderer Fakultäten kön-nen kooptiert werden; bei Fachhochschulstudiengängen muss es sich um Professoren und Studenten aus Fachhochschulstudiengängen han-deln; bei fremdfinanzierten Professuren darf auch der Mittelgeber Ver-treter benennen; Studiendekan und Dekan haben (nur) beratende Stimme.

Der Ausschuss erstellt i. d. R. eine **Dreierliste,** in die ausnahmsweise auch Personen aufgenommen werden können, die sich nicht beworben haben; auch gilt grundsätzlich das Hausberufungsverbot, § 38 Abs. 4 RahBestH bzw. § 62 Abs. 3 RahBestM mit Sonderregelungen für Juni-orprofessoren. Eine weitere Bestimmung regelt deren inhaltliche An-forderungen und verlangt die Einholung von Gutachten externer Pro-fessoren, §§ 38 Abs. 7 RahBestH, 62 Abs. 4 RahBestM – HSU – HH nur „sollen". Die betroffenen oder beteiligten Professoren haben das das Recht, dem Berufungsvorschlag ein ergänzendes oder kritisieren-des Sondervotum beizufügen, §§ 39 RahBestH, 63 RahBestM. An-schließend ist die Liste von der Fakultät zu „beschließen", der Senat hat hierzu jeweils nur „Stellung zu nehmen" und an der UniBw M die erweiterte Hochschulleitung zu „beschließen"; die Entscheidungs-instanz auf Universitätsebene ist damit an der HSU HH der Fakultäts-rat, §§ 38 Abs. 7 RahBestH bzw. an der UniBw M die erweiterte Hoch-schulleitung, § 62 Abs. 6, RahBestM. Danach ist die Liste sowohl der zuständigen **Landesbehörde bzw. dem Staatsministerium sowie dem BMVg** vorzulegen, und zwar sechs Monate nach dem regulären (Altersgrenze) bzw. zehn Monate nach dem unplanmäßigen Freiwer-den der Stelle bzw. neun Monate nach Ablauf der Bewerbungsfrist, § 38 RahBestH bzw. sechs und neun Monate, § 65 Abs. 1 RahBestM. Wird dem BMVg die Liste nicht rechtzeitig, § 38 Abs. 5 oder Abs. 8 RahBestH, vorgelegt, kann der BMVg den Präsidenten auffordern, dies innerhalb von drei Monaten zu tun; kommt der Präsident dem nicht nach, kann der BMVg nach Abs. 6, 8 HSU HH bzw. § 65 Abs. 2 UniBw M auf Basis der an der Universität vorliegenden Unterlagen und Gutachten theoretisch eine eigene Liste erstellen, was aber in den fast 50 Jahren noch nicht vorgekommen ist.[452]

---

[452] Schriftliche Auskunft des BMVg vom 14.8.2020.

Der **BMVg** trifft dann die endgültige **Auswahl** und ist zuständig für die **Berufung**. Voraussetzung für die Berufung ist allerdings die Zustimmung der Landesbehörde/des Staatsministeriums, § 40 RahBestH bzw. § 51 UniBw M. Die Berufung, spezielles Element nur für Besetzungsverfahren von Professoren, ist grundsätzlich zu unterscheiden von der rein **beamtenrechtlichen Ernennung**, die auch dem **BMVg** obliegt,[453] aber erst nach Abschluss der Verhandlungen erfolgt. An die Berufung schließen sich die „Berufungsverhandlungen" an, in denen im Rahmen des rechtlich und haushaltsmäßig Möglichen Bezüge und Ausstattung vereinbart werden. Die RahBestH gehen noch davon aus, dass die Berufungsverhandlungen mit Ausnahme der Ausstattung, also vor allem die Gehaltsverhandlungen, mit dem BMVg, § 40 Abs. 3, Abs. 5 RahBestH, zu führen sind. Da der Hochschule inzwischen aber nicht nur die Ausstattung, sondern auch die Steuerung der Zulagen nach der W-Besoldung obliegt, sind die Ausstattungsverhandlungen generell mit dieser zu führen, § 65 Abs. 4 RahBestM. Da diese Zuordnung auf höherrangigem Recht beruht, muss auch an der HSU HH so verfahren werden, auch wenn die RahBest noch nicht angepasst sind.

Der BMVg hat damit im Berufungsverfahren für die Professoren der Bundeswehruniversitäten die **Stellung, die traditionell der Kultus-/Wissenschaftsminister für die Landesuniversitäten hatte**.[454] Die Reformbewegung der Nullerjahre, die Berufungsverfahren ganz auf die Hochschulleitungen zu übertragen, wurde für die UniBw – vernünftigerweise – nicht übernommen. Die Problematik mancher Landesgesetze, was der Minister in Person und was das, allerdings gegenüber dem Minister weisungsgebundene, Ministerium zu entscheiden hat, wird in den RahBestH durch die monokratische Terminologie – der Bundesminister der Verteidigung – verdeckt,[455] während die RahBestM

---

[453] Delegation nach <u>Art. 60 Abs. 1 GG</u> durch Anordnung des Bundespräsidenten über die Ernennung und Entlassung von Beamtinnen usw. vom 23.6.2004, Art. 1.

[454] In mehreren Ländern wurde die Entscheidungsbefugnis in der letzten Reformwelle den Hochschulen – Senaten und Hochschulleitungen – übertragen; zur Problematik s. *Welz*, Hochschulrecht, Rn. 158 mit Bezug auf die alte, nach RahBest noch fortgeltende, Rechtslage.

[455] Im Regelfall das Ministerium; bei den „notleidenden" Fällen ist wohl der Minister in Person gemeint, vgl. *Welz*, Hochschulrecht, 1. Aufl., Rn. 123f, 33. AL, 2005, relevant (nur) theoretisch für das hausinterne Verfahren (Dienstweg).

nur „das BMVg" nennen. Der/das BMVg ist dann für die Entscheidung etwaiger Streitpunkte, z. B. Ersatzvornahme bei Fristüberschreitung, zuständig. Auch etwaige **Abweichungen von der Berufungsliste** sind geregelt: für die HSU HH grundsätzlich Bindung, § 40 Abs. 1 RahBestH, (ausnahmsweise) „kann" nach Anhörung der HSU HH und im Einvernehmen mit der Landesbehörde abgewichen werden, Abs. 2. Demgegenüber heißt es für die UniBw M, § 65 Abs. 1 Satz 2, „das BMVg ist an die Reihenfolge der Vorschläge nicht gebunden". Diese Regelung der UniBw M ist rechtswidrig.[456] Angesichts der dezidierten Verfahrensregelungen innerhalb der Hochschule besteht nach den Erfordernissen der institutionellen Wissenschaftsfreiheit kein freies Ermessen des Ministeriums, vielmehr muss ein „gewichtiger Grund" für ein Abweichen verlangt werden.[457] Dies ist allerdings nie problematisiert worden und es ist bisher nicht zur Abweichung von der Liste gekommen,[458] zumal nur eine geringe Zahl von Professoren zu berufen ist.

2. Juniorprofessoren

Seit 2002[459] hat der Juniorprofessor in gewisser Weise den Hochschuldozenten als „kleinen Professor" ersetzt, wobei Ziel ist, **selbstständige Forschung und Lehre** deutlich früher zu ermöglichen und die akademische Laufbahn bis zum „richtigen" Professor[460] wesentlich zu verkürzen. Er bleibt aber ein Qualifizierungsmodell, weshalb die Bestellung nur auf Zeit möglich ist – i. d. R. als Beamter auf sechs Jahre; wenn er nicht als wissenschaftlicher Mitarbeiter beschäftigt war, neun Jahre, § 47 HRG/HdaVändG, § 53 Abs. 3, RahBestM, hilfsweise ist auch ein Angestelltenverhältnis möglich, Abs. 4. Eine Habilitation ist neben der Juniorprofessur nicht erforderlich – **Lehrbefähigung und**

---

456 BVerfGE 52, 313, 318; *Jarass/Pieroth*, Art. 5 Abs. 3, Rn. 151.

457 BVerfGE 15, 256, 264f; BayVGH vom 4.11.2002 – 7 CE 01; *Krüger/Leuze*, § 45, Rn. 44, in: Geis, 23. Lfg., 2000; *Thieme*, Hochschulrecht, Rn. 689; Wissenschaftsrat, Berufungsverfahren, S. 1; *Welz*, Hochschulrecht, Rn. 164.

458 Schriftliche Auskunft des BMVg vom 14.8.2020.

459 HRG/HdaVändG, s. o. S. 124.

460 Die typischen Professoren, die als solche Beamte auf Lebenszeit sind, werden zur Unterscheidung von den zahlreichen anderen Professorentypen etwas plakativ als „richtige" Professoren bezeichnet.

Lehrbefugnis sind eingeschlossen – sie bleibt aber möglich und verleiht dann eine Doppelqualifikation.[461]

Da zur selbstständigen wissenschaftlichen Tätigkeit berechtigt und verpflichtet, sind die Juniorprofessoren statusmäßig und in der **Gruppenzugehörigkeit den Professoren gleichgestellt**, obwohl dies bei der Schaffung dieses Personaltyps durchaus umstritten war.[462] Als „Plus" zur Habilitation dürfen sie nach Ende ihrer Dienstzeit die Bezeichnung „Privatdozent" führen.

Die Regelungen in den RahBest der UniBw M sind progressiv. Sie verzichten auf die Definition und einen speziellen Paragraphen[463] und haben die **Juniorprofessoren grundsätzlich in die Bestimmungen für Professoren integriert**, §§ 54 – 63 RahBestM passim, und die im HRG/HdaVändG offen gelassenen Einstellungsverfahren sind weitgehend analog denen für Professoren geregelt. Dies ist nach Definition und Ratio – weisungsfreie Forschung und Lehre – folgerichtig. Die Juniorprofessoren betreffenden Sonderbestimmungen sind nur bei konkreter Abweichung an verschiedenen Stellen als Ausnahmen von den „richtigen" Professoren genannt, so bei der „besonderen wissenschaftlichen Befähigung", wo an Stelle der Habilitation „die herausragende Qualität einer Promotion", § 53 Abs. 4, wortgleich mit § 47 HRG/HdaVändG und ähnlich Art. 14 BayHSchPG, tritt,[464] und bei Berufungsverhandlungen, die bei Juniorprofessoren nicht stattfinden, Arg. ex contrario „Professur", § 65 Abs. 4. Weitere Besonderheiten sind die Befristung und die Führung der Bezeichnung, die vorbildlich klar mit uneingeschränkt „Professor" geregelt ist, § 57 Abs. 3.

Die Juniorprofessoren sind in den RahBest der HSU HH noch nicht vorgesehen; dies ist aber keine beabsichtigte Ausschließung, nur aufgeschobene Aktualisierung. Da diese sowohl im HRG und in §§ 18, 19 HmbHG vorgesehen sind, sind sie möglich und werden auch richtigerweise analog zu diesen Bestimmungen bestellt.[465]

---

461 Zwischen Bund und B – Ländern umkämpft und vom BVerfG 111, 226 überwiegend zugunsten der B-Länder entschieden.

462 Vom BVerfG offengelassen.

463 Anders auch als die Art. 14–17 des BayHSchPG!

464 Höhere Anforderungen als bei FH-Professoren, aber mangels Vergleichbarkeit keine Bindung an summa cum laude, *Welz*, Hochschulrecht, Rn. 188; s. o. S. 127.

465 Schriftliche Auskunft der HSU HH vom 25.6.2020.

3. Wissenschaftlicher Mittelbau

2002 ist mit dem HdaVändG/HRG 5. Novelle die Mittelbaustruktur wesentlich vereinfacht worden. Danach sind nur noch zwei Kategorien vorgesehen: **Wissenschaftliche Mitarbeiter und Lehrkräfte für besondere Aufgaben.** Alle qualifizierten Mittelbaustellen, ehemals §§ 51, 52 HRG Stand 4. Novelle, die auch in die RahBest der UniBw übernommen worden waren, Oberassistent, Oberingenieur, wissenschaftlicher Assistent, sind weggefallen. Sie sind aber in den RahBest der HSU HH noch genannt. Da es seither weder zu einer entsprechenden Anpassung der RahBest noch zur Verabschiedung einer GrundO gekommen ist, verfährt die HSU HH unter analoger Anwendung von HRG und HmbHG nach der neuen Personalstruktur, wobei die alten Peronalkategorien, obwohl keine Angehörigen dieses Typus mehr vorhanden sind und nicht mehr eingestellt werden können, als nur noch versteinerte Regelung „mitgeschleppt" werden (§§ 7 ff RahBest).

In Anlehnung an § 53 HRG und entsprechend den Landeshochschulgesetzen beschreiben § 10 RahBestH bzw. § 66 RahBestM die **hauptberuflichen wissenschaftlichen Mitarbeiter**, worunter auch die Drittmittel – Finanzierten fallen: Aufgabe wissenschaftliche Dienstleistungen, grundsätzlich weisungsgebunden, als Voraussetzung abgeschlossenes Hochschulstudium. Das Dienstverhältnis ist befristet oder unbefristet; dies soll dienstrechtlich der Art der Aufgabe – **Daueraufgabe oder Weiterbildungsfunktion?** – entsprechen. Von Status können die wissenschaftlichen Mitarbeiter Angestellte oder Beamte sein, letztere dann Akademische Räte, Rechtsgrundlage § 28 Abs. 2 HmbHG, Art. 20 BayHSchPG, was bei echten Daueraufgaben haushalts- und dienstrechtlich der Fall sein sollte und die Attraktivität der Stelle wesentlich steigert; Voraussetzung sind allerdings Planstellen im Bundeshaushalt. Sofern wissenschaftliche Mitarbeiter befristet eingestellt sind, kann auch Gelegenheit zur Vorbereitung einer Promotion gegeben werden. Dies wird dem Qualifikationsgedanken gerecht und schließt die Lücke, die durch Wegfall des wissenschaftlichen Assistenten entstanden ist.

Wissenschaftliche Mitarbeiter i.d.S. sind auch Offiziere, in Bundeswehrdeutsch **„WMA Offz" (Wissenschaftliche Mitarbeiter Offiziere)**,[466] wenn sie ausnahmsweise hauptberuflich entsprechende Aufgaben wahrnehmen, etwa weitere wissenschaftliche Tätigkeit – z. B. Promotion oder wissenschaftliche Dienstleistungen – nach Abschluss des Studiums oder nach einer militärischen Tätigkeit hierfür an die UniBw zurückkommen, § 10 Abs. 5 RahBestH, § 66 Abs. 6 RahBestM. Z.Z. sind es 32 an der HSU HH und 38 an der UniBw M. Sie leisten darüber hinaus einen wichtigen Beitrag zur Betreuung und Personalbindung der Offizierstudenten.[467]

Die Definition für hauptberuflich tätige **Lehrkräfte für besondere Aufgaben** in § 11 RahBestH, § 57 RahBestM entspricht wörtlich <u>§ 56 HRG</u>: Vermittlung praktischer Fertigkeiten und Kenntnisse und grundsätzlich weisungsgebunden.

Das Recht zur **Befristung** von Arbeitsverträgen im wissenschaftlichen Bereich war von der Aufhebung der 5. Novelle HRG 2004 mitbetroffen. Die „Reparatur" erfolgte durch das **WissZeitVG**.[468] Dies gilt auch für die UniBw und ist von den RahBestM erfasst, indem § 78 pauschal auf das WissZeitVG und das Gesetz über Teilzeitarbeit und befristete Arbeitsverträge Bezug nimmt. Sofern die überholten RahBestH in § 15 noch auf <u>§§ 57a–57e HRG</u> verweisen, gelten auch hier nur noch das WissZVG i. V. m. HRG und HmbHG.

4. Sonstiges (nicht hauptberufliches) Lehrpersonal

Die als solche nicht hauptberuflich wissenschaftlich tätigen Personalkategorien sind in den RahBest nicht als eigener Gliederungsabschnitt ausgewiesen, aber in den RahBestM zusammenhängend hinter den hauptberuflichen Kategorien hintereinander, nach wissenschaftlichem Rang, aufgeführt; für die RahBestH gilt dies nur rudimentär.

Habilitierten Wissenschaftlern kann die venia legendi (Lehrbefugnis) verliehen werden, die die Bezeichnung **„Privatdozent"** einschließt,

---

[466] Auskunft des BMVg vom 13.10.2020.

[467] *Hartmann*, S. 72.

[468] Wissenschaftszeitvertragsgesetz vom 12.4.2007, BGBl. I S. 1073, zuletzt geändert durch Art. 1 G vom 25.5.2020, BGBl. I S. 1073.

§ 55 RahBestH bzw. § 71 RahBestM. Sie setzt kein Dienstverhältnis mit der Universität voraus; falls ein solches besteht, bleibt der Gruppenstatus – i. d. R. wissenschaftlicher Mitarbeiter – unberührt. Es besteht eine geringe Lehrverpflichtung, **„Titellehre"**, zusätzlich zu eventueller Lehre aus den Dienstaufgaben, und ist unentgeltlich zu leisten. Es handelt sich dabei um eigenverantwortliche Lehre, deren Umfang nicht definiert ist, also mindestens eine Trimesterwochenstunde, die auch alternierend oder geblockt durchgeführt werden kann. Doch auch wenn die Privatdozenten in den RahBestH systematisch nur als „Akademische Ehrungen" eingeordnet sind, so handelt es sich trotzdem auch hier um eine zur Lehre verpflichtete Personalkategorie. Die Verleihung erfolgt an der UniBw M vom Präsidenten mit Zustimmung des BMVg, an der HSU HH durch die Fakultät; dabei ist anzunehmen, dass dies zumindest informell auch die Mitwirkung von Präsident und BMVg erfordert; die RahBestH verweisen auf die nicht existente GrundO.

Die RahBestM sehen inzwischen auch die Bestellung als **„außerplanmäßiger Professor"** vor, § 72. Nach mindestens sechsjähriger Tätigkeit, bei außergewöhnlicher wissenschaftlicher Leistung bereits nach vier Jahren, können Privatdozenten auf Antrag des Fakultätsrates vom Präsidenten im Einvernehmen mit dem BMVg zum apl. Professor bestellt werden, womit sie die Bezeichnung „Professor" führen dürfen. Dies lässt die Rechtsstellung als Privatdozent bzw. ein hauptberufliches Dienstverhältnis unberührt.

Persönlichkeiten, deren wissenschaftliche Leistungen die Kriterien für eine hauptberufliche Professur des jeweiligen Hochschultyps erfüllen, die mehrjährige Lehrerfahrungen haben und nicht hauptberuflicher Professor sind, können zum **Honorarprofessor** bestellt werden, § 68 RahBestM. Mit der Bestellung werden sie Mitglied der Universität. Die Bestellung erfolgt auf Vorschlag der UniBw M mit Genehmigung des Staatsministeriums durch den BMVg; dem Vorschlag sind die Unterlagen vergleichbar einer Berufung, einschließlich Gutachten, beizufügen; § 66 RahBest, § 36 GrundO legt ergänzend die Titellehre auf 2 Trimesterwochenstunden fest; ab der dritten Trimesterwochenstunde kann eine Lehrvergütung gewährt werden. Mit den Regelungen dieser beiden Professorentypen findet die UniBw M Anschluss an die bei den Landesuniversitäten üblichen „gehobenen" Personaltypen.

Mit Systematik und Professorentypen ist die HSU HH einen anderen Weg gegangen. Die § 55 RahBestH treffen für den **Privatdozenten** eine analoge Regelung, die aber nicht dem Personalbereich (Teil B – Mitglieder), sondern den **akademischen Ehrungen** (Teil H) zugeordnet ist. Nach dem Wortlaut verleiht die Fakultät die venia legendi, der Akademische Senat gibt nur eine Stellungnahme hierzu ab, § 19 Abs. 2 Nr. 8 RahBestH, so dass sich theoretisch im Konfliktfall die Fakultät durchsetzen sollte.

Die RahBestH kennen keine apl. und Honorarprofessoren, sehen aber die **„akademische Bezeichnung Professor"** vor, § 56. Diese ist so offen formuliert, dass hierunter sowohl die Typen apl. Professoren wie Honorarprofessoren subsumiert werden können. Die Verleihung erfolgt auf Antrag des akademischen Senates im Einvernehmen mit der zuständigen Landesbehörde durch den BMVg. Näheres soll durch eine Ordnung geregelt werden.

„Zur Ergänzung des Lehrangebotes" können **Lehraufträge** vergeben werden. I.d.R. wird hierfür eine Promotion vorausgesetzt. Die Lehrbeauftragten nehmen ihre Aufgaben selbstständig wahr und sind als solche nicht Mitglieder der Universität, § 13 RahBestH bzw. § 74 RahBestM (wohl aber Angehörige, auch wenn dieser Begriff nicht in den RahBest vorgesehen ist). Die Lehraufträge werden i. d. R. vergütet; an Universitätsmitglieder dürfen sie deshalb nur für Veranstaltungen außerhalb ihrer Dienstpflichten vergeben werden.

Vorschlagsrecht hat die dezentrale Gliederungseinheit, i. d. R. Fakultät. An der HSU HH werden sie dann vom Senat beschlossen und von der Universitätsverwaltung administriert, § 13 Abs. 3 RahBest. An der UniBw M erfolgt die Vergabe nach Zustimmung des Senats durch den Präsidenten, § 74 Abs. 3 RahBestM.

Die **wissenschaftlichen bzw. studentischen Hilfskräfte** sind als solche nicht Mitglieder der Universität (wohl aber Angehörige). Sie unterscheiden sich durch das Erfordernis des Studienabschlusses. Die RahBestM regeln sie deshalb getrennt, § 75 die wissenschaftlichen und § 76 die studentischen Hilfskräfte, während sie für die HSU HH gemeinsam in § 14 RahBestH, Abs. 1 bzw. Abs. 2, geregelt sind.

Wissenschaftliche Hilfskräfte nehmen unterstützende Aufgaben in Forschung und Lehre wahr; ein Hochschulabschluss ist erforderlich.

Studentische Hilfskräfte erbringen wissenschaftliche Dienstleistungen nach Weisung des Professors, dem sie zugeordnet sind, § 14 Abs. 2 RahBestH, § 76 Satz 1 RahBestM. Für die Befristung gilt speziell § 6 WissZeitVG, Höchstbefristungsdauer 6 Jahre ohne spätere Anrechnung.

5. Andere Mitarbeiter

Im HRG und in den meisten Landeshochschulgesetzen wird das nichtwissenschaftliche oder nicht in der Lehre tätige Personal als „Gruppe" und als Gruppenvertreter in den Gremien genannt, aber nicht definiert. Demgegenüber füllen die RahBest diese Lücke und geben eine – **gleichlautende – Definition**, aber unter abweichender Bezeichnung **„andere Mitarbeiter"**, § 12 RahBestH bzw. **„nichtwissenschaftliche Beschäftigte"**, § 11 RahBestM. Dies sind im Wesentlichen die Angehörigen der Universitätsverwaltung und die Mitarbeiter der zentralen Einrichtungen, der Betriebseinheiten und der wissenschaftlichen Einrichtungen, sofern sie nicht einer der anderen, wissenschaftlichen Kategorien angehören. Als Besonderheit der UniBw gehört hierzu auch **„das Stammpersonal des Studentenbereiches"**, also die militärischen Mitarbeiter, die dadurch gleichberechtigt und „unbemakelt" zu Personal und Mitgliedern der Universität gehören und aktives und passives Wahlrecht für die Funktionen und Sitze der „anderen Mitarbeiter" in den Hochschulgremien haben.

VIII. Staat vs. Hochschule, Aufsicht vs. Autonomie

1. Dualismus Wissenschaftsfreiheit – staatliche Aufgaben, Einheitsverwaltung

In der Idee der Hochschule Humboldtscher Prägung ist ein grundsätzlicher **Dualismus von Hochschule vs. Staat**, Freiheit/Autonomie vs. Aufsicht, Steuerung und Kontrolle zwangsläufig angelegt.[469] Dabei ist autonomieimmanenter echter Freiraum von einer Delegation zu unterscheiden, bei der ursprünglich nicht vorhandene Rechte von einem anderen Rechtsträger übertragen werden. Anders als z. B. im kommunalen Bereich, in dem die Autonomie Ausdruck des Subsidiaritätsprinzips zur effektiveren Aufgabenerledigung ist, sichert sie im Wissenschaftsbereich die „Gedankenfreiheit" als notwendige Voraussetzung für maximalen Erkenntnisgewinn und damit effektive wissenschaftliche Tätigkeit, weswegen sie in allen Grundrechtskatalogen und Rechtsgrundlagen für die Hochschulen, Art. 5 Abs. 3 GG, § 3 HRG, § 1 Abs. 3 RahBest H, § 2 Abs. 8 UniBw M garantiert wird. Sachlogisch notwendig folgt hieraus nicht nur die Freiheit der Tätigkeit des Wissenschaftlers, sondern auch die **Autonomie** der wissenschaftlichen Einrichtungen, insbesondere **der Hochschulen**.[470] Schon als Folge dieser unterschiedlichen Ratio sind im Wissenschaftsbereich die Spielräume kleiner und die Vorgaben durch Gesetze und Aufsicht dichter; zudem sind auch **Forschung und Lehre staatliche Aufgaben**. Sie bedürfen der Struktur, Standardisierung und Regelung und damit der staatlichen Steuerung. Schließlich ist staatliche Aufsicht auch die notwendige Folge der Tatsache, dass über 90% des Etats der Hochschulen unmittelbar vom Staat kommen.

Der Dualismus Autonomie/Staat ist historisch aus der (preußischen)

---

[469] Vgl. o. S. 78.
[470] Wissenschaftsfreiheit als entscheidender Aspekt, z. B. Württ.StGH 24, 12, (15), gegenüber dem pragmatischen Aspekt der funktionalen Vorteile dezentraler (Verwaltungs)Organisation, *Köttgen*, S. 35; *Stern*, S. 302, womit die kommunale Selbstverwaltung i. d. R. begründet wird. Grundlegend zur Autonomie *Geis*, HRG, § 58, insbes. Rn. 1 – 48; Kempen, Rn. 117ff.

Kuratorialverfassung hervorgegangen;[471] strukturell ist er aber die Folge eines generellen **Dualismus zwischen dem operativen (wissenschaftlichen) und dem administrativen Bereich** einer Universität. Bei den UniBw kommt der spezifische Ausbildungszweck, der Charakter der Bedarfshochschule für die Bundeswehr, verstärkend hinzu. Dieser Dualismus ist noch heute bestimmend in der Standard-Rechtsnatur – (materielle) Körperschaft und zugleich staatliche Einrichtung – sowie den Aufgabenkategorien **akademische Angelegenheiten – sonstige Angelegenheiten**. Die Grundsätze der Aufsicht (nur) für die Landesuniversitäten bestimmt § 59 HRG; dieser gilt nach § 1 HRG nicht primär für die „staatlich anerkannten Hochschulen", „betrifft" diese aber auch über § 70 HRG.

In Anlehnung an die vergleichsweise offene Formulierung in § 59 HRG unterscheiden und definieren die § 2 RahBestH, § 11 RahBestM gleichlautend in Ausgestaltung des Dualismus von Hochschule und Staat die **„akademischen Angelegenheiten" im Gegensatz zu den „sonstigen Angelegenheiten"**. Die akademischen Angelegenheiten werden jeweils in Abs. 2 durch eine Generalklausel – Forschung, Lehre, Weiterbildung – definiert und durch einen Katalog der damit zusammenhängenden (administrativen) Aufgaben ergänzt: Lehr- und Prüfungsbetrieb, wissenschaftlicher Nachwuchs, Berufungsverfahren, aus der Mitgliedschaft folgende Rechte und Pflichten, Immatrikulation und Exmatrikulation, Ordnungen für akademische Angelegenheiten, akademische Grade und Ehrungen. Diese akademischen Aufgaben werden „als **Selbstverwaltungsaufgaben**" wahrgenommen und unterliegen (nur) der **„Rechtsaufsicht"**. Die Besonderheit der UniBw ist aber, dass sie gewissermaßen zwei Herren haben, nämlich die zuständige Landesbehörde bzw. das Staatsministerium und den BMVg.[472]

Trotz des grundsätzlichen Dualismus werden die beiden Bereiche ein-

---

[471] *Breitbach, Michael*, Kurator, Kanzler, Vizepräsident – ein deutscher Irrweg?, in: WissR, Beiheft 15, 2005; *Heß, Jürgen*, Die Geschichte des Universitätskanzlers im Spannungsfeld zwischen Staatsaufsicht und Hochschulautonomie, WissR 2000, S. 332 ff.; *Thieme*, Hochschulrecht, Rn. 553; *Turner, George/Weber, Joachim D.*, Hochschule von A bis Z, Stichwort Kuratorialhochschule.

[472] *Steinkamm*, S. 97 f.

heitlich von der einen Universitätsverwaltung, **„Einheitsverwaltung"**,[473] administriert. Dies war eine der großen Innovationen und Klarstellungen des HRG, § 58 Abs. 3 in der Ursprungsfassung.[474] Gemeint ist hier nicht die Verwaltung i.e.S., sondern auch die – im Gegensatz zur Kuratorialverfassung durch Einbeziehung des Kanzlers ungespaltene – Leitung; was für die UniBw selbstverständlich übernommen wurde, zumal die UniBw keine Experimente mit neuen Rechtsfiguren gemacht haben, § 30 RahBestH, Arg. § 13 RahBestM.[475]

Schließlich bestehen zwischen dem Autonomiebereich der Hochschule und den Aufgaben des Staates typische Schnittstelen bzw. **Bereiche, die der Kooperation bedürfen**, z. B. Professorenberufungen, Ernennung des Präsidenten und anderer Leitungsorgane sowie Grundzüge der Binnengliederung (Fakultäten, Einrichtungen, Studiengänge, Entwicklungsplanung), so dass zwischen den Polen Autonomie und staatliche Einrichtung eine Mischzone,[476] faktisch ein Kondominium zwischen Hochschule und Staat, besteht.

2. Aufsicht des Landes

Für die Anerkennung als „staatlich anerkannte Hochschule" nennt <u>§ 70 HRG</u> einen Kriterienkatalog, der eine Mindestgröße, Qualitätssicherung für Studium, Studienbewerber und Lehrpersonen sowie Mitwirkung der Angehörigen an der Gestaltung des Studiums voraussetzt. Abgesehen von dem der Landesbehörde/dem Staatsministerium zustehenden Ermessen haben sich die **Sitzländer** über ihre Rechtsgrundlagen für die UniBw, <u>§ 112 Abs. 6 HmbHG</u> bzw. Art. 82 i. V. m. Art. 85 BayHschG das **Aufsichtsrecht** gesichert; dies ist nicht nur ein einmaliger Akt, vielmehr besteht auch eine ständige Aufsichts- und Kontrollpflicht mit regelmäßiger Berichtspflicht für die genannten, mit

---

[473] Verbindlich seit HRG 1976; *Kempen*, Rn. 43; *Thieme*, Hochschulrecht. Rn. 552, 554; für UniBw *Ellwein/Müller/Plander* S. 35.

[474] In der Fassung 1999 entfallen, um rechtlichen Raum für die angedachten Reformen, auch in der Rechtsform, zu schaffen. Dies ändert jedoch an der historischen Dimension, den enormen Vorteilen und der allgemeinen Realisierung nichts, *Geis*, § 58, Rn. 62; *Thieme*, Hochschulrecht, Rn. 552, 554.

[475] Zum aus diesem Schema fallenden weitgehend militärisch organisierten Studentenbereich s. u. XIV.

[476] *Geis*, § 58, Rn 54f.

Masse akademischen, Angelegenheiten.[477] Dadurch haben die UniBw gewissermaßen zwei Herren, die Landesbehörde/das Staatsministerium und den BMVg. Hieraus ergeben sich gegenüber den Landeshochschulen teilweise verkomplizierte **Aufsichts- und Mitwirkungsrechte**,[478] die auch in den RahBest festgeschrieben sind. Abgesehen von dem allgemeinen Aufsichtsrecht sind spezielle Mitwirkungsrechte des Landes z. B.: Die Mit-Rechtsaufsicht in akademischen Angelegenheiten, § 2 Abs. 1 RahBestH, § 11 RahBestM; GrundO/Hochschulordnungen, § 2 Abs. 2 Nr. 6 RahBestH, § 12 Abs. 1 RahBestM; Bestellung des Präsidenten, § 17 Abs. 1 und 2 RahBestH, § 21 Abs. 5 und Abs. 6 RahBestM; Bestätigung/Bestellung der Vizepräsidenten, § 18 Abs. 1 RahBestH, § 22 Abs. 3 RahBestM; Zustimmung zu Berufungen, § 40 Abs. 1 und 2 RahBestH, § 65 Abs. 1 RahBestM; Anzeige der Studienordnungen, § 50 Abs. 3 RahBestH; Genehmigung der Prüfungsordnungen, §§ 52 Abs. 2, 57 Abs. 1 RahBestH, § 12 Abs. 1 RahBestM; für die HSU HH kommen hinzu „Einbau" in die Landesentwicklungsplanung, § 3 Abs. 2 und 3; Errichtung bzw. Anerkennung von An-Instituten, § 44; Verleihung der akademischen Würde „Professor", § 56; bei der UniBw M kommt die Mitwirkung bei der Bestellung des Kanzlers hinzu, § 23 Abs. 4.

Alle diese Befugnisse obliegen der Landesbehörde/dem Staatsministerium aber nur parallel zu Befugnissen des BMVg; es ist also festzuhalten, dass es über die aus § 70 erwachsenden Kontrollrechte hinaus in allen Angelegenheiten der Rechtsaufsicht **nur Mitzuständigkeiten**, aber keine Alleinzuständigkeiten der Sitzländer gibt.

3. Aufsicht des BMVg

Demgegenüber sind die Mitwirkungs- und **Aufsichtsbefugnisse des BMVg dominant**, sowohl nach der Zahl der Sachverhalte wie auch nach deren Gewicht.

Dies gilt zunächst für **„alle sonstigen Angelegenheiten"**, die von den UniBw – nur – **„als Dienststelle** im Geschäftsbereich des BMVg

---

[477] *Strunk*, S. 229.
[478] *Ellwein/Müller/Plander*, S. 45f; Bindung über die Bestimmung im Landeshochschulgesetz zur UniBw an das Landeshochschulrecht, *Sanmann*, S. 12f; insbesondere jährlicher Bericht zum Übertragungsbescheid.

wahrgenommen" werden, § 2 Abs. 1 Satz 4 RahBestH, § 11 Abs. 1 Satz 4 RahBestM. Neben dieser Generalklausel werden die wichtigsten „sonstigen Angelegenheiten" in den RahBest benannt, § 2 Abs. 3 HSU HH, 11 Abs. 3 UniBw M: Personal- und Gebührenangelegenheiten, Haushalts-, Kassen- und Rechnungswesen, Liegenschaften, Universitätseinrichtungen einschließlich der technischen Einrichtungen, Hausrecht und die sonstigen Aufgaben als Dienststelle im Geschäftsbereich des BMVg. Auch ohne ausdrückliche Nennung in den RahBest impliziert dies Fachaufsicht, Weisungsrecht und das Recht, Aufgaben an sich zu ziehen.

Aus der Natur der Sache gehört hierzu auch die Bestimmung des Leitungs- und Funktionspersonals des Studentenbereichs.

Aber auch in den akademischen und den Selbstverwaltungsangelegenheiten ist der BMVg, zumeist durch die **Kooperationsbereiche**, stark beteiligt. In den RahBest werden neben der Generalklausel **Rechtsaufsicht** bei (allen) akademischen Angelegenheiten, § 2 Abs. 1 RahBestH, § 11 Abs. 1 RahBestM, an Einzeltopoi genannt:

– Zusammenwirken mit externen Hochschulen (im Einvernehmen mit dem Land), § 3 Abs. 3 RahBestH (nur HSU HH); Verfahrensherrschaft bei der Herstellung der dienstrechtlichen Voraussetzungen für das Studium, § 5 Abs. 2 (nur noch in den RahBest HSU HH, aber Maßnahme des BMVg zwingende Voraussetzung für beide UniBw); Bestellung des Präsidenten, § 17 Abs. 1 und 2 RahBestH,[479] § 21 Abs. 5 und Abs. 6 RahBestM; Bestätigung/Bestellung der Vizepräsidenten, § 18 Abs. 1 RahBestH, § 22 Abs. 3 RahBestM; Errichtung und Veränderung von Betriebseinheiten und zentralen Einrichtungen, § 21 Abs. 2 RahBestH, § 35 Abs. 1 RahBestM, sowie die Bestellung von deren Leitern, § 21 Abs. 4 RahBestH, 35 Abs. 2;[480] Ernennung des Kanzlers, § 29 Abs. 3 RahBestH, § 23 Abs. 4 RahBestM; Einvernehmen bei der Ausschreibung von Professorenstellen, § 38 Abs. 1 RahBestH, § 59 Abs. 2 RahBestM; Ausnahmen in Berufungsverfahren (Zweier- oder Einerliste, Abweichung von den Fristen, notleidende Verfahren, Abweichen von der Liste, Berufung von Professoren) § 38 Abs. 4 und 5, § 40 Abs. 1 und 2 RahBestH, § 65 RahBestM, jeweils mit Zustimmung des

---

[479] Beispiele für Einfluss des BMVg und Abstimmungsprobleme *Opitz*, S. 33f.
[480] An der UniBw M nur für die 4 „klassischen", s. u. S. 169ff.

Landes, an der UniBw M auch für insoweit mit den Professoren gleichgestellt Juniorprofessoren, §§ 59 Abs. 1, 62 Abs. 1 RahBestM;[481]

- Verleihung der Bezeichnung Professor, § 56 RahBestH bzw. Bestellung von Honorarprofessoren, § 68 Abs. 3 RahBestM sowie

- Entgegennahme des Forschungsberichts, der zu veröffentlichen ist, § 43 Abs. 2 RahBestH alle vier Jahre, § 2 Abs. 6 RahBestM allgemeine Berichtspflicht an die „Öffentlichkeit" ohne Nennung einer zeitlichen Frequenz; Erlass von Richtlinien und Regelungen zur Freistellung für Forschungssemester und Forschung mit Drittmitteln §§ 45, 46 RahBestH, § 7 Abs. 7 bzw. 9 RahBestM; auch bei Nebentätigkeiten geht die HSU HH noch von (spezieller) Regelung des BMVg aus, § 47 RahBestH, während die UniBw M – wohl zu eng – nur noch auf die (allgemeinen) dienstrechtlichen Regelungen Bezug nimmt, § 56 RahBestM; Genehmigung der Prüfungsordnungen, zusammen mit dem Land, § 52 Abs. 2 RahBestH, § 12 RahBestM.

Insgesamt ergibt sich eine **Dominanz des BMVg in Beteiligungsvorbehalten und Aufsicht**. Dies ist sachlogisch, da der BMVg **„Träger"** der UniBw i. S. § 70 HRG ist und es sich weitgehend um solche Gegenstände handelt, die auch durch die Landesgesetze i. d. R. dem Ministerium/Senatsverwaltung/Behörde übertragen sind oder zumindest vor der letzten Reformwelle waren, deren analoge Stellung der BMVg hat;[482] zudem handelt es sich um Bedarfshochschulen, die ganz überwiegend der **Ausbildung der Offiziere** dienen, ein Teil der Aufgabe und Kernkompetenz des BMVg, die er naturgemäß weder konzeptionell noch inhaltlich noch in der Durchführung externen und zivilen Stellen überlassen kann. Bemerkenswert ist dies allerdings bei einigen rein akademischen Vorgängen, z. B. Professorenberufung, Abweichungen von der Liste[483] oder Ersatzvornahme bei Unfähigkeit der Universität, bei denen dem BMVg echte Entscheidungsbefugnisse, nach der letzten Reformwelle weitergehend als den Landesministern, obliegen. Diese starke Stellung des Ministeriums entbehrt nicht einer

---

[481] Zu Bleibeverhandlungen sind die § 40 Abs. 3 und 4 durch die W-Besoldung überholt und dem Präsidenten übertragen.

[482] *Steinkamm*, S. 89, allerdings in den Grenzen der Zuständigkeit der Länder, die gleichfalls in § 70 HRG vorgegeben sind; *Hackl*, S. 82ff, auch unter Berufung auf Clausewitz und Hahlweg.

[483] (Verfassungs)rechtlich problematisch, s. o. S. 129f.

gewissen Pikanterie, da es kein Fachministerium für wissenschaftliche Angelegenheiten ist und ihm damit auch nur ein kleiner Beamtenstab – ein Referat – für diese Aufgaben zur Verfügung steht. Auch wenn die UniBw nur klein und Problemfälle selten sind, wirft dies doch die Frage der Kompetenz und des „Feelings" der Entscheidungshierarchie im BMVg für Wissenschaft und akademische Vorgänge und damit der sachgerechten Handhabung dieses Komplexes auf:

Für die **interne Organisation des BMVg** ist die Zuständigkeit für die Hochschulen/Universitäten der Bundeswehr deshalb ein Problem nicht nur pragmatischer und organisatorischer Zweckmäßigkeit, sondern betrifft auch materiell die UniBw und deren Autonomie und Wissenschaftsfreiheit.

In der Phase der Gründung hatte der BMVg hierfür eine „Planungsgruppe HSBW" gebildet.[484] Seither obliegt die Aufsicht und Betreuung der UniBw einem **Referat im BMVg**. Die Zuständigkeit war zunächst dem Organisationsbereich „zentrale Militärische Dienststellen" eingegliedert. Im Rahmen der Umstrukturierung in den Jahren 2000 ff wurden die UniBw als Referat FüS/UniBw der Streitkräftebasis zugeordnet.[485] Dabei war die Bezeichnung FüS missverständlich, weil das Referat nicht in den Führungsstab der Streitkräfte integriert, sondern unmittelbar dem Inspekteur der Streitkräftebasis unterstellt war. Beides war wegen der organisatorischen Nähe zu militärischen Dienststellen Gegenstand von berechtigter Kritik, da es sich bei den UniBw – ziviler Präsident als Leiter, nur allgemeindienstlicher, nicht truppendienstlicher und Diziplinarvorgesetzter, Studierfreiheit statt Befehl und Gehorsam, trotz einiger Besonderheiten nur zivile Studienfächer, keine für konkrete spätere militärische Verwendungen qualifizierende Ausbildung,[486] mitgliedschaftliche Organisation – um **zivile Dienststellen**

---

[484] Beteiligte Stellen und Personen *Reuter-Boysen*, S. 38f; die fachlichen Aufgaben – Curricula – wurden vom „Wissenschaftlichen Institut für Erziehung und Bildung in den Streitkräften", Leiter Prof. Ellwein, wahrgenommen.

[485] *Von Schroeders*, S. 74f, 91f.

[486] „Nicht Teil der Offizierausbildung, sondern nur möglicher Ausbildungsabschnitt im Rahmen der Offizierausbildung", Antwort der Bundesregierung auf die kleine Anfrage der Fraktion der FDP (BT-Drs. 15/2702) BT-Drs. 15/3108, S. 5, zu Frage 14.

handelt;[487] militärischer Natur ist allenfalls der Studentische Bereich, der aber für Charakter und Rechtsnatur der Hochschule nicht bestimmend ist. Diesen Überlegungen ist seit den späteren Umgliederungen des BMVg Rechnung getragen: Die Zuständigkeit ist aus dem militärischen Bereich herausgelöst und in die **Personalabteilung** des Ministeriums, Unterabteilung P I (Führung, Personalmarketing, Bildung und Qualifikation) als **Referat P I 5**, Hochschulen der Bundeswehr, eingegliedert.

Der Referatsleiter ist zudem generell der **„Beauftragte" für die Universitäten** und ist in dieser Funktion die Kontaktstelle sowohl im Ministerium als auch gegenüber den Sitzländern und hat in den Angelegenheiten der Bundeswehruniversitäten ein Immediatsrecht zum zuständigen Staatssekretär.[488] Dieser „Apparat" und das Verfahren haben zwar nicht die Kompetenz einer ganzen Hochschulabteilung in einem Landesministerium/Behörde; doch ist diese Einordnung sachgerecht: nach den Organisationsgrundsätzen für Ministerien wäre eine höhere Gliederungseinheit nicht gerechtfertigt und selbstständige Referate sollen vermieden werden, um intransparente Dienstwege und eine „Verstabung" zu vermeiden. Die Eingliederung des Universitätsreferates und die vorgesehenen Verfahren(sbesonderheiten) sind auch das Ergebnis eines Lernprozesses und der Versuch eines Kompromisses. Daran wird erkennbar, dass der BMVg sich sehr wohl der **Besonderheiten seiner „Wissenschaftsverwaltung"** bewusst ist und dem in seinem Rahmen Möglichen Rechnung zu tragen versucht.

4. Atypische Kontrollorgane des Bundes (Wehrbeauftragter, BT – Ausschüsse)

Als Einrichtung im Geschäftsbereich des BMVg unterliegen die Hochschulen der Bundeswehr und ihre im Bundesdienst stehenden Angehörigen, also auch die Studenten, den vom GG eingerichteten besonderen Kontrollmöglichkeiten, insbesondere Verteidigungsausschuss und Wehrbeauftragtem.

---

[487] *Von Schroeders*, S. 76ff, 88 mit dem Vorschlag, die UniBw als eigenen Organisationsbereich auszugestalten.

[488] *Von Schroeders*, S. 92.

Der **Wehrbeauftragte**, <u>Art. 45b GG</u>, wird insbesondere tätig als Hilfs-organ des Bundestages bei der parlamentarischen Kontrolle und wenn ihm Umstände bekannt werden, die auf eine Verletzung der Grund-rechte des Soldaten oder der Grundsätze der Inneren Führung schlie-ßen lassen, § 1 Abs. 1, Abs. 3 WBeauftrG.[489] Hierfür kann er vom BMVg und allen diesem unterstellten Personen Auskunft und Akten-einsicht verlangen und diese besuchen, § 3 Abs. 1, Abs. 4. Vor allem jedoch hat jeder Soldat das Recht, sich unmittelbar an den Wehrbeauf-tragten zu wenden, § 7. Letzteres erfordert keine persönliche Betrof-fenheit, vielmehr löst die Meldung jedes vermeintlichen Missstandes das Kontrollverfahren aus.

Diese Kontrollbefugnisse sind weitgehend an den Soldatenstatus ge-bunden, betreffen also bei den UniBw insoweit nur das **militärische Personal**. Für das sonstige militärische Personal und für die Studenten in ihrer Eigenschaft als Soldaten ergeben sich dabei keine Besonderhei-ten zu Rechtslage und Verfahren in den anderen Bereichen der Bun-deswehr. Im Schnitt werden jährlich von Offizierstudenten sechs Ein-gaben an den Wehrbeauftragten gerichtet.[490]

Probleme treten auf, wenn der Soldat sich in seinem **Status als Stu-dent** an den Wehrbeauftragten wendet, z. B. zur Studienorganisation oder zu Prüfungsentscheidungen.

Die Wissenschaftsfreiheit der UniBw, § 1 Abs. 3 RahBest i. V. m. <u>Art. 5 Abs. 3 GG</u> ist hierfür keine ausreichende Schranke, weil dem BMVg auch für den akademischen Bereich eine Rechtsaufsicht zusteht und er hierfür letztlich auch **der besonderen parlamentarischen Kontrolle des Wehrwesens unterliegt**, von der nach <u>Art. 45b GG</u> die Tätigkeit des Wehrbeauftragten ein Teil ist. Dieser kann aber nur tätig werden, wenn sein Aufgabenbereich, Rechte des Soldaten, betrof-fen sind, § 1 Abs. 3 WBeauftrG. Damit ist der akademische Bereich der Universität, also die genannten Beispiele, ganz abgesehen von etwaiger Zuständigkeit der Sitzländer, aus seiner Zuständigkeit ausgenommen. Zwar können negative Noten- und Prüfungsentscheidungen über

---

489 Gesetz über den Wehrbeauftragten des Deutschen Bundestages i.d.F. der Neu-bekanntmachung vom 16.6.1982, BGBl. I S. 677, letzte Änderung Art. 15 Abs. 68 Gesetz vom 5.2.2009, BGBl. I S. 160, 267.

490 Schriftliche Auskunft des BMVg vom 14.8.2020.

Nachteile für Verwendung und Karriere auch das Dienstverhältnis beeinflussen, dies ist aber nur eine Folge auf Grund der weiteren Maßnahmen der personalführenden Stellen.[491]

Das Verfahren nach § 7 WBeauftrG wird aber auch im akademischen Bereich nicht unzulässig – das würde dem hilfesuchenden Soldaten eine Prüfungspflicht auferlegen; der Wehrbeauftragte muss aber statt tätig zu werden auf seine **Unzuständigkeit hinweisen**[492] und ggf. die Eingaben an die Petitionsausschüsse des Bundestages und der Parlamente der Sitzländer weiterleiten oder den Eingabeführer auf bestehende rechtliche Möglichkeiten auf dem hochschulrechtlichen Weg hinweisen.

Durch eine Eingabe an den Wehrbeauftragten werden Form und Frist von Beschwerden nicht gewahrt.

Auch wenn dies in der Praxis noch nicht vorgekommen ist,[493] wären insbesondere **Verteidigungsausschuss**, Art. 45a GG, **Haushaltsausschuss, Petitionsausschuss und der Bundestag** als Ganzes nicht gehindert, sich auch mit Fragen der UniBw zu befassen. So ist es in Ländern vorgekommen, dass Landtage die – kollektive – Benotungspraxis und Misserfolgsquote beanstandet haben. Auch hier ist jedoch die Autonomie und u. U. Zuständigkeit der Länder zu beachten, so dass schlichte Beschlüsse in diesen Bereichen unwirksam wären.

In individuellen Angelegenheiten können die vermeintlich Betroffenen, wenn der ordentliche Rechtsweg ausgeschöpft ist, auch eine **Petition** an den Bundestag, Art. 17 GG oder das Landesparlament des einschlägigen Sitzlandes richten; dies gilt allerdings nicht „in Gemeinschaft mit anderen", also nicht kollektiv, Art. 17a Abs. 1 GG, § 1 Abs. 4 WBO.

5. Interne Aufsicht; Gleichstellungsbeauftragte

Neben der externen Aufsicht ist in Hochschulen traditionell auch eine **interne Aufsicht** durch deren Leitung institutionalisiert, die zeitweilig auch im HRG, § 62 Abs. 1, vorgesehen war und Bestandteil der Lan-

---

[491] VG Hamburg vom 26.4.1984, 10 VG 689/84, S. 4; *von Schroeders*, S. 179ff m. w. N.

[492] *Von Schroeders*, S. 175f m. w. N.

[493] Schriftliche Auskunft des BMVg vom 14.8.2020.

desgesetze und auch der RahBest ist. Darin sind drei Arten unterschieden: Wahren der Ordnung und Ausübung des Hausrechts, hochschulinterne Aufsicht (Beanstandung rechtswidriger Beschlüsse) und die Überwachung der Dienstpflichten, insbesondere der Lehrverpflichtung.

An beiden UniBw sind **Ordnungs- und Hausrecht** dem Präsidenten zugeordnet, § 16 Abs. 2 RahBestH bzw. § 20 Abs. 4 RahBestM. Ordnungsrecht meint hier nur die erforderlichen Maßnahmen der Aufrechterhaltung der formalen Ordnung und des störungsfreien Betriebes (und nicht Disziplinarmaßnahmen bis zur Zwangsexmatrikulation – Relegation[494]), während das Hausrecht Regelungen und Maßnahmen zu Berechtigung des Betretens, Verbleibens und Verhalten in den Gebäuden umfasst. Dabei sind die Definitionen und der Rechtscharakter und die dogmatische Ableitung zwar streitig,[495] die Rechtsprechung neigt dazu, ersteres teilweise, das Hausrecht jedoch ganz, als „sonstige Angelegenheit", also eine staatliche, nicht akademische, Aufgabe i. S. v. § 2 Abs. 3 RahBest bzw. § 11 Abs. 3 RahBestM, mit Folge der Fachaufsicht, anzusehen; es besteht zu Einzelmaßnahmen und Fällen aber eine reiche Kasuistik, so dass hier auf eine weitere Erörterung verzichtet wird.

Systematisch aus Rechtsstaatprinzip und Dienstrecht abzuleiten ist für die Leitung der Universität das Recht und die Pflicht, rechtswidrige **Beschlüsse und Maßnahmen zu beanstanden** und auszusetzen und erforderlichenfalls notwendige Maßnahmen bis hin zur Auflösung der widerspenstigen Organe zu ergreifen.[496] An der HSU HH obliegt dies dem Präsidenten, § 16 Abs. 7 RahBest; an der UniBw M dem Leitungsgremium, § 19 Abs. 4 RahBest.

---

[494] Hat in Aufarbeitung der 68er Bewegung wieder Einzug in einige Landeshochschulgesetze gefunden, braucht aber bei den Instrumenten des Soldatenstatus keine Entsprechung in den RahBest.

[495] Öffentliches oder Zivilrecht?, präventiv oder repressiv? eigenes Recht aus der Selbstverwaltung oder delegiertes Recht des Trägers?; Abgrenzung zu eigenen Befugnissen der Polizei, außer bei Gefahr im Verzuge nur mit Erlaubnis des Präsidenten? nur der Präsident oder Delegation an Dekane und Einzeldozenten? Andreas Reich, Verfassung des Landes Sachsen-Anhalt, 2004, Art. 49, Rn.3; *Thieme*, Hochschulrecht, Rn. 583.

[496] *Hailbronner, Kay*, § 59 HRG, Rn. 21ff; 16. Lieferung, 1996, in Geis, zitiert Hailbronner.

Gleiches Beanstandungsrecht und -pflicht haben die Dekane für ihre Fakultät; folgt das Gremium dem nicht, ist hier der Präsident zu unterrichten, § 24 RahBestH bzw. § 30 Abs. 7 RahBestM.

Es ist zwar umstritten, ob es sich um eine Aufgabe aus der Selbstverwaltung oder um ein vom Träger delegiertes Recht handelt. Unstreitig ist jedoch, dass es sich um eine Aufgabe unabhängig von und **parallel zur staatlichen Rechtsaufsicht** und kein Subsidiaritätsverhältnis handelt, nur die im allgemeinen Ordnungsrecht vorgesehenen Maßnahmen zulässig sind und nur fehlende Rechtmäßigkeit, nicht Zweckmäßigkeit, zu rügen ist; insoweit ist die Unterscheidung Rechts- und Fachaufsicht obsolet.[497]

Aus der Eigenschaft des **Präsidenten** als „Dienstvorgesetzter der Beamten und Vorgesetzter der Soldaten und Arbeitnehmer in allgemein dienstlicher Hinsicht", § 16 Abs. 2 RahBestH bzw. § 20 Abs. 3 RahBestM, folgt auch eine **Überwachungs- und Kontrollpflicht** auf die ordnungsgemäße Wahrnehmung von deren Aufgaben. Ein Spezialfall, an dem ein besonderes Interesse der „Nutzer", der Offizierstudenten, und der Öffentlichkeit besteht, ist die Pflicht zur Überwachung der **Lehrverpflichtungen**. An der UniBw M ist dies zu einer kodifizierten Aufsichtspflicht verdichtet: „trägt dafür Sorge, dass die Professoren … und die sonstigen zur Lehre verpflichteten Personen ihre Lehr- und Prüfungsverpflichtungen ordnungsgemäß erfüllen." Hierfür steht dem Präsidenten gegenüber den Dekanen ein spezielles Aufsichts- und Weisungsrecht zu, § 20 Abs. 4 RahBestM.

Nur an der UniBw M als eigenes Recht ausgestaltet ist die analoge **Aufsichtspflicht auch der Dekane** für ihre Fakultät, Schwerpunkt ist auch hier wieder das Aufsichts- und Weisungsrecht für die Lehr- und Prüfungspflichten sowie die Betreuung der Studenten, § 30 Abs. 6 RahBestM.

Im weiteren Sinne interne Aufsicht ist auch die Tätigkeit der **Gleichstellungsbeauftragten**. Ihr Status und ihre Aufgaben werden in zwei Rechtskreisen bestimmt:

Dies ist zunächst der externe Rechtskreis der Bundesgesetze mit dem

---

[497] *Hailbronner*, § 59 Rn. 21 ff.

Bundesgleichstellungsgesetz[498] und dem **Soldatinnen- und Soldatengleichstellungsgesetz**.[499] Diese sind für alle Dienststellen des Bundes und mit Sonderregeln, insbesondere einer zweiten Vertretung für den militärischen Bereich, verbindlich; an beiden UniBw sind folglich je zwei Gleichstellungsbeauftragte gewählt und bestellt.

Für alle Einrichtungen mit Satzungsautonomie stellt sich zusätzlich das Problem, die Gleichstellungsbeauftragte **in die Organe** und damit in die Satzung „einzubauen".

Dies löst die UniBw M mit § 4 RahBest, die zunächst die **Bundesgleichstellungsgesetze rezipieren**: Entsprechend den Bundesgesetzen ist je eine zivile und eine militärische Gleichstellungsbeauftragte sowie je eine Stellvertreterin vorgesehen, § 4 Abs. 2. Sie sind zwar durch die weibliche Bezeichnung als Frau festgelegt, haben aber auf die Gleichberechtigung und **Beseitigung von Nachteilen bei Frauen und Männern** hinzuwirken, wobei allerdings tendenziell von Nachteilen für weibliche Angehörige ausgegangen wird.

Die Gleichstellungsbeauftragten sind weisungsfrei, sind unmittelbar **der Leitung zugeordnet** und haben Recht und Pflicht zum unmittelbaren Vortrag beim Präsidenten, Abs. 4. Sie unterstützen die Leitung und sind keine Interessensvertretung.

Weitere Einzelheiten regeln § 4 Abs. 6 RahBestM und die GrundO in § 24: Amtszeit vier Jahre, geheime Wahl der Gleichstellungsbeauftragten sowie je einer **Stellvertreterin** durch das zivile bzw. soldatische weibliche Personal, Bestellung durch den Präsidenten.

Diese Regelungen werden in die Gouvernance der Universität integriert: Beide Gleichstellungsbeauftragten haben **Sitz und Stimme in Senat und Verwaltungsrat**, wobei ihre Stimmen aber nur als eine gewertet werden, Abs. 7. In den Fakultäten haben sie beratende Stimme und Antragsrecht, in den Berufungskommissionen Stimmrecht.

Die grundsätzliche Problematik – Konkurrenz Gruppenmitglied vs. Frauenbeauftragte, **Stimmrecht als Verzerrung der ausgeklügelten**

---

[498] Neufassung vom 24.4.2015, BGBl. I S. 642, zuletzt geändert Art. 3 Gesetz vom 23.12.2016, BGBl. I, S. 3191, 3210.

[499] Vom 27.12.2004, BGBl. I S. 3822, zuletzt geändert Art. 65 Gesetz vom 20.11.19, BGBl. I S. 1626, 1664.

Quoten bei Professorenmehrheit – wird von den RahBest nicht problematisiert.[500]

Die bereits vor Inkrafttreten der Gleichstellungsgesetze bestehenden RahBestH nennen Gleichstellungsbeauftragte noch nicht. Entsprechend den Gleichstellungsgesetzen des Bundes sind aber auch an der **HSU HH eine zivile und eine militärische Gleichstellungsbeauftragte** gewählt und bestellt. Auch ohne Rechtsgrundlage in den RahBest, aber in Analogie zum HmbHG und ohne grundsätzliche Problematisierung sind beide Gleichstellungsbeauftragte – hochschulverfassungsrechtlich korrekt – mit (nur) **beratender Stimme** im Senat, den Fakultätsräten und Berufungskommissionen.

6. Rechtsschutz der Universitäten der Bundeswehr

Als unselbstständige Dienststellen und Körperschaften nur im materiellen Sinn sind die UniBw **nicht rechtsfähig** und können deshalb im eigenem Namen grundsätzlich weder klagen noch verklagt werden; Prozesse müssen im Namen der Bundesrepublik Deutschland, vertreten durch den BMVg, geführt werden.

Die **„sonstige Aufgaben"** nach § 2 Abs. 1 und 3 RahBestH bzw. §§ 13, 14 RahBestM einschließlich der Personal- und Haushaltsangelegenheiten unterliegen ohnehin der Fachaufsicht und sind grundsätzlich weisungsgebunden. Im Streitfall blieben hier nur Gegenvorstellungen oder förmliche Remonstrationen, so dass **kein Raum für gerichtliche Auseinandersetzungen** besteht.

Anders für den akademischen Bereich. Für die Landesuniversitäten hat das BVerfG die Formeln entwickelt: „Als Forum für die grundrechtliche Entfaltung ihrer Mitglieder" und der **„organisierten, kollektiven Grundrechtswahrnehmung"**,[501] und als „institutionelle Sachwalter" der ihnen integrierten Wissenschaftler müssen diese Rechte von wissenschaftlichen Einrichtungen wahrgenommen werden können, so dass diese entsprechend klagebefugt und insoweit teilrechtsfähig sind.

---

[500] VG Magdeburg vom 9.10.2007 – 7 A 104/06, OVG Magdeburg, 22.10.2008 – 3 K 69/06; *Welz*, Hochschulrecht, Rn. 272.

[501] BVerfGE 15, 256, 262; 21, 362, 373; 61, 82, 102, 68, 193, 207; *Geis*, Autonomie, Rn. 13 m.w.N.; *Kempen*, Rn. 142f; Weise, S. 29.

Wissenschaftsfreiheit, Autonomie in akademischen Angelegenheiten, mitgliedschaftliche Struktur und das Selbstverwaltungsrecht, Bezug auf Art. 5 Abs. 3 GG in §§ 1 Abs. 1 und 3 RahBest H, 2 Abs. 1 und 8 RahBestM, stehen auch den UniBw uneingeschränkt zu. Damit sind die UniBw wie die Landesuniversitäten **Träger von Grundrechten und Subjekte der Wissenschaftsfreiheit**. Sie haben somit das Recht zur Wahrung der Wissenschaftsfreiheit und Schutz des Kerns eigener Selbstverwaltung auch gegenüber dem „Staat", d. h. Bund/BMVg und den aufsichtführenden Ländern. Es liegt also auch für die UniBw insoweit Teilrechtsfähigkeit vor. Sie haben deshalb wie Landesuniversitäten die Klagemöglichkeiten aus Art. 5 Abs. 3 GG im verwaltungsrechtlichen Verfahren.[502]

Nach allg. Ans. stehen diese Rechte **auch den – nicht rechtsfähigen – Untergliederungen** der Hochschulen, also den Fakultäten zu, und zwar nicht nur gegen „den Staat", sondern auch gegenüber der eigenen Hochschule und anderen höheren Organisationsebenen.[503]

Die Rechte nach Art. 5 Abs. 3 GG sind grundsätzlich (nur) Individualgrundrechte und die Verbandskomponenten von Art. 5 Abs. 3 (nur) institutionelle Garantien ohne Grundrechtsschutz. Danach hätten Hochschulen und ihre Untergliederungen wie alle öffentlich-rechtlichen Einrichtungen grundsätzlich kein Recht zur individuellen **Verfassungsbeschwerde**. Mit der Grundrechtsträgereigenschaft gelten aber diese Grundrechte „dem Wesen nach" auch für Hochschulen – **Art. 19 Abs. 3 GG** erstreckt damit die subjektive Wissenschaftsfreiheit nach Art. 5 Abs. 3 GG und damit das Recht zur Verfassungsbeschwerde auf die Institution Hochschule und ihre Untergliederungen. Obwohl sie nicht „juristische Personen" im formalen Sinn sind, muss dies, da sie alle materiellen akademischen Eigenschaften einer Hochschule haben, auch für die UniBw gelten.

Gegenüber ihren Mitgliedern und Untergliederungen sind die Hochschulen selbst nur grundrechtsverpflichtet, nicht berechtigt.[504]

---

[502] *Badura*, Staatsrecht, 7. Aufl. 2018, Kap. 14, Rn. 14, 18, Rn. 78; *Geis*, Autonomie, Rn. 40; *von Schroeders*, S. 116.

[503] *Geis*, Autonomie, Rn. 40.

[504] Zum individuellen Rechtsschutz der Universitätsmitglieder s. u. XV. 3.

IX. Gouvernance (Leitung/Präsident, zentrale Kollegialorgane/Senat)

1. Gemeinsame Grundstruktur

Analog zu den Landesgesetzen für die Landesuniversitäten wird die **„Verfassung"**, also die Struktur der Bundeswehrhochschulen, durch die „Rahmenbestimmungen" des Bundesministers der Verteidigung[505] vorgegeben. Diese folgen – wie auch HRG und Landeshochschulgesetze – dem tradierten und letztlich im ungeschriebenen Gewohnheitsrecht wurzelnden Organisationsschema der als Korporation organisierten Hochschulen – **Leitung** als „Exekutive", **Senat** als zentrales Kollegialorgan zur Verabschiedung von Satzungen und Ordnungen und zur Kreation der Leitung, horizontale **Gliederung in Fakultäten** und das **Gruppenprinzip** für die Selbstverwaltung mit korporativer Struktur, §§ 64 HRG 1976.[506] Entsprechend dem damaligen Trend, § 62 Abs. 1 HRG 1976, der sich auch in den Hochschulgesetzen der Sitzländer, §§ 25 f Hamburgisches Universitätsgesetz von 1969, Art. 13 f BayHSchG 1973, widerspiegelt, wurde die (monokratische) Präsidialverfassung vorgesehen.[507] Die Bundeswehrhochschulen wurden danach durch einen **Präsidenten** geleitet. Hierbei ist es für die HSU HH geblieben;[508] die UniBw M ist seit 2002 zu der in Art. 12, 16 im bayerischen Hochschulgesetz gleichfalls vorgesehenen kollektiven und aufgefächerten Leitung übergegangen, so dass die Leitungsstrukturen nur noch teilweise miteinander zu vergleichen sind.

Trotzdem gibt es noch weitere Gemeinsamkeiten, § 16 f RahBestH, § 20 f RahBestM: An beiden UniBw vertritt der Präsident die Universität nach außen. Beide **Präsidenten sind hauptberuflich** tätig und Beamter auf Zeit für sechs Jahre; bei beamtenrechtlichen Hindernissen kann hilfsweise ein privatrechtliches Verhältnis begründet werden.

---

[505] S. o. S. 79ff.
[506] Schema für die UniBw BMVg, Hochschulen 74, S. 27.
[507] Zu den Leitungstypen – Präsident, Präsidium, Rektor – *Thieme*, Hochschulrecht, Rn. 558; *Welz*, Hochschulrecht, Rn. 268, 279, 290.
[508] Wegen Besetzungsschwierigkeiten des Präsidentenamtes ist in der HSU HH zeitweilig der Wechsel zur Rektoratsverfassung erwogen worden, *Opitz*, S. 34.

Wiederwahl ist möglich.

Die persönlichen Voraussetzungen – abgeschlossenes Hochschulstudium und nach Fachrichtung, Dauer und Bedeutung einschlägige Berufserfahrung – bestimmen § 17 Abs. 4 RaBestH bzw. 21 Abs. 1 RaBestM mit den in allen Landeshochschulgesetzen üblichen Standardformulierungen. Die Stellen des Präsidenten werden von der Universität öffentlich ausgeschrieben; die Ausschreibung bedarf der Zustimmung des BMVg. Nach dem **universitätsinternen Wahlverfahren** werden die Präsidenten im Einvernehmen mit der Landesbehörde bzw. dem Bayerischen Staatsministerium **vom BMVg bestellt** und, sofern im Beamtenverhältnis, auch vom BMVg ernannt;[509] legen die zuständigen Universitätsgremien nicht rechtzeitig eine Liste vor, hat der BMVg im Einvernehmen mit den Landesbehörden ein eigenes Bestellungsrecht.

Der Präsident ist Dienstvorgesetzter der Universitätsbeamten und Arbeitnehmer sowie **Vorgesetzter auch der Soldaten** in allgemein dienstlicher Hinsicht. Auch obliegt ihm die innere Aufsicht und er übt das Ordnungs- und Hausrecht aus, § 16 Abs. 2 RaBestH bzw. § 21 Abs. 3 RabestM.

Die zunächst nicht sehr eindrucksvolle Besoldung, B 4, wurde durch die Anpassung von § 32 f BBesG nach W 3 gebracht und hierbei angemessene **Leitungszulagen** vorgesehen, auch dann, wenn die Präsidenten nicht Wissenschaftler sind.[510]

2. Alleinstellung Helmut-Schmidt-Universität Hamburg

In der **monokratischen Präsidialverfassung**, §§ 16, 17 RahBestH, ist der Präsident die gemeinsame „Spitze" sowohl für den akademischen wie auch den administrativen Bereich. Er leitet die HSU HH, § 16 Abs. 1 RahBestH.

---

509 In den RahBest nicht genannt, aber von der Bestellung zu unterscheidender beamtenrechtlich notwendiger Akt, Anordnung des Bundespräsidenten über die Ernennung und Entlassung von Beamtinnen usw. vom 23.6.2004, Art. 1.

510 Nach Abs. 1 Nr. 3 werden Leistungsbezüge gewährt „für die Wahrnehmung von Funktionen ... im Rahmen ... der Hochschulleitung" nach B 6, auf die militärische Hierarchie übertragen Brigadegeneral, wie auch für die Kommandeure von Truppenschulen üblich.

Der Präsident hat dementsprechend **umfangreiche Befugnisse**: Er ist Vorsitzender des Senats, den er auch einberuft, Abs. 3. Er kann an allen Kollegialorganen mit Rederecht teilnehmen bzw. einen Vertreter entsenden und hat ein generelles Informationsrecht, Abs. 4 f. Er hat das Recht und die Pflicht zur Rechtsaufsicht und Beanstandung bis hin zur Ersatzvornahme und Auflösung von Organen, Abs. 7, sowie eine generelle Notzuständigkeit, Abs. 8.

Der Präsident ist der Ratio der Präsidialverfassung entsprechend auch die **Spitze des administrativen Bereiches** und hat darüber hinaus auch einen weiten **administrativen Zuständigkeitsbereich**.[511] Unmittelbar unterstellt sind ihm das Studiensekretariat, das Prüfungsamt und das Praktikantenamt sowie die Planungsgruppe, der die Hochschulplanungen und die Aufstellung des Hochschulentwicklungsplans obliegt. Weiter sind dem Präsidenten direkt unterstellt die „zentralen Einrichtungen".[512]

Für die **Bestellung** des Präsidenten erstellt der **Senat** eine Vorschlagsliste § 17 Abs. 2, Abs. 1. Regelungen zur Abwahl und dem Status danach sind nicht vorgesehen.

Während § 18 den **Vizepräsidenten** nur im Singular nennt, schreibt § 17 Abs. 5 RahBestH zwei Vizepräsidenten vor. Der Widerspruch ist zu Gunsten von zwei realexistierenden Vizepräsidenten aufgelöst. Beide Vizepräsidenten vertreten den Präsidenten im akademischen Bereich, wobei dieser ihnen Aufgaben zur ständigen Wahrnehmung übertragen kann, § 17 Abs. 5 RahBestH, allerdings nach § 18 ein Vizepräsident, auch dies Standard der Landeshochschulgesetze, speziell für den Aufgabenbereich Lehre/Studium zuständig sein muss, was die Übertragung weiterer Aufgaben nicht ausschließt, während dem zweiten andere akademische Aufgaben zu übertragen sind, z. B. Forschung. Beide haben Sitz und Stimme im Akademischen Senat.

Der Präsident ist den Vizepräsidenten gegenüber weisungsberechtigt.

Die Vizepräsidenten werden auf **Vorschlag des Präsidenten** vom Senat aus der Gruppe der Professoren für zwei Jahre gewählt und bedürfen der „Bestätigung" durch den BMVg.

---

[511] Schema BMVg, Hochschulen 74, S. 33.
[512] S. u. S. 169f.

Kein eigenständiges Organ der Hochschulleitung ist der **Kanzler;**[513] formal zutreffend ist er dort nur als Vertreter des Präsidenten genannt, der diesem „zur Erledigung der Rechts- und Verwaltungsangelegenheiten…zur Seite steht". (Zentrale) Verwaltung umfasst hier neben den **Rechtsangelegenheiten die Liegenschaftsaufgaben einschließlich technische Dienste, Haushalt; Kassen-, Rechnungs- und Gebührenwesen sowie Personal der Hochschule**, das militärische Personal nur in einigen Nebengebieten, §§ 2 Abs. 3, 29 Abs. 1 RahBestH. In diesem Bereich ist der Kanzler ständiger Vertreter des Präsidenten, § 17 Abs. 5 RahBestH. Der Präsident ist als Spitze des administrativen Bereiches auch dem Kanzler gegenüber weisungsberechtigt und organisatorisch sind viele Bereiche, die auch zur Verwaltung gezählt werden könnten, wie eben gezeigt, dem Präsidenten unmittelbar zugeordnet. Der Kanzler ist **„Beauftragter für den Haushalt"**, § 29 Abs. 2 RahBestH, und hat als solcher ein spezielles Vetorecht mit Devolutiveffekt an den BMVg. Der Kanzler gehört dem Senat an, hat aber kein Stimmrecht; er kann „beratend" an den Sitzungen der übrigen Kollegialorgane teilnehmen, § 29 Abs. 1 RahBest.

Entsprechend dem traditionellen Modell der Hochschulgouvernance begnügt sich die HSU HH mit dem **Akademischen Senat**, § 19 RahBestH, als einzigem zentralen Kollegialorgan, systematisch zwar dem Teil C – Aufbau und Organisation, aber nicht der Leitung, Teil I., sondern dem zentralen Bereich, II., zugeordnet. Der Senat ist in Anlehnung an § 63 HRG 1976 die „Spitze" des akademischen Bereiches mit Generalzuständigkeit – „beschließt in allen… akademischen Angelegenheiten von besonderer Bedeutung". Neben dieser Generalklausel sind weitere Aufgaben im Einzelnen, aber nicht abschließend, im Katalog des § 19 Abs. 2 RahBestH geregelt: Der Senat ist die **„Legislative" der Universität** – zuständig für GrundO, Entwicklungsplanung, Haushalt, Mitwirkung an den Curricula und Prüfungs-, Promotions- und Habilitationsordnungen.

Da ein Konzil nicht existiert, ist er mit seiner Zuständigkeit für die Vorschlagsliste zum Präsidenten und die Wahl der Vizepräsidenten auch das Kreationsorgan der Universität; weitere zentrale Aufgaben sind die Mitwirkung bei Berufungen und Verleihung der venia legendi sowie die

---

[513] S. u. S. 181f.

Koordination der Fakultäten.

Der Senat wird vom Präsidenten einberufen und geleitet.

Seine **Zusammensetzung** ist, systematisch unübersichtlich, in den RahBest nicht beim Senat im Übrigen, § 19, sondern in § 33, unter Teil D, Grundsätze der Mitwirkung, geregelt: Der Präsident als Vorsitzender, grundsätzlich nach dem Gruppenprinzip durch Wahl 12 Professoren (Professorenmehrheit), 4 wissenschaftliche Mitarbeiter, 2 sonstige Mitarbeiter und 4 Studenten.

Die Mitglieder werden für 2 Jahre, die studentischen Vertreter für 1 Jahr, gewählt.

Beratend, d. h. ohne Stimme, gehören dem Senat ergänzend an die Vizepräsidenten, die Dekane, der Leiter des Studentenbereiches, der Kanzler sowie der Vorsitzende des Sprecherrats des Studentischen Konvents, § 33 Abs. 2, sowie ohne Rechtsgrundlage in den RahBest, die zivile Gleichstellungsbeauftragte.

Als **„ständige Senatsausschüsse"** sind nach den RahBestH vorgeschrieben: Lehre/Studium; Forschung und wissenschaftlichen Nachwuchs; Haushalts-, Planungs- und Bauangelegenheiten sowie für Bibliotheksangelegenheiten, § 20 Abs. 1 RahBestH. Bei Bedarf können weitere Senatsausschüsse gebildet werden, bei denen die Gruppen „angemessen" vertreten sein müssen, also ein abgemildertes Gruppenprinzip, Abs. 2. „Zusammensetzung und Befugnisse" der Ausschüsse sollen durch die GrundO geregelt werden, Abs. 3, die aber nicht existiert.

Der Senat kann für besondere Aufgaben **„Beauftragte"** bestellen, was für einige Ressorts geschehen ist.

3. Alleinstellung Universität der Bundeswehr München

Abweichend von diesem in der Reformphase der Siebzigerjahre dominierenden Grundmodell wurden Rahmenbestimmungen und GrundO[514] der UniBw M im Jahr 2000 grundlegend geändert, da man Modernisierungsbedarf sah und die Verfassung der TU München übernommen werden sollte;[515] dies ist auch der **Leitungstyp des Art 20**

---

[514] Grundordnung der Universität der Bundeswehr München vom 31.1.2002, künftig zitiert GrundO.

[515] *Linsinger*, S. 302; Auskunft der UniBwM vom 28.10.2020.

BayHSchG von 2006. Seither bestehen eine kollegiale Leitung durch ein „Leitungsgremium" sowie als weitere zentrale Kollegialorgane die Erweiterte Hochschulleitung, der Verwaltungsrat und der Universitätsrat, § 18 RahBest. Zwar vertritt der Präsident die Hochschule weiterhin nach außen, § 20 Abs. 1 RahBest, die eigentliche „Leitung" erfolgt aber durch das **„Leitungsgremium"**, § 19. Dies ist ein Kollegialorgan aus dem Präsidenten – nur noch als dessen Vorsitzender und ohne Weisungsbefugnis gegenüber den anderen Mitgliedern – den inzwischen vier Vizepräsidenten, dem Kanzler und dem Leiter des Studentenbereichs mit beratender Stimme, also wieder angelehnt an das traditionelle Rektoratsmodell, allerdings mit hauptberuflichem Leiter mit der Bezeichnung Präsident.

Die **Aufgaben des Leitungsgremiums** sind als Katalog, also – abgesehen von „Leitung" – nicht als Generalzuständigkeit, definiert, § 19 Abs. 2. Es führt die „laufenden Geschäfte", hat aber auch die Zielsetzung und Entwicklung zu steuern, Vorschläge zu den RahBest zu machen und die Wahlorgane und Mitglieder ständiger Kommissionen zu bestellen sowie die Voranschläge zum Haushalt aufzustellen. Auch die Beanstandung rechtswidriger Beschlüsse obliegt dem Leitungsgremium kollektiv bis zur letzten Stufe, der Auflösung der widerspenstigen Organe, Abs. 4. Die Mitglieder des Leitungsgremiums haben das Recht, mit beratender Stimme an allen Hochschulgremien teilzunehmen; dementsprechend sind sie hierzu einzuladen und haben ein allgemeines Informationsrecht, Abs. 5.

Neben dem Vorsitz in Leitungsgremium und Erweiterter Hochschulleitung, § 20 Abs. 1, sowie Sitz und Stimme in weiteren Hochschulorganen, Abs. 2, hat der **Präsident weitere eigene Befugnisse**, § 20 Abs. 3 – 6. So hat er die Not- und Eilzuständigkeit für das Leitungsgremium und andere Organe, Abs. 6 und hat das Ordnungs- und Hausrecht, Abs. 3 Satz 2.[516] Darüber hinaus hat er, zusammen mit den Dekanen und Studiendekanen, Sorge zu tragen, dass die Professoren und übrigen Lehrpersonen ihre Lehr- und Prüfungsverplichtung erfüllen. Insoweit hat er auch gegenüber den Dekanen ein Aufsichts- und Weisungsrecht, Abs. 4.

Der Präsident wird im akademischen Bereich von den Vizepräsidenten

---

[516] S. o. S. 147.

und im administrativen Bereich vom Kanzler vertreten, § 20 Abs. 7 RahBestM, § 12 GrundO.

Die Pilotfunktion bei der **Bestellung des Präsidenten** hat der Verwaltungsrat, § 27 RahBestM, der hierfür an Stelle des Senates tritt, § 21 Abs. 2 – 4. Er erstellt die Vorschlagsliste, Abs. 4.

Wahl und Status der **Vizepräsidenten** regelt § 22 RahBestM: die Vizepräsidenten, vermehrt auf 4, um die Bandbreite der Universität besser abzudecken, § 19 RahBest und § 12 GrundO, werden auf Vorschlag des Präsidenten aus der Gruppe der Professoren für drei Jahre **durch den Verwaltungsrat gewählt** und dem BMVg zur Bestellung vorgeschlagen. Dabei muss ein Vizepräsident dem universitären und ein anderer dem „Hochschulbereich für angewandte Wissenschaften", ehemals Fachhochschulbereich, angehören, Abs. 3; zur Aufgabenverteilung werden keine Vorgaben gemacht.

Der **Kanzler**, § 23 RahBestM, ist zwar kein eigenes Organ der Hochschulleitung,[517] Arg. § 16, er gehört aber stimmberechtigt dem Kollegialorgan **„Leitungsgremium"** und damit auch dem „erweiterten Leitungsgremium" an. Durch die echte Mitgliedschaft im Leitungsgremium anstelle des präsidialen Weisungsrechts ist die „verfassungsmäßige" Stellung des Kanzlers an der UniBw M eine stärkere als an der HSU HH.

Im Übrigen sind seine **Aufgaben** analog zu den Landesuniversitäten und wie für die HSU HH geregelt: in eigener Zuständigkeit Rechts- und Verwaltungsangelegenheiten und Leitung der zentralen Verwaltung. Der Kanzler ist „Beauftragter für den Haushalt", § 23 Abs. 2, RahBestM, und hat damit das erwähnte Veto- und Devolutivrecht.

Der Kanzler ist Vertreter des Präsidenten für die Rechts- und Verwaltungsangelegenheiten „einschließlich Haushalts-, Bau- und Personalangelegenheiten", § 20 Abs. 7. Der Kanzler gehört dem Senat an, hat aber – wie auch die anderen Mitglieder des Leitungsgremiums – **kein Stimmrecht**; er kann „beratend" an den Sitzungen der übrigen Kollegialorgane teilnehmen.

Für spezielle Leitungsentscheidungen werden Willensbildung und Zuständigkeit auf eine breitere Basis gestellt, indem unter dem Vorsitz des

---

[517] S. u. 181f.

Präsidenten zu den stimmberechtigten Mitgliedern des Leitungsgremiums hinzutreten mit Stimmrecht alle **Dekane**, der Sprecher des Rates der Wissenschaftlichen Mitarbeiter, der Vorsitzende des studentischen Konvents, die Gleichstellungsbeauftragte sowie mit (nur) beratender Stimme der Leiter des Studentenbereiches. Diese „**erweiterte Hochschulleitung**", § 24 RahBestM, berät und unterstützt die Leitung der Universität und ist konkret zuständig für die Entwicklungsplanung, Zielvereinbarungen, Vorschläge für Forschungsschwerpunkte und Sonderforschungsbereiche, vom Leitungsgremium angetragene Grundsatzfragen und Schwerpunkte des Haushalts sowie für die Wahl der Mitglieder des Hochschulrates.

Auch an der UniBw M ist der **Senat** wiederum die Spitze des akademischen Bereiches mit einem ähnlich formulierten aber zugunsten der anderen Kollegialorgane **reduzierten Aufgabenkatalog**, § 25 Abs. 2 RahBestM. Neben weiteren Zuständigkeiten, z. B. in Berufungsangelegenheiten, ist er nach der Formulierung „beschließt" bei Rechtsvorschriften der UniBw M, Angelegenheiten von grundsätzlicher Bedeutung, Forschungsschwerpunkten und Sonderforschungsbereichen, Studiengängen und Honorarprofessoren in akademischen Angelegenheiten theoretisch das entscheidende Organ. Nicht vorgesehen sind allerdings die Zuständigkeit für die GrundO und die Wahl des Präsidenten sowie Ausschüsse und Frauenbeauftragte als Senatsorgan, er kann aber Kommissionen bestellen, Abs. 4.

Auch personell wurde der Senat **verkleinert**. Ihm gehören (nur noch) an, § 25 Abs. 1 RahBest, 5 Vertreter der Professoren und Juniorprofessoren, davon mindestens einer aus dem FH-Bereich; je ein Vertreter der wissenschaftlichen und der sonstigen Mitarbeiter sowie der Studenten und die Gleichstellungsbeauftragten,[518] sowie, einschließlich des Präsidenten aber nur mit beratender Stimme, die Mitglieder des Leitungsgremiums. Folgerichtig ist der Präsident auch nicht Vorsitzender kraft Amtes, vielmehr wählt der Senat aus der Mitte seiner stimmberechtigten Mitglieder seinen Vorsitzenden und dessen Stellvertreter. Der Senat ist also deutlich kleiner und durch die Marginalisierung der Mitglieder des Leitungsgremiums ist die „**Trennung von Exekutive und Legislative**" theoretisch stärker ausgeprägt mit einem scheinbar

---

518 Zur Problematik s. o. S. 149f.

größeren Gewicht des Senates.

Mit der Bildung eines **Universitätsrates**, früher Hochschulrates, § 26 RahBest, folgt die UniBw M dem seit den Neunzigerjahren bestehenden Trend nach Integration externer Expertise als besonderes Organ in die Hochschul-Gouvernance. Dies soll zusätzlichen Sachverstand in die Entscheidungen der Universität ebenso einbringen wie einer Vernetzung dienen mit der wissenschaftlichen Szene sowie der (regionalen) Wirtschaft und der „Praxis", den (vorpolitischen) Institutionen der Region sowie der Öffentlichkeit. Diesen Zweck spiegelt seine Zusammensetzung. Dem Hochschulrat gehören an: ein ehemaliger Absolvent der UniBw M, zwei Persönlichkeiten aus der Wirtschaft und der beruflichen Praxis sowie zwei Wissenschaftler oder Künstler; auf Vorschlag des Präsidenten können bis zwei Persönlichkeiten zusätzlich aufgenommen werden, Abs. 1.

Die Mitglieder werden von der erweiterten Hochschulleitung gewählt und auf deren Vorschlag vom BMVg für vier Jahre bestellt, einmalige Wiederwahl ist möglich, Abs. 6, wobei nach einem rollierenden System jährlich zwei Mitglieder neu zu bestellen sind. Der Universitätsrat wählt aus seiner Mitte einen Vorsitzenden und einen stellvertretenden Vorsitzenden, Abs. 2.

Diese Zusammensetzung entspricht nicht den Vorgaben und Quoten der Gruppenuniversität, § 46 Abs. 2 RahBestM, obwohl der Universitätsrat ausdrücklich den Gremien i. S. d. RahBest zugeordnet wird, Abs. 1. Die RahBestM haben diese Diskrepanz erkannt und „elegant" gelöst, indem § 46 Abs. 2 Satz 2 die **„Mitglieder des Universitätsrats" als eigene Gruppe** definiert. Hochschulrechtlich ist dies unbedenklich, da der Universitätsrat Beratungs- und Initiativkomponenten, aber keine Entscheidungsbefugnisse hat, § 26 Abs. 3 RahBestM:So hat er (nur) die Universitätsleitung in allen wichtigen Angelegenheiten der Universität zu **beraten und zu unterstützen**, ergreift Initiativen für Profilbildung und Schwerpunktsetzung in Lehre und Forschung, gibt Empfehlungen zur Weiterentwicklung von Studiengängen und Verbesserung der Lehre, zum wirtschaftlichen Einsatz der Mittel, zur Leistungsbewertung der Universität und nimmt auf Anregung eines Leitungsgremiums zu grundsätzlichen Fragen Stellung, Abs. 3. Die Vorschläge sind nicht verbindlich, die Leitung hat aber die Empfehlungen des Hochschulrates zu würdigen, Abweichungen zu begründen und dem Hochschulrat Gelegenheit zur Stellungnahme zu geben. Die Mitglieder des Leitungsgremiums sind berechtigt und auf Verlangen verpflichtet, an den Sitzungen des Hochschulausschusses ohne Stimmrecht teilzunehmen, Abs. 1 Satz 5.

Letztes zentrales Leitungsgremium ist schließlich der **Verwaltungsrat**, § 27 RahBestM. Auf dieses sind die wesentlichen Aufgaben als Kreationsorgan und als Satzungsorgan konzentriert. Es scheint einem **„Board"** nachempfunden und hat sonst typisch beim Senat angesiedelte Aufgaben, aber auch Elemente des traditionellen Konzils. So beschließt der Verwaltungsrat über die GrundO als Satzung und die Gliederung der Universität in Fakultäten und zentrale Einrichtungen und die Einrichtung und Aufhebung von Studiengängen (Legislativfunktion).

Als zweiter großer Aufgabenblock ist der Verwaltungsrat das **Kreationsorgan** und beschließt die Liste für die Wahl des Präsidenten, er wählt die Vizepräsidenten und beschließt die Vorschlagsliste für den Kanzler, § 23 Abs. 4 RahBestM.

Er ist schließlich wesentlich für die **Entwicklungsplanung** zuständig, indem er Initiativen und Empfehlungen gibt und den Entwicklungsplan beschließt; außerdem beschließt er über die Ehrensenatoren und Ehrenbürger der Universität.

Dem Verwaltungsrat gehören an die gewählten Mitglieder des Senats, die Mitglieder des Universitätsrats, die Gleichstellungsbeauftragte sowie die Mitglieder des Leitungsgremiums ohne Stimmrecht. Vorsitzender und stellvertretender Vorsitzender des Universitätsrats sind die – ausschließlich vom Hochschulrat bestimmten – Vorsitzenden bzw. stellvertretenden Vorsitzenden des Hochschulrates, also Fortsetzung der externen Lösung. Es ist konstituierendes Element, dass dem Verwaltungsrat **alle Mitglieder kraft Amtes** angehören, also „eigentlich" nur für andere Funktionen und Gremien gewählt und legitimiert sind, was angesichts der bedeutungsvollen Aufgaben, insbesondere der zentralen Rolle bei der Wahl des Universitätspräsidenten und des Leitungsgremiums, nicht nur systematisch problematisch scheint, sondern auch die **Frage der Legitimation** gemessen an Autonomie, Selbstverwaltung und Demokratieprinzip aufwirft; das gilt insbesondere für den Vorsitzenden, der nur von einem kleinen Kreis und nur für ein Beratungsgremium gewählt wurde.

Diese neue Leitungsstruktur, die der TU München nachempfunden ist, wird von der UniBw M für effektiv und bewährt gehalten und augenscheinlich auch vom BMVg favorisiert und auch der HSU HH nahegelegt. Doch scheint dies Modell zumindest für kleine Universitäten **kompliziert und (zu) gremienreich**, was zu Schnittstellen und Sitzungsaufwand führt.

X. Horizontale, dezentrale Gliederungen

1. Fakultäten

Die Fakultäten sind **„die organisatorische Grundeinheit"** der Universität,[519] RahBest § 22 Abs. 1 HSU HH bzw. § 28 Abs. 1 UniBw M. Auch die UniBw M ist inzwischen, auch für den Fachhochschulbereich, einheitlich zur Bezeichnung „Fakultät" (statt Fachbereich) übergegangen. Die Fakultäten „erfüllen für ihr Gebiet die Aufgaben der Universität" (§ 64 Abs. 1 HRG 76). Ihre Zahl, Ausrichtung und Benennung ist in den RahBest festgelegt, § 22 Abs. 2 HSU HH, § 28 Abs. 2 UniBw M; als (materieller) Grundordnungsbestandteil kann sie im entsprechenden Verfahren von den akademischen Gremien geändert oder modifiziert werden, so ausdrücklich für die UniBw M durch den Verwaltungsrat, § 27 Nr. 8 RahBestM; für die HSU HH folgt dies aus der Generalzuständigkeit des Senates, § 19 RahBestH. Dies ist allerdings nur ein Vorschlagsrecht, weil es jeweils einer Änderung der RahBest bedarf. Diesen Fakultäten sind die Studiengänge zugeordnet, wobei eine Fakultät zwei oder mehrere Studiengänge umfassen bzw. ein Studiengang auch zwei Fakultäten zugeordnet sein kann.

An der **HSU HH** bestehen die Fakultäten Geistes- und Sozialwissenschaften; Wirtschafts- und Sozialwissenschaften; Elektrotechnik sowie Maschinenbau; für den Studiengang Wirtschaftsingenieurwesen wird von den beteiligten Fakultäten Elektrotechnik, Maschinenbau sowie Wirtschafts- und Sozialwissenschaften der „Studienbereich Wirtschaftsingenieurwesen" gebildet, der für diesen Studiengang die Aufgaben der Fakultät wahrnimmt, § 26 RahBest: Er hat die „Entscheidungsbefugnis... für Studienordnung, Prüfungsordnungen und die sonstigen Ordnungen", wobei weitere Aufgaben und Einzelheiten in der – nicht existenten – GrundO geregelt sein sollten.

An der **UniBw M** bestehen die universitären Fakultäten: Bauingenieurwesen und Umweltwissenschaften; Elektrotechnik und Informationstechnik; Informatik; Luft- und Raumfahrttechnik; Humanwissenschaften; Staats- und Sozialwissenschaften; Wirtschafts- und Organisationswissenschaften sowie im Bereich für angewandte Wissenschaften

---

[519] Übernommen von § 64 Abs. 1 HRG 1976.

(FH) Betriebswirtschaft; Elektrotechnik und technische Informatik; sowie Maschinenbau.

Als **„Universität im Kleinen"** ist die Struktur der Fakultäten der der Universität nachgebildet mit Leitung – Dekan, Prodekan – sowie Fakultätsrat bzw. erweitertem Fakultätsrat als „Legislative" und „Kreationsorgan", §§ 23 f HSU HH bzw. §§ 29, 30, 33 UniBw M. Beide RahBest listen die **Aufgaben** der Fakultäten als Katalog bei den Fakultätsräten auf, § 22 Abs. 3 RahBestH, § 33 Abs. 2 RahBestM, der sich mit Pflege von Forschung, Lehre und wissenschaftlichem Nachwuchs; Organisation von Studium, Lehre und Prüfungen; Berufungsverfahren; Verleihung der akademischen Grade und Würden sowie Erteilung der Lehrbefugnis umschreiben lässt.

Im Wesentlichen obliegen diese Aufgaben dem Fakultätsrat selbst.

An der **HSU HH** hat der Fakultätsrat ergänzend eine **Generalzuständigkeit**, § 23 Abs. 1 RahBestH, wobei die laufenden Aufgaben an den Dekan delegiert werden sollen. Hervorzuheben ist die Aufgabe, zur **Gewährleistung des Lehrangebotes** dem Lehrpersonal bestimmte Lehraufgaben zuzuweisen, § 23 Abs. 2, was insoweit eine Einschränkung der individuellen Lehrfreiheit der Hochschullehrer bedeutet, aber – wie bei allen Hochschulen – als Aufgabe der Universität/der Fakultät zur Sicherstellung von Curricula und Lehrangebot erforderlich und in der Abwägung rechtens ist.[520]

Der Fakultätsrat setzt einen **Prüfungsausschuss** mit Entscheidungsbefugnis ein, Abs. 3; er kann weitere Ausschüsse, auch mit Entscheidungsbefugnis, bilden, Abs. 4. Näheres sollte wieder die nicht-existente GrundO regeln.

Größe und Zusammensetzung sind systematisch nicht bei den Fakultäten, sondern – etwas unübersichtlich getrennt – in § 33 Abs. 3 RahBest geregelt, der dem Teil D, Grundsätze der Mitwirkung, zugeordnet ist: Mit Stimmrecht vertreten sind sieben Vertreter aus der Gruppe der Professoren, zwei wissenschaftliche und ein sonstiger Mitarbeiter sowie drei Studenten; beratende Mitglieder sind die Leiter der jeweiligen Studentenfachbereiche.[521] Für den Studiengang Wirtschaft-

---

[520] *Kempen*, Rn. 96; vgl. o. S. 124f.
[521] S. u. S. 189f.

singenieurwesen tritt anstelle des Fakultätsrats der **„Studienausschuss"**, der aus drei Professoren der Wirtschafts- und Sozialwissenschaften, zwei Professoren der Elektrotechnik, einem Professor für Maschinenbau und je einem Vertreter des Mittelbaus aus den beiden Fachrichtungen, einem sonstigen Mitarbeiter und zwei Studenten des Studiengangs besteht. Der Ausschuss wählt einen seiner Professoren zum Vorsitzenden.

Weitergehend wirken beim **Erlass von Promotions- und Habilitationsordnungen** auch die Professoren stimmberechtigt mit, die nicht dem Fakultätsrat angehören, Abs. 3, ohne dass dies als eigenes Gremium definiert wird; für Berufungsverfahren gilt dies nur, wenn sie den Wunsch schriftlich mitteilen, Abs. 4, und bei Habilitationsverfahren nur für die Professoren, die ein schriftliches Gutachten abgegeben haben, Abs. 5. Mit den Schlüsseln für die Zusammensetzung und den Mitwirkungsregelungen soll den Anforderungen von Gruppenuniversität und Hochschullehrerurteil des BVerfG Rechnung getragen werden, dass in allen Gremien mit Entscheidungsbefugnis in Forschungs- und Berufungsangelegenheiten alle Mitglieder – außer den (nur) beratenden – stimmberechtigt sind, § 34 Abs. 1 RahBest, aber die Professoren über die Mehrheit verfügen müssen,[522] und in bestimmten Fällen auch die **Professoren mitwirken dürfen, die nicht Mitglied des Gremiums sind**.

An der **UniBw M besteht der Fakultätsrat** neben Dekan, Prodekan und Studiendekan aus fünf Vertretern der Gruppe der Professoren, wobei zwischen Universitäts- und Fachhochschulprofessoren nicht unterschieden wird,[523] zwei Vertretern des Mittelbaus, einem der nichtwissenschaftlichen Beschäftigten sowie drei der Studenten jeweils mit Stimmrecht sowie beratend Gleichstellungsbeauftragte der Universität sowie dem Leiter des entsprechenden Studentenfachbereichs. Die Amtszeit beträgt zwei Jahre, für Studenten ein Jahr, § 33 Abs. 1 RaBestM.

Abs. 6 sichert das **Professorenprivileg** – Hochschullehrerurteil – wonach die Forschung und Lehre betreffenden Angelegenheiten immer auch der Mehrheit der Professoren bedürfen und diese sich gegenüber

---

[522] S. u. S. 175.
[523] Vgl. u. S. 174.

der Gesamtmehrheit durchsetzt.

Außerdem treten für „Berufungsvorschläge und … Habilitationsverfahren" zum Fakultätsrat alle Professoren der Fakultät hinzu und bilden den **„Erweiterten Fakultätsrat"**, § 33 Abs. 7 und 8 RahBestM. Für dessen Beschlüsse gilt gleichfalls das Erfordernis der Professorenmehrheit.[524]

Gewissermaßen die Exekutive der Fakultät ist der **Dekan**. Seine **Aufgaben**, seine Vertretung, seinen Status und seine Wahl regeln § 24 RahBestH bzw., weit ausführlicher, § 30, 31 RahBestM. Er ist Vorsitzender des Fakultätsrats, vollzieht dessen Beschlüsse, vertritt die Fakultät auf der zentralen Universitätsebene, führt die laufenden Geschäfte in eigener Zuständigkeit, kann Eilentscheidungen alleine treffen und hat ein Beanstandungsrecht, falls er Beschlüsse des Fakultätsrates oder seiner Ausschüsse für rechtswidrig hält. An der UniBw M kommen noch ein paar grundsätzliche Aufgaben hinzu, so in der Entwicklungsplanung, der Ressourcenverteilung, sowie Aufsichts- und Weisungsbefugnisse für die Verpflichtungen der Fakultätsmitglieder.

Er wird durch den **Prodekan vertreten**, § 30 Abs. 2 RahBestM; an der HSU HH nicht ausdrücklich geregelt, folgt aber aus der Nennung des Prodekans, § 24 Abs. 2 RahBest.

Dekan und Prodekan werden vom Fakultätsrat aus dem Kreis der dem Fakultätsrat angehörenden Professoren für i. d. R. 2 Jahre **gewählt**, § 24 Abs. 2 RahBestH, § 31 Abs. 1 und 2 UniBw M; die Amtszeit beträgt grundsätzlich zwei Jahre, kann aber an der UniBw M auf Antrag der Fakultät vom Leitungsgremium auf vier Jahre festgesetzt werden. Die RahBestM erhalten zusätzlich Bestimmungen zu Einzelheiten der Wahl und möglicher Abwahl.

An der UniBw M ist darüber hinaus ein **Studiendekan** obligatorisch, dessen Status und Verhältnis zu Dekan und Prodekan nicht definiert ist. Er ist „eine Ansprechperson der Studenten" in Angelegenheiten von Lehre und Studium, deren Aufgaben in einem Katalog näher spezifiziert werden, § 32 RahBestM. Dieser wird vom Fakultätsrat aus dem Kreis der im Fachbereich hauptberuflich tätigen Hochschullehrer gewählt und gehört nach der Wahl dem Fachbereichsrat und den einschlägigen Ausschüssen an. Dabei haben die studentischen Vertreter

---

[524] Rahmenvorgaben s. u. S. 175.

verstärkten Einfluss: sie haben ein besonderes, allerdings kein exklusives, Vorschlagsrecht und erstellen im Einvernehmen mit dem Dekan die Vorschlagsliste.

Demgegenüber ist an der HSU HH ein Studiendekan nur fakultativ vorgesehen, „kann", § 22 Abs. 6 RahBestH, wird aber sinnvollerweise i. d. R. „eingesetzt".

2. Institute

„Wissenschaftliche Einrichtungen ... der Fakultäten", zusammengefasst mit den Betriebseinheiten, bezeichnen die **klassischen Institute und Seminare**. Im Vorlauf zum HRG war deren Bildung umstritten.[525] So scheint die Regelung in den **RahBestH ein Kompromiss** auf damaligem Stand: sie haben keinen eigenen Paragraphen erhalten, sind also nicht vorgeschrieben, haben aber eine Rechtsgrundlage in § 22 Abs. 4, worin auch indirekt die Definition enthalten ist: wenn und solange „für die Durchführung einer Aufgabe in größerem Umfang Personal und Sachmittel der Fakultät ständig bereitgestellt werden müssen", können also „eigentlich" (nur) fallweise und befristet gebildet werden. Auf Vorschlag der Fakultät bedarf es dann aber der Errichtung oder Änderung durch den BMVg. Diese Komplikationen führen an der HSU HH zur faktischen Bildung und Verfestigung institutsähnlicher Bereiche innerhalb der Fakultät, so dass bei einer Anpassung der RahBest über die (ständige) Einrichtung von Instituten nachgedacht werden sollte.

Die **RahBestM** fassen die Einrichtungen der Fakultäten mit den zentralen, dem Präsidenten zugeordneten Einrichtungen in einem Abschnitt, Abschn. III, **„Wissenschaftliche Einrichtungen und Betriebseinheiten"**, systematisch und begrifflich zusammen, Definition § 34 Abs. 1 RahBest. Darin wird auch bestimmt, dass zum „Mitglied der Leitung" einer wissenschaftlichen Einrichtung nur ein Professor bestellt werden kann. Diese offene Formulierung schließt monokratische und kollektive, unbefristete oder befristete Leitungsmodelle ein.

§ 45 RahBest definiert dann speziell die den Fakultäten zugeordneten Einrichtungen. Sie führen die Bezeichnung **„Institut"**. Sie können –

---

[525] *Reuter-Boysen*, S. 56; Einfluss des HRG-Entwurfes s. o. S. 40, 62, 72.

von der Fakultät – im Einvernehmen mit dem Leitungsgremium – gegründet oder verändert werden, wobei eine Beteiligung des BMVg nicht mehr erforderlich ist; die Leitung kann monokratisch oder kollegial sein und kann nur durch einen Professor der Fakultät erfolgen. Die Leiter entscheiden über die Verwendung der ihnen zugeordneten Mitarbeiter und Mittel und stellen sicher, dass die Mitarbeiter ihren Pflichten nachkommen.

Nicht in den RahBest geregelt sind „Zentren", „Schwerpunkte", Sonderforschungsbereiche und Forschergruppen, die grundsätzlich auf Zeit errichtet werden und deshalb i. d. R. einem ständigen Wandel unterliegen.

XI. Zentraler Bereich, zentrale Einrichtungen

Zentrale Einrichtungen sind für wichtige Service-Bereiche zentral organisierte Schwerpunkte, die unmittelbar dem Präsidenten unterstehen. Sie haben eine teilweise fachliche und organisatorische Selbstständigkeit und sind nicht zu verwechseln mit Verwaltunsgliederungen, die (statt dem Kanzler) unmittelbar dem Präsidenten zugeordnet sind (wie Pressestelle, Auslandsbüro, psychologische Beratungsstelle …).[526]

Die HSU HH regelt die zentralen Einrichtungen, § 21 RahBest, systematisch gemeinsam mit dem Senat als Teil des Abschnitts, „zentraler Bereich", § 21 ff RahBestH, also vor den Fakultäten; die UniBw M in einem Abschnitt mit der Überschrift „wissenschaftliche Einrichtungen und Betriebseinheiten" hinter den Fakultäten, ohne begrifflich die zentralen Einrichtungen von den wissenschaftlichen Einrichtungen der Fakultäten zu unterscheiden, § 34 RahBestM.

Ähnlich regeln beide RahBest die Voraussetzungen für die **Bildung zentraler Einrichtungen**: wissenschaftliche Einrichtungen oder Betriebseinheiten; zweckmäßig nach Aufgabe, Größe oder Ausstattung; fakultativ – „können", d. h. es wären auch andere, z. B. dezentrale Lösungen denkbar; Vorschlag des Akademischen Senats (HSU HH) bzw. des Verwaltungsrates (UniBw M); Errichtung, Aufhebung oder Änderung durch den BMVg. Ihre Leiter unterstehen dem Präsidenten. Sie müssen über einschlägige Qualifikationen verfügen.

An der HSU HH bestehen fünf zentrale Einrichtungen; zu den **vier „klassischen"** – Bibliothek, Rechenzentrum, Sprachenzentrum und Sportzentrum – tritt das **Hochschuldidaktische Zentrum**, § 20 Abs. 1 RahBest.

Alle Leiter werden auf Vorschlag der Universität vom BMVg bestellt; das Vorschlagsrecht übt der Präsident im Benehmen mit dem Senat aus, Abs. 4.

An der UniBw M bestehen 9 zentralen Einrichtungen, § 35 Abs. 2. Diese sind, ohne ausdrückliche Definition, in zwei Kategorien unterschieden: die **vier klassischen**, die die ganze Universität betreffenden,

---

526 S. o. S. 154, s. u. S. 181.

S. 94 und **fünf eher partielle Schwerpunkte**,[527] was aus dem Verfahren zur Bestellung des Leiters erkennbar wird: Die Leiter der vier universitätsübergreifenden werden vom BMVg auf Vorschlag der Universität bestellt; das Vorschlagsrecht wird vom Präsidenten ausgeübt; die Leiter der übrigen werden abschließend vom Leitungsgremium, also ohne den BMVg, bestellt, § 35 Abs. 3 RahBestM.

Für die zentralen Einrichtungen ist jeweils eine „**Betriebsordnung**" vorgesehen, die ihre Aufgaben und Organisation regelt; für die HSU HH § 21 Abs. 3 RahBest; diese wird auf Vorschlag des Präsidenten vom Akademischen Senat beschlossen; näheres über Organisation und Aufgaben sollte die GrundO regeln, Abs. 5, die aber nicht existiert. Für die UniBw M sind die Betriebsordnungen nach § 35 Abs. 5 vorgesehen; sie werden vom Präsidenten erlassen.

(Nur) in den RahBestM haben alle zentralen Einrichtungen eine eigene Definition, §§ 36 – 44; die **Aufgabenbeschreibungen** sind aber ebenso für die analogen Einrichtungen HSU HH zutreffend:

Typischerweise und an allen Hochschulen üblich sind:

— die **zentrale Bibliothek**, die entgegen dem Begriff zunehmend mit elektronischer Informationsvermittlung befasst ist und sich in die Zentralbibliothek und entsprechend der Fachbereichsstruktur die Teilbibliotheken gliedert;

— das **Rechenzentrum**, das Dienstleistungen nicht nur für den Rechenbetrieb und die Programmierung erbringt, sondern generell auch für „Beratung" und „praktische Ausbildung" zuständig ist;

beide UniBw haben ergänzend **Sprachenzentrum** und Sportzentrum als zentrale Einrichtungen. Der Bedeutung der fremdsprachlichen Qualifizierung bei der Internationalität des modernen Militärs[528] trägt auch die Organisation der Sprachausbildung Rechnung. Die curriculare Sprachausbildung wie auch die übergeordnete über die Curricula des

---

[527] Teilweise abweichend hiervon weisen die Organigramme der UniBw M neben den vier klassischen nur Medienzentrum und Studium + als zentrale Einrichtungen aus; die übrigen werden, mit anderen Einheiten, einer eigenen Kategorie „Bereiche für besondere Aufgaben" zugeordnet, Homepage der UniBw M, *Linsinger*, S. 303, was aber rechtlich nicht korrekt ist und mangels Relevanz nicht vertieft wird.

[528] S. o. S. 94.

170

Fachstudiums hinaus sind im Sprachenzentrum konzentriert, das sowohl die vorgeschriebenen fremdsprachlichen Lehrveranstaltungen betreut als auch den praktischen Sprachunterricht für die Offizierstudenten, aber subsidiär auch Sprachunterricht für die übrigen Universitätsmitglieder anbietet. Ähnliches gilt für den Sportunterricht. Anders als bei zivilen Hochschulen sind dem Ausbildungszweck für Offiziere entsprechend regelmäßige Sportstunden Pflicht;[529] das **Sportzentrum** ist sowohl für die Sportausbildung wie auch für den allgemeinen Hochschulsport zuständig. Es wird ein breites Spektrum von Sportarten bis hin zum Leistungssport angeboten; weiterführend kann die Qualifikation als Übungsleiter erworben werden.[530]

Nur die HSU HH hat noch ein **Hochschuldidaktisches Zentrum**,[531] sowie – nicht in der Aufzählung des § 21 Abs. 1 RahBest enthalten, sondern erstaunlicherweise in einem eigenen § 21a nur fakultativ geregelt – ein **Zentrum für die wissenschaftliche Weiterbildung**, um zur „Bildung durch Wissenschaft" und dem „lebenslangen Lernen" auch organisatorisch beizutragen.

Systematisch an anderer Stelle, unter Abschn. III Fakultäten, geregelt, aber fakultätsübergreifend, als „zentrale Einrichtung" bezeichnet und „unter der Verantwortung des Präsidenten" besteht an der HSU HH das **ISA (Interdisziplinäre Studienanteile)-Zentrum**, § 25 RahBest; es wäre also materiell eine zentrale – und keine gemeinsame Fachbereichs- Einrichtung. Das ISA ist für die Koordination und Weiterentwicklung von Lehre und Studium sowie Entwicklung der Module für die interdisziplinären Studienanteile verantwortlich. Das Nähere ist in einer speziellen ISA-Ordnung geregelt.

Großzügiger hat die UniBw M die Liste ihrer zentralen Einrichtungen stark ausgebaut und **fünf weitere Zentralinstitute** gebildet:

– Das Center for **Intelligence and Security Studies**, § 36 RahBest, vernetzt und koordiniert alle Ansätze in Lehre, Forschung und Drittmitteln im Bereich Erkenntnisgewinnung und Sicherheit und betreut den gleichnamigen Studiengang.

---

529 BMVG, Hochschulen 74, S. 11.
530 BMVG, Hochschulen 74, S. 11.
531 Zum Pädagogischen Hintergrund s. o. S. 93f.

- Das Forschungsinstitut **Cyber Defence und Smart Data**, § 37, koordiniert die gesamten Forschungsinitiativen der Bundeswehr und des Bundes im Bereich der Cyber – Sicherheit.
- Die Weiterbildungsaktivitäten an der UniBw M bündelt das **Campus Advanced Studies Center (CASC)**, § 38. Z.Z sind dies sechs (berufsbegleitende) Studiengänge,[532] bevorzugt für eigene Absolventen, aber auch externe Bewerber, auch mit überregionalen Kooperationen. Die UniBw M versucht hiermit auch, über den unmittelbaren Bezug Offizier(weiter)bildung hinaus, sich als professioneller Anbieter auf dem Weiterbildungsmarkt zu etablieren.
- Das **Medienzentrum**, § 39, erbringt mediendidaktische und medientechnische Leistungen für alle Bereiche der UniBw M und ist räumlich, betrieblich und technisch mit dem Labor für Medienentwicklung der Fakultät für Humanwissenschaften verbunden. Es wird von einem Professor einer Fakultät mit einschlägigen Studiengängen geleitet.
- Das **Zentralinstitut „studium plus"**, § 40, ist die Nachfolgeorganisation für den ursprünglichen Komplex Anleitstudium/EGA/ETA.[533] Es ist zentral für die Umsetzung des vom BMVg definierten „Ziel des Wissens, Sinn- und Wertevermittlung" zuständig. Es implementiert über spezielle Seminare und Trainings gehobene Allgemeinbildung und Schlüsselqualifikationen in das Fachstudium und versucht, den Ursprungsgedanken an die neueren Erkenntnisse, Erfahrungen und Anforderungen anzupassen.

---

[532] *Linsinger*, S. 306 f; *Schaffer/Fornahl/Düvelmeyer*, S. 7, 97; s. o. S. 106.
[533] S. o. S. 40, 46, 93f, 97.

172

XII. Selbstverwaltung und Mitwirkung

1. Gruppenuniversität

Die **Selbstverwaltung** ist konstituierender Bestandteil der Autonomie und der mitgliedschaftlichen Organisation der (materiellen) Körperschaft.[534] Die Mitwirkung an der Selbstverwaltung ist deshalb für die Mitglieder der Universität nicht nur Recht, sondern auch **Pflicht**; dies wird folglich von den RahBest umgesetzt, § 32 Abs. 1 RahBestH bzw. § 16 Abs. 5 RahBestM.

Organisation und Machtverteilung dieser **Mitbestimmung** gehörten zu den umstrittensten Gegenständen bei der Hochschulreformdiskussion. Unter dem Schlagwort „Demokratisierung" haben die „Reformer" das „Gruppenprinzip" und die Drittelparität in den Gremien der Hochschule gefordert. Dies hat die Auseinandersetzung nicht nur in der Entstehung des HRG, sondern auch die Diskussion bei der Konzeption der HSBw, insbesondere mit dem Freistaat Bayern, geprägt. Hier hat schließlich das Urteil des Bundesverfassungsgerichts die Maßstäbe gesetzt, nämlich die **„Gruppenhochschule"**[535] mit dem Gruppenprinzip für die Vertretung in den Gremien, aber bei Dominanz der Professorengruppe, **„funktionsgerechte Mitwirkung"**. Dem müssen HRG, § 37 Abs. 1, Landeshochschulgesetze und RahBest entsprechen.

Die Mitwirkungsrechte, insbesondere aktives und passives Wahlrecht, können nur von Mitgliedern der Universität und grundsätzlich nur in der **„richtigen" Gruppe, die i. d. R. durch den (dienst)rechtlichen Status definiert**[536] wird, wahrgenommen werden. Danach, gleichlautend in den RahBest, § 32 Abs. 3 HSU HH und § 46 Abs. 2 UniBw M, bilden je eine Gruppe die Professoren, der „Mittelbau" (wissenschaftliche Mitarbeiter sowie Lehrkräfte für besondere Aufgaben), die „anderen hauptberuflich ... Tätigen" (nicht harmonisierte Bezeichnung, auch: andere Mitarbeiter/nichtwissenschaftliche Beschäftigte) und

---

[534] S. o. 81f, 84.

[535] BVerfGE, 35, 79 ff, 125: danach wären auch andere Modelle denkbar; die Gruppenuniversität ist aber zulässig, wenn dabei die Stimmenmehrheit der Professoren besteht, also i. d. R. „Viertelparität"; s. o. S. 72, 148 s. u. 175.

[536] Abgrenzungsprobleme u. U. bei Doppelstatus, Doktoranden und Privatdozenten.

173

schließlich die Studenten.[537]

Insbesondere bei der **Professorengruppe** ergaben sich generelle Zuordnungsprobleme. So hatte das BVerfG den „Homogenitätsgrundsatz" gefordert. Danach war die Zuordnung der **Juniorprofessoren** als nicht-habilitierter und nur befristeter Personaltyp umstritten und wurde vom BVerfG bei der Nichtigkeitsentscheidung zur 5. Novelle offengelassen.[538] Nach Aufgaben und Ratio sowie Auswahl in einem der Professorenberufung angeglichenen Verfahren ist jedoch die Zuordnung zur Professorengruppe naheliegend und heute h.M.,[539] so sehr deutlich die RahBest der UniBw M.

Das nächste Problem ergibt sich bei Gesamt- oder Bologna-Hochschulen mit der Zuordnung der **Professoren**, „die ... ausschließlich **in Fachhochschulstudiengängen** tätig sind". Hier hat §̲ ̲7̲3̲ ̲A̲b̲s̲.̲ ̲3̲ HR̲G̲ eine gestufte Gruppenvertretung gefordert, da die FH-Professoren nicht im strengen Sinne „wissenschaftlich" sind, um die Dominanz der „wissenschaftlichen" Professoren in den Gremien sicherzustellen. Obwohl auf das BVerwG zurückgehend,[540] ist nach Wegfall des §̲ ̲3̲8̲ HR̲G̲ vieles den Ländern formal freigestellt. Jedenfalls wird an der UniBw M zwischen den Professorengruppen theoretisch **kein Unterschied (mehr) gemacht**, was im allgemeinen Anpassungstrend liegt;[541] praktisch ist die Dominanz der Universitätsprofessoren auch quantitativ so groß, dass auch bei Forschungs- und Berufungsentscheidungen deren Mehrheit in der Professorengruppe auch ohne Rechtsgrundlage in den RahBest garantiert ist.

Ein weiteres grundsätzliches Problem stellt sich bei der Zuordnung von **Privatdozenten und apl. Professoren**, wenn sie in einem Dienstverhältnis zur Universität stehen. Diese sind zwar statusrechtlich und formal keine Professoren, sondern bleiben grundsätzlich in ihrer

---

[537] Als Kuriosität der UniBw M bilden hier auch die Mitlieder des Universitätsrats, die ja Mitglieder der Universität sind, s. o. S. 160, eine eigene Gruppe, § 46 Abs. 2 Satz 1 RahBest.

[538] BVerfG 111, 226, 259, 270 (HRG-Urteil).

[539] BVerfG 111, 226.

[540] BVerfGE 61, 210, 242ff, 254ff (Hochschullehrer-Urteil); 139, 148, 18ff (Cottbus); BVerwG, Beschl. vom 26.11.1974, DVBl 1975, S. 435.

[541] Auskunft des BMVg vom 22.9.2020 und der UniBw M vom 28.10.2020; zur Anpassungstendenz BVerfGE 126, 1, 19f.

dienstrechtlichen Statusgruppe, i. d. R. wissenschaftliche Mitarbeiter. Sie sind aber der Professorengruppe zuzuordnen, wenn sie dem vom BVerfG entwickelten „materiellen Professorenbegriff" unterfallen. Maßstab ist die Beauftragung mit Professorenaufgaben durch die zuständigen Universitätsorgane, d. h. mit eigenständiger Forschung und Lehre über die Titellehre hinaus.[542]

Bei **Doppelzugehörigkeit** können sich weitere Zuordnungsprobleme ergeben. Die RahBestM lösen dies durch Einordnung in die nach der Aufzählung „zuerst aufgeführten" Gruppe, § 46 Abs. 2 Satz 3; diese Ausschlussklausel legt zugleich die Priorität der Gruppen fest; dies vermeidet Schnittstellen und Abgrenzungsprobleme; Studenten verbleiben trotz Beschäftigungsverhältnis als studentische Hilfskraft in der Gruppe der Studenten.

Für die HSU HH besteht keine entsprechende Regelung. Überschneidungen bedürfen der Auslegung nach dem jeweiligen Schwerpunkt bzw. analog nach Landesrecht.

Die Zuordnung von **Doktoranden und Habilitanden** ist nach §§ 36 Abs. 1, 37 Abs. 1 Satz 4 HRG dem Landesrecht überlassen. Mangels einer Regelung in den RaBest verbleiben sie in ihrem Status, also Mittelbau, wenn ein Dienstverhältnis besteht, oder, wenn sie immatrikuliert (und nicht extern) sind, Student.

Zweite Komponente der Gruppenuniversität ist das **Mehrheitserfordernis für die Professoren** bei Entscheidungen in Forschung, Lehre und Berufungen, und zwar sowohl für die Zusammensetzung der Gremien, § 34 Abs. 2 RahBestH, was entsprechend detaillierte und ausgeklügelte Regelungen zu deren Zusammensetzung der meisten Gremien als auch zum Stimmrecht zur Folge hat, § 25, 33, 34 RahBestH bzw. 25 Abs. 1, 33 Abs. 1 RahBestM.[543]

2. Grundsätze und Verfahren

Für die **Grundsätze und Detailregelung der Gremientätigkeit** sehen beide RahBest einen eigenen Gliederungsabschnitt vor, § 32 ff

---

[542] BVerfGE 35, 79, 126f; 43, 242; 47, 389ff; 95, 193, 210; *Welz*, Hochschulrecht, Rn. 248f m. w. N.

[543] *Geis*, § 58, Rn. 64.

HSU HH (Teil D) bzw. § 46 ff UniBw M (Teil B, Aufbau und Organisation, Abschn. IV, akademische Selbstverwaltung). Beide RahBest verweisen wegen der Einzelheiten auf die GrundO, die aber nur für die UniBw M existiert und hierzu in § 25 ergänzende Regelungen trifft. Ausgangspunkt ist die Wahl von Repräsentanten. § 35 Abs. 1 RahBestH bzw. § 46 RahBestM legen **die demokratischen Wahlgrundsätze** fest – frei, gleich, geheim und in der Regel personalisierte Verhältniswahl. Insbesondere sind durch Verfahren und Zeitpunkt „eine möglichst hohe Wahlbeteiligung" zu befördern; „Briefwahl ist zu ermöglichen", § 35 Abs. 1 RahBestH.

Für die Gremienarbeit gilt das **Freie Mandat**, § 32 Abs. 2 RahBestH, 46 Abs. 1 RahBestM.

Personelle Schranken: Inhaber einer Leitungsposition dürfen nicht Vertreter einer Mitgliedergruppe sein; weiter besteht eine Inkompatibilitätsregelung für Angehörige einer Personalvertretung, d. h. Angehörige des Personalrats oder Vertrauenspersonen dürfen nicht einem Selbstverwaltungsgremium angehören, das (auch) für Personalentscheidungen zuständig ist, § 32 Abs. 1 RahBestH, § 46 Abs. 3 Satz 2 RahBestM. Für die UniBw M sind weitere Bestimmungen, die auch Rahmen für die Arbeit der Gremien setzen, bereits bei den allgemeinen Rechten und Pflichten der Mitglieder enthalten, so das Benachteiligungsverbot wegen Gremientätigkeit, § 16 Abs. 2 RahBestM, Verschwiegenheitspflicht mit Datenschutz, Abs. 3 und 4, und Ausschluss wegen Befangenheit, § 17.

Die Dauer der **Wahlperiode** für die akademischen Kollegialorgane beträgt ein Jahr für die studentischen Vertreter, für die anderen Mitglieder zwei Jahre, § 32 Abs. 2 RahBestH, § 48 Abs. 1 RahBestM.

Weitere Einzelheiten der Wahl, insbesondere Verfahren und Ablauf, sind für beide UniBw jeweils in einer in der **Wahlordnung** festgelegt.

Weiter sind wichtige Bestimmungen für das Verfahren in den (akademischen) Kollegialorganen geregelt:

Die Gremien sind **beschlussfähig**, wenn mehr als die Hälfte der stimmberechtigten Mitglieder vertreten sind; Stimmrechtsübertragungen sind zulässig und werden hierfür mitgezählt.

Senat und die Fakultätsräte tagen grundsätzlich **hochschulöffentlich**; die Öffentlichkeit kann, insbesondere bei Störungen, ausgeschlossen werden; die GrundO der UniBw M verlangt hierfür geheime Abstimmung und 2/3-Mehrheit, § 27 Abs. 1; bei Wiederholungssitzungen nach Störungen kann der Vorsitzende dies stattdessen bereits bei der Einladung veranlassen; Personalentscheidungen und Prüfungsangelegenheiten werden in nicht öffentlicher Sitzung behandelt. Die anderen Gremien tagen grundsätzlich nicht (hochschul)öffentlich, Arg. § 32 Abs. 4 RahBestH, §§ 49 Abs. 2 RahBestM, 27 Abs. 2 GrundO. Dies wird für die UniBw M in § 27 GrundO auf die Leitungsgremien, also auch den Verwaltungsrat, erstreckt. Abweichend kann jeweils mit 2/3 der anwesenden Mitglieder die Nichtöffentlichkeit bzw. die Öffentlichkeit beschlossen werden.

Einberufung und Leitung erfolgt durch den Vorsitzenden; grundsätzlich gilt das Mehrheitsprinzip, wobei Enthaltungen nicht mitgezählt werden; Stichentscheid des Vorsitzenden, § 36 RahBestH bzw. § 47 RahBestM. Weitere Einzelheiten regelt in der UniBw M die GrundO, § 26; für die HSU HH ist eine Rahmengeschäftsordnung vorgeschrieben, § 36 Abs. 1 RahBest.

3. Konvent der wissenschaftlichen Mitarbeiter, Studentenkonvent

Außerhalb des Systems der Gruppenuniversität/Universitätsgremien ist an der UniBw M eine zusätzliche Vertretung der Wissenschaftlichen Mitarbeiter vorgesehen, bestehend aus dem **„Konvent … "** und dem **„Erweiterten Konvent der wissenschaftlichen Mitarbeiter"**, § 50 RahBest. Zweck ist die Mitwirkung in der akademischen Selbstverwaltung, Abs. 1, insbesondere die Koordination dieser Gruppe in den akademischen Gremien, Abs. 3 Satz 2.

Der Konvent wird gebildet aus den „gewählten Vertretern der wissenschaftlichen Mitarbeiter im Senat und in den Fakultätsräten und aus dem Sprecher und deren Stellvertretung".

Zu einem „Erweiterten Konvent" treten, etwas indirekt formuliert, alle wissenschaftlichen Mitarbeiter der Universität hinzu, Abs. 4; dies ist also eine Art Vollversammlung der wissenschaftlichen Mitarbeiter. Der Erweiterte Konvent wählt den „Sprecher der wissenschaftlichen Mitarbeiter". Dieser hat den Vorsitz im Konvent und im Erweiterten Konvent; er ist Mitglied der Erweiterten Hochschulleitung und „Ansprechperson für die Zusammenarbeit mit dem Leitungsgremium und dem Universitätsrat", Abs. 5.

Auch ohne Rechtsgrundlage in den RahBest besteht an der HSU HH ein „Mittelbau – Konvent" mit gewähltem Sprecher und mindestens einem stellvertretenden Vorsitzenden.[544]

Es handelt sich also bei den Konventen der wissenschaftlichen Mitarbeiter um eine eigene **Vertretung außerhalb der Gremien**, die teilweise dem studentischen Konvent nachempfunden ist. Diese ist, ganz abgesehen von möglichen Beeinträchtigungen des freien Mandats, gemessen am Mitbestimmungsprinzip der Gruppenuniversität „eigentlich" systemwidrig und wirft damit die Frage der Sinnfälligkeit auf, da angesichts der Gremienvertretung und der Vertretung im Personalrat bzw. durch die Vertrauenspersonen die angemessene Vertretung des Mittelbaues keines zusätzlichen Gremiums bedurft hätte.

Daneben bestehen weitere Arten der Personalvertretung. Dies ist für die nicht-militärischen Bediensteten der Universitäten die Wahl und Beteiligung der **Personalräte** nach dem Personalvertretungsgesetz des Bundes.

Parallel dazu besteht für das militärische Personal, also einschließlich der Studenten, die Vertretung durch **Vertrauenspersonen** nach dem Soldatenbeteiligungsgesetz, SBG,[545] einschließlich der „Versammlung der Vertrauenspersonen".

Auch für die Studenten besteht eine besondere Vertretung neben der Repräsentation ihrer Gruppe in den Gremien, nämlich der **Studentische Konvent**, 5 Abs. 4-7 RahBestH, § 80 f RahBestM, hier ergänzt durch Regelungen in § 28 ff der GrundO. Analog sind auf der Ebene der Fachbereiche Fachschaften vorgesehen, § 5 Abs. 5 RahBestH bzw. § 80 Abs. 6 RahBestM i.V.m. § 31 GrundO.

Die **Aufgaben** sind für beide UniBw ähnlich formuliert: fakultätsübergreifende Angelegenheiten; Förderung der geistigen, kulturellen und sportlichen Interessen; fachliche, wirtschaftliche und soziale Belange

---

[544] https://www.hsu-hh.de/mittelvbau/; Wikipedia, Stichwort: „Mittelbau-Konvent" an der HSU HH.

[545] Soldatinnen- und Soldatenbeteiligungsgesetz (SBG) vom 29.6.2016 (Neufassung); Hochschulen der Bundeswehr, S. 36.

sowie die Pflege nationaler und internationaler studentischer Beziehungen, § 5 Abs. 6 RahBestH, § 81 Abs. 2 RahBestM. Dem Studentischen Konvent sind Mittel für seine Tätigkeit zur Verfügung zu stellen, § 5 Abs. 7 RahBestH bzw. § 80 Abs. 7 RahBestM.

An der HSU HH besteht der Studentische Konvent aus 24 Mitgliedern der Gruppe der Studenten, von denen 20 gewählt und vier von den Fachschaften benannt werden; er wählt vier Sprecher zu einem **Sprecherrat**, der wiederum aus seiner Mitte einen Vorsitzenden und einen Stellvertreter wählt, Abs. 4. An der UniBw M besteht er aus den Vertretern der Studenten im Senat und den Vertretern der zehn Fachschaften, § 80 Abs. 2 RahBest; er wählt den Vorsitzenden und seinen Stellvertreter, Abs. 3.

Diese Studentenvertretung wurde in **Nachempfindung** der in Tradition und den Landesgesetzen üblichen **ASTEN/"verfassten" Studentenschaften**,[546] z. B. §§ 131 Abs. 1 HmbHG, konzipiert. Sein Status und seine Befugnisse, ein hot spot der Hochschulreformdiskussion, waren in Hamburg dementsprechend umstritten. Allerdings hat der Studentenkonvent, anders als die Studentenschaften der Landeshochschulen, nur einen reduzierten eigenen Rechtsstatus (keine Gliedkörperschaft) und erhebt keine Gebühren; auch ist der Aufgabenkatalog eng und wenig politisch. Insofern berühren die politischen Leidenschaften und Aufreger, die sich um die Studentenschaften und den Komplex des (allgemein)politischen Mandats ranken,[547] die Universitäten der Bundeswehr kaum. Vorsichtshalber sieht aber § 80 Abs. 7 RahBestM vor, dass bei rechtswidrigen Maßnahmen der Studentenvertretung die Mittel zu sperren sind.

Die Studentenvertretung beruft sich allerdings auf **Friktionen**, die sich aus Überschneidungen **im Doppelstatus „Student – Soldat"** ergeben

---

[546] *Ellwein/Müller/Plander*, S. 38f, 49, 108f; *Opitz*, S. 31; *Sanmann*, S. 15; *Weise*, S. 268; Grundlegende und historische Darstellung *Thieme*, Hochschulrecht, Rn. 933 ff; positiv *Kutz*, Reform, S. 153, aber mit nur politischer Begründung.

[547] Kein allgemeinpolitisches Mandat: BVerfG 34, 69ff; BVerwG, Urt. v. 16.10.2020 – 8 C 23.19; *Reich*, § 41 Rn. 5; *Thieme*, Hochschulrecht, Rn. 41; *Welz*, Hochschulrecht, Rn. 259 ff; was aber immer wieder zu unterlaufen versucht wird.

können,[548] z. B. Besprechungstermine oder Heranziehung zu militärischen (Rest)Aufgaben, die mit Terminen aus dem Studium konkurrieren.

Trotzdem ist die Notwendigkeit des Studentischen Konvents nur schwer zu erkennen: Vom typischen Aufgabenkatalog der ASTEN laufen die „wirtschaftlichen und sozialen Belange" bei Offizierstudenten leer. Weiter bestehen an den UniBw **mehrere Systeme studentischer Mitbestimmung und Vertretung**, so die Mitbestimmung in den Gremien der Gruppenuniversität, kollektive institutionelle Vertretung im Rahmen des Studentenbereichs, die individuelle Fürsorge aus dem Dienstverhältnis und die Vertretung durch die Vertrauenspersonen nach dem SBG.

Mit dem Studentischen Konvent und den Fachschaften, § 5 Abs. 4 f, und der Versammlung und dem Rat der Wissenschaftlichen Mitarbeiter an der UniBw M, § 44 RahBest, liegt jeweils **Mehrfachvertretung**[549] vor, die zu Aufwand, Redundanzen, Schnittstellen und Befangenheiten führt. Wenigstens sind Inkompatibilitätsregelungen für Personalratsmitglieder als Gremienvertreter in Personalangelegenheiten getroffen, § 32 Abs. 1 RahBestH bzw. § 41 Abs. 5 RahBestM. Damit ist fraglich, ob es wirklich sinnvoll ist zusätzliche Gremien zu schaffen.

---

[548] *Gessenharter*, S. 95; *Rissmann, Torsten*, et al., Wir über uns – Studium und Universität aus studentischer Sicht, in Festschrift, S. 176.

[549] *Reich*, § 41 Rn. 3; *Thieme*, Hochschulrecht, Rn. 945f; a. A. Begründung BT-Drs. 10/2883 S. 24; keine Beanstandung BVerfGE 47, 327f, 387f, mit nur minimaler Begründung.

XIII. Verwaltung, Kanzler, Haushalt

Beide Universitäten haben eine **zentrale Verwaltung, die von dem Kanzler geleitet** wird. Bei der Einheitsverwaltung unterstehen Kanzler und Verwaltung der Universitätsleitung,[550] nicht dem BMVg. Während die HSU HH bei dem unter Teil C, Aufbau und Organisation, einen eigenen Abschn. V, Verwaltungsbereich, widmet, §§ 29 – 33 RahBestH, regeln die RahBestM den „Kanzler" systematisch im Rahmen der Hochschulleitung, § 19 Abs. 1 (Abschnitt I, „zentrale Organe" im Teil B, Aufbau und Organisation). Dies macht den Unterschied in Verständnis und Konstruktion deutlich:

An der HSU HH ist der Kanzler zwar der „leitende Beamte der Universitätsverwaltung" und Beauftragter für den Haushalt.[551] Die HSU HH hat aber eine „echte" (monokratische) Präsidialverfassung. In dieser ist der **Präsident auch die Spitze des administrativen Bereiches**, also auch die „Verwaltungsspitze" und dem Kanzler gegenüber weisungsberechtigt; auch können viele Bereiche, die materiell Verwaltung sind, dem Präsidenten zugeordnet sein. Der Kanzler kann damit nicht selbstständiger Leiter der Verwaltung sein, sondern nur weisungsgebunden dem Präsidenten „zur Seite" stehen, § 29 Abs. 1 RahBestH. Damit handelt es sich „eigentlich" nicht um einen „echten" Kanzler, sondern „nur" um einen leitenden Verwaltungsbeamten; doch hat sich auch für diese inzwischen allgemein die Bezeichnung „Kanzler" durchgesetzt und status- und besoldungsrechtliche Nachteile bestehen i. d. R. nicht mehr.

Bei dem kollegialen Leitungsmodell der UniBw M ist der Kanzler dagegen **eigenständiges, nicht weisungsgebundenes Organ und Teil der kollektiven Leitung**, § 19 Abs. 1 Nr. 3, Arg. § 24 Abs. 1 Nr. 1 (Leitungsgremium, erweiterte Hochschulleitung).

Bei diesem Verständnis verzichtet die RahBestM auf einen eigenen Abschnitt für Kanzler, Verwaltung und Haushalt, sondern begnügt sich mit Einzelparagraphen, § 13 Rechts- und Verwaltungsangelegenheiten,

---

[550] Anders als bei der Kuratorialverfassung bei der Einheitsverwaltung unstreitig; *Ellwein/Müller/Plander*, S. 35f; *Thieme*, Hochschulrecht, Rn. 559; *Welz*, Rn. 268, 279, 290; s. o. S. 139.

[551] S. o. S. 155, 158.

§ 14, Haushaltsangelegenheiten, sowie § 23, Kanzler.

Abgesehen von diesem systematisch unterschiedlichen Grundsatzmodell bestehen an beiden UniBw zahlreiche Gemeinsamkeiten:

- Zur finanziellen Aufwertung wurden auch die Kanzler nach § 33 Abs. 1 Nr. 3 BBesG in die **W – Besoldung** überführt.

- Der Kanzler gehört dem Senat an, hat aber **kein Stimmrecht**; er kann „beratend" an den Sitzungen der übrigen Kollegialorgane teilnehmen.

- In seinem Zuständigkeitsbereich sind neben den Rechtsangelegenheiten vor allem die zentralen **„Verwaltungsangelegenheiten"**, insbesondere Bewirtschaftung des Haushalts, Kassen-, Rechnungs- und Gebührenwesen, Personalangelegenheiten sowie Beschaffung. Hierzu gehören auch die **administrativen Teile der akademischen Aufgaben**, §§ 2 Abs. 3, 29 Abs. 1, 30 Abs. 2 RahBestH, § 11 Abs. 3 RahBest M. Darüber hinaus umfasst „Verwaltung" neben der Zentralverwaltung aber auch Teile der Fakultätsverwaltungen sowie das Verwaltungspersonal in den sonstigen Einrichtungen und Betriebseinheiten, so ausdrücklich § 30 Abs. 1 RahBestH; für die UniBw M folgt dies aus der Aufzählung der „sonstigen" = nichtakademischen Aufgaben, Arg. § 11 Abs. 3 RahBestM, die dann anschließend in § 13 – Rechts- und Verwaltungsangelegenheiten – und § 14 – Haushaltsangelegenheiten – näher präzisiert werden.

In diesem Bereich ist der Kanzler **ständiger Vertreter des Präsidenten**, § 17 Abs. 5 RahBestH, § 20 Abs. 7 RahBestM.

- Kraft eigener Zuständigkeit ist der Kanzler **Beauftragter für den Haushalt** und damit zuständig für Aufstellung und Vollzug des Haushaltsplanes, § 29 Abs. 2, 31 RahBestH, § 23 Abs. RahBestM, also die Zuweisung von Mitteln, Verpflichtungsermächtigungen und (Plan)Stellen im Rahmen des Bundeshaushaltsplans; die Haushaltsaufstellung erfolgt über Beiträge der Gliederungseinheiten, Erstellung durch die Verwaltung, Behandlung in den zentralen Gremien, Vorlage vom Präsidenten bzw. dem Leitungsgremium an den BMVg, §§ 30, 31 RahBestH, § 14 RahBestM. Dabei ist der „STAN" zu beachten, d. h. die Vorgabe für den jeweiligen Typ der Einheit oder Dienststelle, eine haushaltsrechtliche Besonderheit im Bereich der Bundeswehr.[552] Als „Beauftragter für den Haushalt" hat der Kanzler ein spezielles **Vetorecht mit Devolutiveffekt**: Folgt der Präsident/das Leitungsgremium seinem Veto nicht, ist die Entscheidung des BMVg einzuholen, § 29 Abs. 2 RahBestH, § 23 Abs. 2 RahBestM.

- Der Kanzler muss die **Befähigung zum Richteramt oder zum höheren Verwaltungsdienst** haben. Er wird vom BMVg ernannt, wobei die Universität – für die HSU HH der Präsident, für die UniBw M der Verwaltungsrat im Benehmen mit dem Staatsministerium – das Vorschlagsrecht hat, § 29 Abs. 3 RahBestH, § 23 Abs. 4 RahBestM, die auch die Abberufungsmöglichkeit und die Stellvertretung regeln, Abs. 5.

Der **Haushalt ist Teil des Bundeshaushalts**[553] und ausfinanziert. Abgesehen von den Bestimmungen zu Drittmitteln, die über den Universitätshaushalt und damit Bundeshaushalt abgewickelt werden, existieren in den RahBest für die Universitäten **keine speziellen Regelungen für Eigenanteile und Spielräume**, z. B. für Universitätsvermögen oder eigene Einnahmen, letzteres erscheint verbesserungsfähig, da über Drittmittel, Start Ups, Patente, Lizenzen, Preise, Gebühren u.ä. zunehmend eigene Einnahmen anfallen, die nach dem Belohnungsprinzip (teilweise) bei der Hochschule bzw. der „Quelle" verbleiben sollten. Ein Globalbudget ist nicht im Gespräch und auch eine leistungsorientierte Mittelvergabe, LOM, d. h. die Belohnung besonderer Leistungen durch zusätzliche Haushaltsmittel, findet bisher nur bei den Leistungszulagen im Rahmen der W – Besoldung statt, die allerdings von der Universität verwaltet werden.

Die **Steuerung erfolgt damit nur durch den Bundeshaushalt**. Die Einflussnahme der Universität kann also „eigentlich" nur über die interne Aufstellung des Haushaltsplans und dessen Weiterleitung als Antrag an den BMVg erfolgen, der dann über die Formalitäten und Verhandlungen mit dem Finanzministerium und in dessen Unterstützung

---

552 Stärke- und Ausrüstungsnachweis; *Weise*, S. 372; allerdings spielt er für die UniBw eine relativ geringe Rolle, da nur zwei UniBw existieren und damit Spielraum für Besonderheiten bleibt.

553 EPl 14, Kap. 1413; *von Schroeders*, S. 118.

auch in den Verhandlungen mit dem Haushaltsausschuss des Bundestages – Berichterstatter – zuständig ist. Natürlich finden dabei auch die im Haushaltswesen üblichen informellen und persönlichen Kontakte und Verhandlungen statt. Umgekehrt hat das BMVg über den Haushalt die Möglichkeit, im Einvernehmen mit dem Finanzministerium auch seinerseits in Abweichung vom Antrag der Universität eigene Akzente zu setzen.

XIV. Studentenbereich[554] – das militärische Element

Der **Status der Studenten** ist das größte Alleinstellungsmerkmal, das die Universitäten der Bundeswehr von den Landesuniversitäten unterscheidet: Die Studenten sind gleichzeitig Soldaten, das Studium ist militärischer Dienst i. S. von §§ 1, 7 SG, deklaratorisch in die RahBest transformiert, § 5 Abs. 1 RahBestH, § 79 Abs. 1 RahBestM. Ebenso beseht das Fürsorgeverhältnis des Dienstherrn fort, §§ 1 Abs. 1, 31 ff SG. Das Verhältnis Student und Soldat, die Kombination Studentenstatus mit Soldatenstatus war also nicht nur individualrechtlich, sondern auch **hochschulverfassungsrechtlich** zu regeln.

Ausschließlich zum zivilen Bereich und damit zur Universitätsverwaltung gehören zwar die akademischen Angelegenheiten der Studenten wie Immatrikulation und Exmatrikulation, Belegen von Vorlesungen, Dokumentation des Studiums und das Prüfungswesen, die von der Universität wahrgenommen werden.[555] Als **militärische Gegenstände** bleiben aber die „truppendienstliche Führung der Soldaten, …soldatische Erziehung"[556] und Ordnung, militärische Aus- und Fortbildung,[557] Betreuung und Fürsorge sowie die Personalbearbeitung", § 27 Abs. 1 RahBestH bzw. § 51 Abs. 1 RahBestM. Unter letztere fallen sämtliche dienstlichen Belange[558] wie Besoldung, Versorgung, Fürsorge, Berufsberatung, Nebentätigkeiten, (Rest)Aufgaben der militärischen Sicherheit (Wachdienst, OvD und Rufbereitschaften),[559] das Bereithalten militärischer Kleidung sowie individuelle und freiwillige militärische Weiterbildung (Lehrgänge und Truppenkommandos (Praktika) für Studen-

---

[554] Ursprünglich war die Bezeichnung Studentenbereich, woran die HSU HH als Folge der veralteten RahBest noch festhält, während die RahBestM nach der Öffnung für Frauen auf Studierende/Studierendenbereich übergegangen sind. Nach der hier verfolgten Linie zur gegenderten Sprache, s. o. Fn 10, wird weiterhin Studenten/ verwendet.

[555] *Von Schroeders*, S. 136.

[556] Zum Erziehungsbegriff s. o. S. 38.

[557] Zu AMA s. o. S. 12, 52, 94, s. u. 189.

[558] BMVg Hochschulen 74, S. 35; *Reuter-Boysen* S. 86f; *Sanmann*, S. 14f; *Schwarz*, S. 167f; *von Schroeders*, S. 136.

[559] S. o. S. 12, 176f, s. u. 193.

ten, Stamm und Wissenschaftler) sowie die gesundheitliche Heilsfürsorge, die seelsorgerische Betreuung entsprechend § 36 SG durch Militärpfarrer (noch) zweier Konfessionen; als „Infrastruktur" gehören zum Studentenbereich die Unterkünfte der Studenten, die Betreuungs- und Freizeiteinrichtungen und schließlich der Sanitätsbereich mit den Einrichtungen der sanitätsdienstlichen Versorgung, wobei die **Ärzte auch als Amtsärzte** für die Gesundheitsfragen in Studien- und Prüfungsangelegenheiten fungieren.[560]

Für diesen beachtlichen Aufgabenkreis sollte trotz Widerstandes in Hamburg, wo wegen des militärischen Dienstverhältnisses eine Gefährdung der Wissenschafts- und Beeinträchtigung der Studienfreiheit befürchtet wurde,[561] nicht auf eine **militärische Organisation und Hierarchie** verzichtet werden. Hierfür wurde die Alternative, eine militärische Gliederung organisatorisch „neben", also außerhalb der Universität, verworfen. Um einen Dualismus von zivilen und militärischen Komponenten zu verhindern und eine Integration beider Komponenten zu erreichen wurde deshalb der „Studentenbereich" geschaffen.[562]

Dies bedingt Besonderheiten in der Struktur der UniBw, die sich in einer eigenen organisatorischen Einheit manifestieren. Neben dem akademischen Bereich (Forschung und Lehre) und zentraler Verwaltung ist der **„Studentenbereich" der dritte Organisationsteil** der Universitäten der Bundeswehr, der naturgemäß bei den Landesuniversitäten keine Entsprechung hat. Hochschulrechtlich ist der Studentenbereich in den RahBest unter Aufbau und Organisation der Universität gleichrangig mit den anderen Bereichen – Leitung, Fakultäten, Verwaltung – Teil C, § 27 f RahBestH, bzw. Teil B, § 51 f UniBw M, geregelt.

Der Studentenbereich ist nicht Teil der Universitätsverwaltung. Zwar ist der **Präsident** auch diesem Bereich eindeutig **übergeordnet** – Vorgesetzter auch „der Soldaten ... in allgemein dienstlicher Hinsicht", § 16 Abs. 2 RahBestH bzw. § 20 Abs. 3 RahBestM. Der Präsident kann aber als Zivilist nicht die Aufgaben des Studentenbereichsleiters und militärischen Vorgesetzten erfüllen. Der Leiter des Studentenbereichs ist deshalb truppendienstlicher Vorgesetzter aller Soldaten, § 28

---

[560] *Schwarz*, S. 166.
[561] *Ellwein/Müller/Plander*, S. 39f; *Gessenharter*, S. 89; *Sanmann*, S. 14; *Schwarz*, S. 161f.
[562] *Ellwein/Müller/Plander*, S. 39f; *Sanmann*, S. 14; *Schwarz*, S. 1.

RahBestH bzw. § 52 RahBestM, und der militärische Verwaltungs-
strang, insbesondere die statusberührenden Personalvorgänge, sind
dem BMVg bzw. Bundesamt für das Personalmanagement der Bundeswehr zugeordnet, so dass es sich um einen eigenen Verwaltungsast
handelt. Der Studentenbereich ist damit eine **eigenständige „staatliche" Verwaltung und eine Ausnahme von der Einheitsverwaltung**;[563] allerdings für Bereiche, die von der hochschulverfassungs-
rechtlichen Einheitsverwaltung ohnehin nicht umfasst sind. Insofern
handelt es sich bei dem Studentenbereich nur um einen partiellen und
integrierten Sonderbereich und keinen Teil der Verwaltung, der die administrativen Belange der Universität beträfe. So ist die Universitätsverwaltung auch für den Haushalt des Studentenbereichs zuständig.
Damit steht die „Einheitsverwaltung" der UniBw, § 30 Abs. 2
RahBestH, Arg. 23 Abs. 1 RahBestM, nicht in Frage.[564]

Je nach Einfühlungsbereitschaft der Akteure konnte es zu **Separie-
rungserscheinungen** zwischen dem akademischen und dem Studentenbereich kommen; auch kam und kommt es theoretisch durch den
Status als eigenständige Verwaltung zu Überschneidungen und Friktionen mit der Universitätsverwaltung. Diese werden weitgehend pragmatisch gesprächsweise oder durch faktische Federführung einer Seite,
zumeist der Uni-Verwaltung, gelöst, so bei Reisekosten, Umzugskos-
ten, Verwaltung der Liegenschaften und Truppenverpflegung – an der
HSU HH Mensa – bei Einsetzung des Studentenbereiches zur Unterstützung hierbei und auch bei anderen Verwaltungsangelegenheiten der
Universität.[565] Insgesamt ist die Kooperation mit dem akademischen
Bereich und der Universitätsverwaltung konstruktiv und heute problemlos. Der „Einbau" des Studentenbereichs als militärische Komponente in eine „zivile" Bedarfsuniversität erscheint insgesamt als **gelungener Kompromiss** und Konfliktminimierung.

Ursprünglich wurde der Studentenbereich organisationsrechtlich als eigene, nichtselbstständige Dienststelle[566] angesehen; seit nach dem
„Dresdner Erlass" Funktionen militärisch wie zivil wahrgenommen
werden können, ist er **Teil der einheitlichen Dienststelle UniBw.**

---

[563] *Weise*, S. 290; zur Einheitsverwaltung s. o. S. 139, 181.
[564] *Von Schroeders*, S. 71 f; *Weise*, S. 292 f.
[565] *Schwarz*, S. 164 f.
[566] *Von Schroeders*, S. 86 f.

Für eine Universitätsgliederung ist allerdings die militärische Komponente deutlich ausgeprägt – Vorgesetzten – Untergebenen – Verhältnis, Befehl und Gehorsam, gemeinsames Essen und Wohnen:

Rechtlich und organisatorisch ist er der „militärische Teil" der Bundeswehruniversität, der auch strukturell eine **militärische Organisation – Stab-Linien-Schema** – aufweist.[567] Er umfasst, ohne Offizierstudenten und die je 30 – 40 als wissenschaftliche Mitarbeiter tätigen Offiziere,[568] den **„Stamm" von je gut 80 Soldaten**, die einzigen an den UniBw, für die (durchgehend) Uniformpflicht besteht.[569]

Im Mittelpunkt der Aufgaben steht aber die **„Anleitung und Unterstützung der Offizierstudenten"**,[570] also die mehrfach erwähnte spezifische „Betreuung" – Beobachtung und Besprechung der Studienleistungen, Studien- und privater Probleme. Die Vorgesetzten des Studentenbereichs sind also weniger die Hierarchie und Aufsicht, sondern die „Kümmerer" für die Studenten mit allen ihren Problemen. Hierzu gehört auch die Psychologische Studienberatung und die Militärseelsorge, die zu einem gemeinsamen Hilfenetz verbunden sind, so dass ein entsprechend enges Vertrauensverhältnis besteht. Im Übrigen trägt der Studentenbereich fachlich zur Interdisziplinarität und zum Berufsfeldbezug bei; schließlich hält dies Betreuungssystem die Misserfolgsquote mit 25% niedrig.[571]

Der **Leiter des Studentenbereiches** ist der truppendienstliche Vorgesetzte aller Soldaten, also neben den Studenten auch des militärischen Stammpersonals. Er ist der militärische Kasernenkommandant. Seine Aufgaben sind in einer speziellen „Dienstanweisung für den Leiter Studentenbereich" festgelegt. Er gehört **wichtigen Gremien mit beratender Stimme** an; so dem Senat, an der UniBw M ebenso dem Leitungsgremium, er hat das Recht, an den Sitzungen der Senatsausschüsse und Kommissionen teilzunehmen, § 28 Abs. 1 RahBest HSU bzw. § 52 Abs. 1 RahBestM.

Der Leiter des Studentenbereiches ist Soldat, **Planstelle Oberst/Ka-**

---

[567] *Von Schroeders*, S. 69, 81, 136.
[568] S. o. S. 133.
[569] *Schwarz*, S. 166.
[570] *Hartmann*, S. 63.
[571] *Hartmann*, S. 63f, 66f, 72, 74; zur Misserfolgsquote s. o. S. 49, 98f, 198, 211f.

pitän zur See. Er hat dementsprechend die Disziplinargewalt eines Regimentskommandeurs und hat die Disziplinarbefugnis der Stufe III i. S. v. <u>§§ 28, 30 der Wehrdisziplinarordnung</u>[572] aller Soldaten der Universität. Er soll Erfahrungen als militärischer Führer von mindestens Bataillonen, aber auch selbst einen Hochschulabschluss haben.[573]

Der Leiter des Studentenbereiches ist auch verantwortlich für die **„Allgemeine Militärische Ausbildung"** (AMA, Marschieren, Gefechtsschießen, ABC- und San-Ausbildung, aber auch verteidigungspolitische und militärische Vorträge).[574]

Nach militärischem Standard verfügt der Studentenbereich über einen **„Stab", der in die im Militär üblichen Führungsgrundgebiete gliedert** ist.[575] Da zahlreiche Stabsaufgaben nur rudimentär anfallen bzw. in der Zuständigkeit der Hochschulverwaltung liegen, sind die meisten Grundgebiete nur sehr klein; der Stab i.e.S. umfasst **rund 20 Soldaten**. Am wichtigsten und größten ist das Grundgebiet S 1, Personalwesen. Hierunter fallen die Personalangelegenheiten sowohl des militärischen Stammpersonals wie auch die der Studenten im weiteren Sinne; es ist dementsprechend in zwei Bereiche unterteilt; S 2 ist verantwortlich für die Sicherheitsüberprüfungen; S 3 organisiert die verbliebene militärische Ausbildung AMA und S 4 beschafft das (hierfür) benötigte militärische Material (durch Ausleihe von anderen Verbänden).

Der Studentenbereich gliedert sich als „Spiegelbild zur akademischen Organisation"[576] in die **Studentenfachbereiche**, an der HSU HH drei

---

572 Wehrdisziplinarordnung i.d.F. der Bekanntmachung vom 16.82001 (BGBl. I S. 2093), zuletzt geändert durch Gesetz zur Reform der strafrechtlichen Vermögensabschöpfung vom 13.42017 (BGBl. I S. 872), künftig zitiert WDO; Gleichstellung mit den entsprechenden militärischen Dienststellungen nach Abs. 1 Satz 3 durch Erlass über die Disziplinarbefugnis von Offizieren, ZDV 14/3 B 112.

573 BMVg, Hochschulen 74, S. 35.

574 S. o. 12, 45, 94, 189.

575 S 1 Personal; S 2 Nachrichtenwesen, mil. Sicherheit; S 3 Organisation, Führung, Planung, Ausbildung; S 4 Versorgung; S 5 zivil-militärische Zusammenarbeit; S 6 Unterstützung; von Schroeders, S. 82ff mit berechtigter Warnung, daraus Parallelen zu militärischen Verbänden (Regiment, Bataillon) zu ziehen; *Schwarz*, S. 166ff.

576 *Schwarz*, S. 168.

und an der UniBw M fünf, die grob an die Fakultätsstruktur der Universität angelehnt und in die jeweils die Studenten eines Fachgebiets zusammenfasst sind. Die Leiter der Studentenfachbereiche sind die **truppendienstlichen Vorgesetzten aller Soldaten des jeweiligen Bereichs,** § 28 Abs. 2 RahBestH bzw. § 52 Abs. 2 RahBestM. Sie sind die „nächsthöheren" Disziplinarvorgesetzten der Soldaten ihrer Fachbereiche, §§ 28 f WDO; sie sollen über Truppenerfahrung als Kompaniechef verfügen und einen Studienabschluss in ihrem zu betreuenden Fachgebiet haben. Ihnen sind planmäßig lediglich zwei Unteroffiziere als Gehilfen zugeordnet;[577] zur Verstärkung werden als „dienstpostenähnliches Konstrukt" hier auch Studienabbrecher, deren Verbleib an der UniBw objektiv und subjektiv sinnvoll erscheint, vorübergehend verwendet.[578]

Die Leiter haben Sitz mit **beratender Stimme in den Fakultätsräten** und deren Ausschüssen und Gremien, § 28 Abs. 3 RahBestH bzw. § 52 Abs. 2 RahBestM.

Als Ebene „darunter" sind als horizontale Gliederung **Studentenfachbereichsgruppen** für einzelne Studiengänge und Studienjahrgänge vorgesehen; deren Leiter sollen erfahrene Offiziere im Dienstgrad Hauptmann sein.[579] Sie sind die truppendienstlichen Vorgesetzten aller Soldaten der jeweiligen Studentenfachbereichsgruppe, § 28 Abs. 4 RahBestH bzw. § 36 Abs. 3 RahBestM, haben die Disziplinarbefugnis eines Kompaniechefs und müssen ohne personelle Unterstützung tätig sein.[580]

Wenn auch in Umfragen manche Reglementierungen als zu kleinlich beklagt[581] werden, wird die **Wirkung** des Studentenbereichs von den Offizierstudenten **positiv** hervorgehoben; jedenfalls ist das Verhältnis zu den militärischen Vorgesetzten eher vertrauter und kollegialer als zu den Professoren.[582]

---

[577] *Schwarz*, S. 167.
[578] Vgl. o. S. 49, s. u. 197f.
[579] BMVg Hochschulen, S. 35; *Schwarz*, S. 168f.
[580] *Hartmann*, S. 71f mit Forderung nach Entlastung durch Unterbau.
[581] *Zimmermann*, S. 38.
[582] *Sanmann*, S. 15 mit der Analogie zur Vertrauensperson eines Stipendiengebers; *Schwarz*, S. 169; *Gessenharter*, S. 94.

XV. Das Alleinstellungsmerkmal – Student und Soldat

Theoretisch besteht eine scharfe Trennung zwischen dem akademischen Verhältnis des Studenten zur Hochschule und dem dienstrechtlichen Verhältnis zur Bundeswehr.

Doch nicht nur hochschulorganisatorisch, auch individualrechtlich bedingt der **Doppelstatus Student und Soldat Schnittstellen**, vor allem bei Auswahl und Studienfach, den Übergängen und dem Studentenstatus. Die Studenten sind Soldaten, das Soldatengesetz gilt uneingeschränkt[583] und sie beziehen Gehalt; sie haben also einen Beruf, üben aber dessen typische Tätigkeitsmerkmale nicht aus, sondern sind stattdessen für das Studium „freigestellt". Dabei bestehen bei den gesetzlichen Regelungen durchaus Lücken, die der BMVg mit den „Personellen Vorgaben"[584] zu füllen versucht hat. Zwar steht die (militärische) Verwendung grundsätzlich im Ermessen des Dienstherrn, doch da das Verfahren transparent sein und die Gleichbehandlung dieser Gruppe sichergestellt werden muss, hat der BMVg durch die „Vorgaben" für die Offizierstudenten sein Ermessen insoweit selbst gebunden und sich – und teilweise auch den Universitäten – das Verfahren vorgeschrieben.

1. Vom Soldaten zum Studenten – cum grano salis

Voraussetzung für ein Studium an den Universitäten der Bundeswehr ist grundsätzlich ein bestehendes einschlägiges **Wehrdienstverhältnis im Status als Offizieranwärter**, § 5 RahBestH, Arg. Vorgaben, Tz 101, Satz 1.[585] Die formalen Voraussetzungen aus diesem sind die Einstellung als Offizieranwärter im Auswahlverfahren des Assessmentcenters, die beiderseitige Entscheidung für eine Teilstreitkraft, Verpflichtungsdauer mindestens 13 Jahre, der Vorlauf in der Truppe und die be-

---

583 Anlass zum Widerstand insbesondere in Hamburg in der Gründungsphase s. o. S. 43.
584 BMVg, Vorgaben; Integration in die militärische Laufbahn s. o. S. 56ff.
585 *Von Schroeders*, S. 143; zu den – atypischen – zivilen Studenten s. o. S.112f.

standene Offizierprüfung. Nach der erfolgten Vorentscheidung im Assessmentcenter wird formalrechtlich verbindlich vor dem Studium in der Bundeswehr, durch das Amt für Personalmanagement als Personalführende Stelle für Offiziere, die Entscheidung getroffen, was der Offizier studieren soll, und damit, an welcher Universität und in welchem Studiengang er immatrikuliert wird. Hierbei wird möglichst großzügig auf die **Wünsche und Neigungen der Bewerber** eingegangen, zumal das Studienfach für die Motivation vieler Bewerber eine wichtige Rolle spielt. Vor allem besteht der grundlegende Unterschied nach Begabung und Neigung zwischen Geistes- und Gesellschafts- bzw. Natur- und Technikwissenschaften.

Es sind aber auch die **dienstlichen Erfordernisse** zu berücksichtigen. So findet eine Steuerung statt auch nach dem Bedarf, den die Bundeswehr für Absolventen der jeweiligen Fachrichtung hat. Dies geschieht aber nicht 1:1 – das Leitbild des für eine spezifische Verwendung ausgebildeten Offiziers ist nicht zu realisieren, sondern Praxis ist der akademisch ausgebildete Offizier theoretisch als Generalist, und bei vergleichsweise wenigen Studiengängen und vielen späteren Verwendungsmöglichkeiten ergeben sich weite Überschneidungen. Trotzdem besteht der grundlegende Unterschied bei dem Bedarf der Bundeswehr und der Neigung der Studenten zwischen den angebotenen Fachrichtungen. Auch soll eine Mindeststärke aller Studiengänge gewahrt bleiben und umgekehrt ist eine entscheidende Schleuse die **Kapazität des Studiengangs**.[586] Schließlich haben auch die Teilstreitkräfte für die Studiengänge ihren Bedarf an Plätzen reserviert. Bei der Zuteilung haben die leistungsstärkeren Kandidaten größere Chancen, ihre Wünsche durchzusetzen. Diese nach Zweck, Status und Gehalt mehr als verständliche Steuerung führt, vor allem bei schwächeren Kandidaten, wenn das Studium Hauptmotiv für die Berufswahl ist, nicht selten zu Unsicherheit und Motivationskonflikten;[587] dabei ist aber zu bedenken, dass auch an Landeshochschulen durch den Numerus Clausus häufig nicht das Wunschstudium gewählt werden kann. Das Klären der Differenzen bei der Einstellung bzw. vor dem Studium ist durch das aufwändige Beratungs- und Betreuungssystem institutionalisiert.

---

[586] Vorgaben, Tz 201; Assessmentcenter S. 3; Neugestaltung Ausbildung, S. 3; Auskunft BMVg vom 10.7.2020; s. o. S. 54f.

[587] Abweichungen vom Wunschstudium *Bald/Lippert/Zabel*, S. 72, 121, Tab. 15.

Erst nach dieser Klärung kann die **Versetzung an eine UniBw** durch das Bundesamt für das Personalmanagement erfolgen[588] und der Offizieranwärter erhält „den Befehl, das Studium in dem für ihn vorgesehenen Studiengang als Dienst durchzuführen". Entspräche die Bundeswehr dem nicht, wäre dies eine dienstrechtliche Maßnahme, die auf dem Beschwerdeweg anfechtbar wäre.

Hochschulrechtlich beginnt das Studium mit der Immatrikulation. Bei den Immatrikulationsvoraussetzungen nehmen die RahBest auf die „nach Landesrecht jeweils geforderten Bildungsvoraussetzungen", § 5 Abs. 2, Nr. 1, Bezug. Nach § 5 Abs. 2 Nr. 2 RahBestH sind von der Universität auch die Anforderungen des militärischen Dienstverhältnisses für das Studium – Versetzungsverfügung, Offizierprüfung, Verpflichtung auf 13 Jahre – (nochmals) zu prüfen. Diese früher gleichlautende Bestimmung der RahBestM ist in der Neufassung (als unnötig?) entfallen, wodurch die Trennung beider Statusverhältnisse schärfer betont wird. Durch die **Immatrikulation**, einen Rechtsakt nur der Universität, werden die **Offizieranwärter jetzt – zusätzlich – Studenten** und Mitglieder der Universität. Neben ihrem soldatischen Status haben sie also einen uneingeschränkten akademischen Status als Studenten. Allerdings wird dort auch bestätigt, dass das Studium Dienst ist, § 5 Abs. 1 RahBestH bzw. § 79 Abs. 1 RahBestM, und die Pflichten und Rechte nach dem Soldatengesetz[589] weiterhin gelten. Es bleiben auch militärische Restaufgaben: Neben der AMA sind dies – unverzichtbar als militärischer Sicherheitsbereich – trotz grundsätzlich ziviler Bewachung – ergänzende **Wach- Sicherheits- und Bereitschaftsdienste** (OvD);[590] auch zusätzlicher Sport kann angeordnet werden, zumal von den Offizierstudenten das Sportabzeichen erwartet wird. Die Studenten an UniBw haben also einen echten Doppelstatus als „Student und

---

[588] Vorgaben Tz. 201.

[589] S. o. S. 14, z. B. Rechte §§ 28–36 SG, insbes. Bezüge und Fürsorge bzw. Pflichten §§ 7–17 SG, insbes.: treues Dienen, Gehorsamspflicht, Beschränkung der Politischen Betätigung im Dienst und in Räumen, grundsätzliche Verpflichtung zur Teilnahme an der Truppenverpflegung und zum (kostenlosen) Wohnen in der Gemeinschaftsunterkunft (Ausnahmen bestehen für Verheiratete, Ledige mit eigenem Hausstand sowie mit Genehmigung des Disziplinarvorgesetzten; > 25 J. ist die Gemeinschaftsunterkunft freiwillig und es werden hierfür Gebühren in Rechnung gestellt; Auskunft des BMVg. vom 14.8.2020.

[590] S. o. S. 12, 185.

Soldat", § 5 Abs. 1 RahBestH, § 79 Abs. 1 RahBestM, was zu Schnitt-stellen führt.[591]

Mit der Immatrikulation, die, wie auch bei den Landesuniversitäten, nur für den gewählten Studiengang erfolgt, **dominiert dann das Studentenverhältnis das militärische Dienstverhältnis** und die Leitentscheidungen fallen durch die Universität; so sind Immatrikulation, Exmatrikulation, Noten für Studienleistungen, Bestehen oder Nicht-Bestehen von Prüfungsteilen oder Prüfungen, Gestatten oder Ablehnen von Wiederholungsprüfungen Rechtsakte der Universität. Hier wird das Wehrdienstverhältnis „durch das hochschulrechtliche Rechtsverhältnis ... überlagert"[592] und die Pflichten nach dem SG entsprechend modifiziert. Insbesondere hat der Student die **„Studierfreiheit"**, d. h. im Rahmen der Prüfungsordnungen darf er Lehrveranstaltungen frei wählen, Studienrichtungen und Schwerpunkte selbst aussuchen und wissenschaftliche Meinungen selbst erarbeiten und schriftlich oder mündlich frei äußern, §§ 2 Abs. 8, 79 Abs. 2 RahBestM, nur global geregelt, aber unstreitig auch § 1 Abs. 3 RahBestH. Die Offiziersstudenten haben auch die volle negative Studienfreiheit, d. h. sie dürfen auch Lehrveranstaltungen fern bleiben, sei es, um den Stoff individuell zu erarbeiten – Bücher, elektronisch – oder schlicht eine „Auszeit" zu nehmen.[593] Diese Freiheiten finden allerdings enge Grenzen in den vollen und straffen Studienplänen.

Andererseits **gilt das Wehrdienstverhältnis aber „darunter" fort.** Weil das Studium Dienst ist, muss der Offiziersstudent, trotz aller Studienfreiheit,[594] alles erforderliche tun um das Ziel des Studiums zu erreichen und alles unterlassen, was das Ziel gefährden könnte.[595] So haben die Studenten die Pflicht, das Studium so zu gestalten, dass sie den

---

[591] Zu Schnittstellen mit der Studienfreiheit z. B. s. o. S. 42, 90, 145, 179, 195, 200.

[592] VG Hamburg 14.2.1983, 4 VG 6/82, S. 6 sowie 28.1.1988, 9 VG 4064/86, S. 12; *von Schroeders*, S. 143f; *Schwarz*, S. 161.

[593] *Piesker*, S. 2; Letzteres darf zwar nicht beanstandet werden, erscheint aber rechtlich auf Grund des bestehenden Dienstverhältnisses und des bezogenen Gehaltes problematisch, da sich die Wissenschaftsfreiheit „eigentlich" auf Inhalte und weniger auf Formalia bezieht.

[594] S. o. Fn 591.

[595] *Von Schroeders*, S. 185.

Abschluss in der Regelstudienzeit erreichen[596], also grundsätzlich die vorgesehene Studiendauer einzuhalten. Zu den hochschulrechtlichen Sanktionen kommen die – strengeren – dienstrechtlichen hinzu. In einer Tabelle der „Vorgaben" sind die vorgesehenen Studienabschlüsse mit „Regelstudienzeit" und „Höchststudienzeit" aufgelistet. So muss, jeweils mit Abschlussarbeit, der Bachelor in der **Regelstudienzeit** bis zum Ende des dritten und der konsekutive Master bis zum Ende des vierten Studienjahres erworben sein, jeweils mit einem Zuschlag von drei Monaten, i. d. R. für etwaige Wiederholungsprüfungen, als „Höchststudienzeit".[597]

Natürlich zeigen sich auch aus **militärischer Sicht Friktionen** und gelegentlicher Anpassungsbedarf. Hauptansatzpunkt für die systemkonforme Kritik der akademischen Offizierausbildung ist die zu geringe Praxis mit zu wenig Truppenerfahrung und **fehlender Gelegenheit zum eigentlichen militärischen „Handwerk"** und „Sozialisierung"[598] in der Truppe durch fehlende Bindung an die Truppengattung und eine Stammeinheit. Dabei ist die AMA[599] kein Ersatz und wird zudem, insbesondere von zivilen Dozenten, aber auch den gestressten Offizierstudenten selbst, oft als überflüssig und „störend" für das Studium empfunden. Auch wehrübungsähnliche Truppenkommandierungen in den Trimesterferien sind zwar aus der Sicht der Bundeswehr unverzichtbar und sollen gefördert werden,[600] wobei gerade die Verwendung als Urlaubsvertretung für Truppe und Offizierstudent, trotz Kritik wegen Überforderung, eine sehr nützliche Verwendung ist; sie sind aber bisher nur freiwillig und natürlich weiterer „Stress" beim Druck des Kompaktstudiums.

Weitere typische Friktionen sind **Konkurrenzen** tatsächlicher oder behaupteter **Studienverpflichtungen mit Weisungen** der militärischen Vorgesetzten, z. B. für Besprechungstermine, wo es zu Streit bis zu Prozessen gekommen ist.[601]

---

596 Vorgaben, Tz 101.
597 Vorgaben, Tz 102.
598 Fachausdruck im Gegensatz zur Occupation, *Elbe*, Sozialisation, S. 65f, 69f.
599 Allgemeine Militärische Ausbildung, sz.B. s. o. 12, 45, 5, 94, 189.
600 Neugestaltung Ausbildung S. 17f.
601 *Schwarz*, S. 171.

Besondere Schnittstellen beider Statusbereiche waren die im militärischen Bereich vorgeschriebenen **disziplinarischen Befugnisse und die dienstlichen Beurteilungen**, die von der zivilen Seite, insbesondere in Hamburg, als Einbruch des Soldatenverhältnisses in den akademischen Bereich durch die Hintertür der vorgegebenen Studienzeit gewertet und dementsprechend bekämpft wurden. Zunächst war beides in der Tat nicht vorgesehen, wurde dann aber auf die Kritik des ersten Studentenbereichsleiters („Genschel-Papier") als Kompromiss vom BMVg durchgesetzt:[602] Disziplinarmaßnahmen sind (nur) durch die Wissenschaftsfreiheit ausgeschlossen, wenn es sich um von der Studierfreiheit nach Art. 5 Abs. 3, § 1 Abs. 3 RahBestH, § 2 Abs. 8 RahBestM gedeckte Verhaltensweisen handelt, z. B. Nicht-Besuchen von Vorlesungen, Gestaltung des Studiums, wissenschaftliche Meinungsäußerungen, die nicht über das Dienst- und Disziplinarrecht unterlaufen werden dürfen.[603] Dienstliche Beurteilungen wurden, als Kompromiss zu **„Beurteilungsvermerken"** downgesized, erst ab 1991 von den Gruppenleitern erstellt.

2. Das Dienstverhältnis meldet sich zurück

Das Dienstverhältnis wird wieder dominant, wenn das Studium gemessen an der Konzeption des BMVg und den Studien- und Prüfungsordnungen **notleidend** wird. Dann sind wieder sowohl der Studenten- als **auch der Offizierstatus betroffen**, so dass bei Ausnahmen vom vorgesehen Verlauf die Zusammenarbeit von UniBw und BMVg erforderlich ist (HSU HH nur Anhörung, UniBw M Einvernehmen).

Häufigster Fall bei Schwierigkeiten ist der Wunsch nach einem **Studiengangwechsel**. Auch hierfür müssen UniBw und BMVg zusammenwirken. Da auch die Immatrikulation nur für einen bestimmten Studiengang erfolgt, erfordert dies die Exmatrikulation im alten und eine Neuimmatrikulation im neuen Studiengang durch die UniBw. Hierfür ist aber wieder die „wirksame Versetzungs- oder Kommandierungsverfügung" des Amtes für Personalmanagement erforderlich. Diese stellt eine Änderung der dienstlichen Verwendung dar, also die „Ablösung"

---

[602] *Von Schroeders*, S. 225; *Schwarz* S. 161f.

[603] Vergl. aber Entlassung vom zwei Offizierstudenten wegen rassistischer Parolen, DUZ 6/17, S. 42.

des Offiziers vom bisherigen Studiengang und die **Änderung der Verwendung im „Studium im neuen Studiengang"**.[604] Das Verfahren ist in den Tz 305 – 310, Vorgaben, detailliert geregelt. Die Rechtsgrundlagen gehen von einem Antrag des Offizierstudenten aus, Vorgaben, Tz 306 f. Angesichts des engen Zeitrahmens wird der Studiengangwechsel restriktiv gehandhabt. So kommt nach Tz 305 der Vorgaben der Wechsel grundsätzlich nicht in Betracht, wenn mit dem erfolgreichen Abschluss des bisherigen Studiengangs gerechnet werden kann. Nochmals erschwert ist ein Studiengangwechsel nach dem ersten Studienjahr, Arg. Tz 306 Vorgaben, nur dann, wenn mindestens ein Leistungsnachweis nicht erbracht werden konnte und die Universität das voraussichtliche Scheitern im bisherigen Studiengang bestätigt; dabei hat die Universität auch dazu Stellung zu nehmen, ob der Offizier in der Zwischenzeit an der UniBw verbleiben soll, § 3 Abs. 2 Satz 2 Immatrikulations- und Exmatrikulationsordnung HSU HH, Vorgaben Tz 308, 309. Bei Studienfachwechsel entscheidet das Amt für Personalmanagement über die **Rückstufung** in den niedrigeren Jahrgang, Vorgaben Tz 310. Bei seiner darauf beruhenden Entscheidung hat das Amt nicht nur den Wunsch des Offizierstudenten zu berücksichtigen, sondern auch die anderen Kriterien, insbesondere die Verfügbarkeit entsprechender Studienplätze, Vorgaben Tz 311, Arg Tz 201.[605]

Eine noch gravierendere Fallgruppe sind Verzögerungen im Studienverlauf durch mehrfaches **Nichtbestehen von Prüfungsteilen**. Solange nach den Prüfungsordnungen noch die Berechtigung besteht, Hochschulprüfungen abzulegen, z. B. zweite Wiederholungsprüfung auf Grund ärztlicher Atteste, kann beim Bundesamt für Personalmanagement die Überschreitung der Höchststudienzeit und damit die Gelegenheit beantragt werden, die fehlenden Prüfungsteile nachzuholen. Das Amt muss die hochschulrechtliche Zustimmung des BMVg[606] einholen und die „hochschulrechtliche Bewertung", also das Votum der Universität, berücksichtigen, Vorgaben, Tz 301. Allerdings wird der Offizierstudent nach Überschreiten der Höchststudienzeit vom Dienstherrn bereits **vom Studium abgelöst** und in eine praktische

---

604 *Von Schroeders*, S. 185.
605 *Von Schroeders*, S. 188 m. w. N.
606 P I 5, vgl. o. S. 144.

Verwendung kommandiert, Vorgaben, Tz 301. Diese Versetzungsentscheidung wie auch deren Einzelheiten – Ort, Verwendung – könnten – zunächst im Beschwerdeverfahren – angefochten werden.

Ein unerfreuliches Verhalten ist, derartige Friktionen vorsätzlich, z. B. **absichtliches Durchfallen-Lassen**, herbeizuführen, um die Verlägerungsmöglichkeiten voll auszunutzen.[607]

Nach dem Überschneiden beider Rechtskreise hat der Dienstherr hier zwar sein Ermessen teilweise an die Universität abgetreten, dieser aber auch die entsprechende Pflicht übertragen. Die Kriterien und **Restriktionen** gegenüber einem Studiengangwechsel, jedenfalls, wenn dort keine Zugangsbeschränkungen bestehen, und Verbleib nach Nichtbestehen von Prüfungsteilen sind damit **strenger als bei Landesuniversitäten**. Dies ist für die Bundeswehr nicht zu beanstanden, weil der Offizierstudent möglichst schnell in militärische Verwendungen kommen soll und während des Studiums Gehalt bezieht. Für die Hochschule mag dies unter dem Aspekt der Studienfreiheit problematisch sein, ist aber von der Rechtsprechung abgesegnet.[608]

Ein gesonderter, aber detailliert geregelter Fall von Friktionen im Studium ist die **Elternzeit**. Gemäß dem Doppelstatus ist diese sowohl von der UniBw als auch vom Dienstherrn zu gewähren. In Analogie zum Arbeits- und Beamtenrecht ist die Gewährung auch für Studenten üblich und in den Immatrikulationsordnungen und den Regelungen zur Regelstudienzeit festgelegt. Der hiernach beurlaubte Student bleibt Mitglied der Universität, er ist von der Pflicht zur Teilnahme an Lehrveranstaltungen und Prüfungen befreit, darf aber weiterhin Prüfungen ablegen. Die **Höchststudiendauer verlängert sich um die Zeit der Beurlaubung**. Zeitpunkte und Einzelheiten für die weiteren Prüfungen legt der Prüfungsausschuss für den konkreten Fall fest.[609]

Rechtsgrundlage für die Elternzeit bei Bundeswehrangehörigen ist § 28 Abs. 7 SG i. V. m. § 1 Abs. 1 **Elternzeitverordnung für Soldatinnen**

---

[607] Vgl. *Servatius*, Offizierausbildung, S. 13, (nur) für den Teilaspekt der Notenverbesserung.

[608] BVerwGE 63, S. 1f.

[609] Vorgaben, S. 6, Nr. 302, 304; *von Schroeders*, S. 231.

und Soldaten.[610] Hierfür besteht faktisch ein Rechtsanspruch. (Der wichtigste Ablehnungsgrund, zwingende Erfordernisse der Verteidigung, wäre allenfalls bei genereller Mobilmachung oder im Spannungs- und Verteidigungsfall denkbar). Zuständig ist das Amt für Personalmanagement, § 3 Abs. 3. EltZSoldV. Durch die Gewährung der Elternzeit wird der Soldat von seiner Dienstpflicht befreit, also der Offizierstudent von seiner Pflicht zum Studium. Die **Verpflichtungszeit von Zeitoffizieren verlängert sich** kraft Gesetzes um die Elternzeit, wenn sie bereits mehr als sechs Monate in einem Studium waren, § 40 Abs. 4 SG. Im Übrigen sind für eine Elternzeit bis zu 12 Monaten keine speziellen Regelungen vorgesehen, dies wird wie sonstige Überschreitungen der Regelstudienzeit behandelt. Beantragt der Offizierstudent dagegen eine Elternzeit von mehr als 12 Monaten, entscheidet das Amt für Personalmanagement gleichzeitig über den weiteren Ausbildungsgang, Tz 302 Vorgaben. Hier tritt „automatisch" eine Verlängerung der Verpflichtungszeit um die Dauer der Elternzeit ein – theoretisch bis zur gesetzlichen Höchstverpflichtungszeit, Tz 303. Ist der Offizierstudent hierzu nicht bereit, ist die Elternzeit aufgrund höherrangigen Rechts zwar trotzdem zu genehmigen, er kann dann aber vom Studium abgelöst und in eine praktische Verwendung in die Truppe versetzt werden.[611]

Wegen der geringeren Spielräume und straffen Studienorganisation führt das Instrument der Verlängerung der Fristen zunehmend zu Verwerfungen mit den planmäßigen Studien- und Prüfungsterminen. Deshalb besteht bei längerem unverschuldeten Überschreiten der Studienzeit – Krankheit, Beurlaubung, Mutterschutz, Elternzeit, Pflege von Angehörigen – Antrag des Offizierstudenten oder von Amts wegen, Vorgaben Tz 304, die **Möglichkeit, einem nachfolgenden Jahrgang zugeordnet werden**. Entsprechend ist auch das Verfahren bei Rückstufung infolge Studiengangwechsel geregelt, Vorgaben Tz 310. Es gelten dann die Fristen und Termine des nachfolgenden Studentenjahrgangs. Damit wird auch die Fiktion des endgültigen Nichtbestehens des Studiums um ein Jahr nach hinten verschoben. Diese Rechtsfigur ist

---

610 Verordnung über die Elternzeit von Soldatinnen und Soldaten, EltzSoldV, aufgrund § 28 Abs. 7 Satz 2 SG, in der Bekanntmachung der Neufassung v. 18.11.2004, BGBl. I S. 2855.

611 *Von Schroeders*, S 229; zum eventuellen Rechtsschutz s. u. S. 201f, 205.

nicht mit dem Wiederholen eines Schuljahres im Schulwesen zu vergleichen, weil alle bereits erbrachten Studienleistungen anerkannt werden. Zumal das Hochschulrecht, nicht zuletzt wegen der Studienfreiheit, die Rückversetzung in jüngere Studentenjahrgänge nicht kennt, handelt es sich um eine Maßnahme des Dienstrechts, die vom BMVg zu entscheiden ist. Soweit die PrüfO der UniBw hierauf eingehen, übernehmen sie diese Zuständigkeit.[612] Auch die interne Zuständigkeit im Bereich des BMVg war umstritten – inzwischen dürfte Klarheit herrschen, dass der Charakter als Studienangelegenheit dominiert und deshalb das BMVg und nicht das Amt für Personalmanagement zuständig sein soll.[613]

Die Entscheidungen über Verlängerung der Studienzeiten entfalten auch doppelte dienstrechtliche Wirkungen: unmittelbar und durch **Auswirkung auf Beförderungsentscheidungen**. Wiederholungen oder sonstige Verzögerungen schieben die Beförderung zum Leutnant und wegen der Koppelung auch in die folgenden Dienstgrade entsprechend auf, Vorgaben Tz 401. Es erfolgt aber auch die Aufschiebung der Versetzung zur anschließenden militärischen Verwendung. Um ein Ungleichgewicht zwischen bezahlter Studienzeit und Dienstzeit in der Truppe zu verhindern, **verlängert sich** mit der Verlängerung der Studienzeit „automatisch" **auch die Verpflichtungszeit**.

Noch deutlicher schlägt das soldatische Dienstverhältnis bei **Abbruch des Studiums** durch.[614]

Eine Fallgruppe ist das **endgültige Nichtbestehen**. Mit den Fristvorgaben des BMVg harmonisiert sind die Fristen in den Prüfungsordnungen der UniBw. Darin ist für das Studentenverhältnis festgelegt, dass die Offizierstudenten bei Ablauf der Frist ihren Prüfungsanspruch verlieren bzw. für sie das endgültige Nichtbestehen festgestellt wird.[615] Sofern dies von den Betroffenen nicht zu vertreten ist, bestehen in den Prüfungsordnungen Ausnahmegenehmigungen. Beides entspricht grundsätzlich den Regelungen in den Landeshochschulgesetzen, wenn

---

[612] Zur Abgrenzung zum Hochschulrechtskreis und zur internen Zuständigkeit im BMVg *von Schroeders*, S. 212 – 217.

[613] P I 5, unter Bevorzugung rechtslogischer Überlegungen vor pragmatischen, so auch *von Schroeders*, S. 216f.

[614] Zur Misserfolgsquote z. B. s. o. S. 49, 98f, 198, s. u. S. 211f.

[615] *Von Schroeders*, S. 199.

auch dort mit großzügigeren Fristen. Dabei handelt es sich „eigentlich" um eine das Studium betreffende Entscheidung, die zum akademischen Bereich gehört, so dass der maßgebliche Anteil der BMVg – Vorgaben und die bereits erfolgte Versetzung zu einer militärischen Verwendung zwar nicht unproblematisch ist, aber dienstrechtlich nachvollziehbar und wegen der Dominanz des Dienstverhältnisses von der Rechtsprechung mitgetragen wird.[616]

Rechtliche Probleme ergeben sich bei **Streitigkeiten, ob und wann das Studium erfolglos beendet** ist, und was bis zur Klärung zu geschehen hat. Das Nichtbestehen des Studiums ist eine Entscheidung der Universität aus dem akademischen Rechtskreis; eine Anfechtung hat also auf dem Verwaltungsgerichtsweg zu erfolgen. Für die Schwebezeit gilt die Priorität des Dienstrechtsverhältnisses – der Offizierstudent ist „in erster Linie Soldat",[617] hieraus folgt i. S. v. § 7 SG – Pflicht zum treuen Dienen – dass er auf Weisung des Amtes für Personalmanagement **in einer anderen Verwendung tätig werden muss,** auch wenn die Entscheidung der UniBw noch nicht bestandskräftig ist. Eine Beschwerde gegen die dienstrechtliche Versetzungsentscheidung hat daher nach § 3 Abs. 1 WBO – abweichend von § 80 Abs. 1 VwGO – keine aufschiebende Wirkung; diese könnte allenfalls nach § 3 Abs. 2 WBO, Aussetzung kraft Amtes, oder durch das Truppendienstgericht, § 17 WBO, angeordnet werden, was bei der Interessenlage unwahrscheinlich ist. Der betroffene Offizier muss also seinen Dienst in der Truppe aufnehmen.

Unabhängig vom endgültigen Scheitern kann die **Ablösung vom Studium auch auf Antrag** des Soldaten oder des zuständigen Disziplinarvorgesetzten geschehen, Vorgaben Tz 206. Häufigster Fall ist konkreter oder subjektiv empfundener fehlender Studienerfolg, nach dem Wortlaut eigentlich nur im ersten Studienjahr, Vorgaben Tz 206, oder irreparable Verzögerungen im „Studienverlaufsschema", Tz 207. Auch hier entscheidet das Amt für Personalmanagement, es muss aber nach ständiger Rechtsprechung wiederum das Votum der Universität einholen, da es sich auch um eine akademische Entscheidung handelt,[618] und

---

[616] Der Offizierstudent ist „in erster Linie Soldat", BVerwG 63, 96, 99; *von Schroeders*, S. 219 m. w. N.

[617] BVerwGE 63, 96, 99.

[618] BVerwGE 63, 96ff; 63, 215, 217; *von Schroeders*, S. 192f.

prüfen, ob nicht auch eine Rückstufung ausreichend ist, Vorgaben Tz 206.

Es sind aber auch andere Gründe denkbar, wobei zu unterscheiden ist, ob nur die Ablösung vom Studium bei Fortsetzung des Wehrdienstverhältnisses **in anderer Verwendung oder das völlige Ausscheiden aus dem Soldatenverhältnis** gewollt ist. In diesen Fällen wird der Antrag i. d. R. vom Offizierstudenten ausgehen. Beispiele für ersteres sind etwa längere Krankheit, Unlust zum Studium oder abgelehnter Antrag auf Studienfachwechsel, für letzteres Korrektur der Berufsentscheidung, Wehrdienstverweigerung oder dauernde Berufsunfähigkeit. Als Folge des parallelen Dienstverhältnisses, was bei Nur-Studenten an Landesuniversitäten unnötig und unbekannt ist, kann das Studium aber auch vom Dienstherrn **auf Initiative des (Disziplinar)Vorgesetzten beendet** werden. Entsprechend den allgemeinen Regelungen für Versetzungen „kann" der Vorgesetzte einen Wechsel der Verwendung vorschlagen, bei mangelnder Leistung des Soldaten „soll" dies geschehen.[619] Dementsprechend kann der Disziplinarvorgesetzte, also der Leiter des Studentenfachbereichs oder Studentenbereichs, die Ablösung vom Studium beim Amt für Personalmanagement beantragen. Es besteht keine spezielle Rechtsgrundlage für die Ablösung vom Studium in diesen Fällen; im Rahmen des Soldatengesetzes hat das Amt für Personalmanagement das gleiche (uneingeschränkte) Ermessen wie bei allen anderen Wehrdienstverhältnissen. Hiervon ist natürlich auch das Wehrdienstverhältnis grundlegend betroffen: Dies kann in der Bundeswehr fortgesetzt werden mit laufbahn- und karrieremäßigen Folgen[620] – Verlängerung der Dienstzeit nur bei Eignung und Bedarf, Übernahme als Berufsoffizier nur unter erschwerten Bedingungen – Vorgaben Tz 300, oder es muss das Dienstverhältnis beendet werden.

Eine seltene Fallgruppe sind solche Konflikte im Wehrdienstverhältnis oder Verfehlungen, die nach SG zur **Beendigung des Soldatenverhältnisses** führen, z. B. §§ 43 Abs. 2 Nr. 2 – 4, 46 (Entlassung), 48 Verlust der Rechtsstellung, bei Berufsoldaten bzw. §§ 54 Abs. 2, 55 SG (Entlassung, Verlust der Rechtsstellung) bei Zeitsoldaten. Damit

---

[619] Vorgaben, Tz 205 – 209; *von Schroeders*, S. 196.
[620] S. u. XVI. 2.

entfällt das militärische Grundverhältnis, so dass unverzüglich die Exmatrikulation zu erfolgen hat; die gleiche Wirkung haben sonstige Gründe für die Beendigung des Dienstverhältnisses, z. B. Dienstunfähigkeit oder Antrag und Anerkennung als Kriegsdienstverweigerer oder sonstiges Ausscheiden.

Wird das Studium durch Ablösung oder Versetzung in eine andere Verwendung beendet, wirkt dies ebenso auf das Studentenverhältnis und mangels dienstrechtlicher Voraussetzungen erfolgt auch hier „automatisch" nach der Immatrikulations- und Exmatrikulationsordnung die **Exmatrikulation**.[621]

Wird das Wehrdienstverhältnis vorzeitig beendet, muss der Offizierstudent die **Kosten des Studiums erstatten**, § 56 Abs. 4 SG, auch wenn dies nicht abgeschlossen wurde.[622]

3. Spezifischer Rechtsschutz

Für die zivilen Mitglieder der UniBw gelten für die Wahrnehmung individueller Rechte die allgemeinen Regelungen wie an Landesuniversitäten:

Bei den nicht-wissenschaftlichen zivilen Mitgliedern ergeben sich bei Rechtsschutz und Rechtsweg keine Besonderheiten gegenüber anderen Bediensteten des öffentlichen Dienstes (je nach Status Verwaltungs- oder Arbeitsgerichtsweg).

Die **wissenschaftlich tätigen Mitglieder der UniBw sind Träger der Freiheitsrechte** nach Art. 5 Abs. 3 GG. Sie können diese bei vermeintlichen Verletzungen im Verwaltungsgerichtsweg und ggf. durch **Verfassungsbeschwerde** zum Bundes- oder Landesverfassungsgericht geltend machen, Art. 93 Abs. 1 Nr. 4a GG. Dies gilt nicht nur für Professoren, sondern auch für die anderen Gruppen, soweit sie selbstständige wissenschaftliche Tätigkeit wahrnehmen, partiell auch für Studenten (Prüfungsarbeiten oder Promotionen).[623]

Besonderheiten gelten für die **militärischen Mitarbeiter**. Zwar be-

---

[621] *Eichen/Metzer/Sohm*, § 56 Rn. 12–20.
[622] Fallgruppen und Rechtmäßigkeit *Eichen/Metzger/Sohm*, § 56 Rn. 13-20.
[623] BVerfGE 55, 37, 67f; *Jarass/Pieroth*, Art. 4, Rn. 140.

stimmt auch hier § 82 SG die grundsätzliche Einschlägigkeit des Verwaltungsrechtsweges, aber nur, soweit nicht der Rechtsweg zu den Wehrdienstgerichten vorgeschrieben ist (Truppendienstgericht, Wehrdienstsenat beim BVerwG). Dabei sind als Faustregel aus dem Verhältnis Dienstherr – Soldat, also vor allem bei statusrechtlichen Angelegenheiten, die Verwaltungsgerichte und bei Konflikten Vorgesetzter – Soldat die Wehrdienstgerichte zuständig.[624] Anstelle des verwaltungsgerichtlichen Vorverfahrens tritt bei letzteren das Beschwerdeverfahren nach der WBO, die in § 17 ff auf das Verfahren vor den Wehrdienstgerichten verweist.

Bei den Truppendienstgerichten und den Wehrdienstsenaten des BVerwG wirken als ehrenamtliche Richter ausschließlich Soldaten mit.[625]

Auch hier ist die Rechtslage dieselbe wie bei den anderen Soldaten der Bundeswehr.

Für die Offizierstudenten sind auch **Rechtsschutz und Rechtsweg durch ihren Doppelstatus** gekennzeichnet. Dafür ist entscheidend, in welcher Rechtssphäre der Gegenstand des Rechtsstreites liegt, im – militärischen – Dienstverhältnis oder im Studentenstatus. Archimedischer, wenn auch noch nicht sehr hilfreicher Punkt ist hier § 82 Abs. 1 SG. Danach ist für Klagen „der Soldaten" der Verwaltungsgerichtsweg gegeben, „soweit nicht ein anderer Rechtsweg gesetzlich vorgeschrieben ist". Hier kommt der Rechtsweg nach der Wehrbeschwerdeordnung[626] in Betracht, wenn „der Soldat" behauptet, „von Vorgesetzten oder von Dienststellen der Bundeswehr" falsch behandelt worden zu sein, § 1 Abs. 1 WBO, also wenn es sich um eine Beschwer aus dem militärischen Dienstverhältnis handelt; hier ist der Offizierstudent genauso gestellt wie alle anderen Soldaten:[627]

---

[624] Zur Abgrenzung mit ausführlicher Kasuistik *Metzger, Philipp-Sebastian*, § 82, Rn. 25 – 29, in: *Eichen/Metzger/Sohm*, Soldatengesetz; speziell zu den Offizierstudenten *von Schroeders*, S. 146-163.

[625] *Schnell, Karl Helmut/Ebert, Heinz-Peter*, Disziplinarrecht, Strafrecht, Beschwerderecht der Bundeswehr, WBO, Anm. zu § 18, zitiert *Schnell/Ebert*.

[626] I.d.F. der Bekanntmachung vom 22.1.2009 (BGBl. I S. 81, zuletzt geändert durch Gesetz vom 21.7.2012, (BGBl. I S. 1583), künftig zitiert WBO.

[627] Übersicht über Rechtsbehelfe, Rechtswege und Instanzenzüge *Schnell/Ebert*, S. 867-872, insbes. S. 871.

Gegen die vermeintliche falsche Behandlung kann Beschwerde einge-
legt werden unter Beachtung der vorgeschriebenen Formen, Fristen
und Verfahren, §§ 1, 5, 6, 9 WBO. Wird der Beschwerde nicht abge-
holfen, ist zwischen den beiden genannten Fallgruppen, falsche Behandlung durch Vorgesetzte = **truppendienstliche Beschwerde**, und
falsche Behandlung „durch Dienststellen der Bundeswehr" = **„Verwaltungsbeschwerde"** zu unterscheiden:[628]

„Truppendienstliche Beschwerde" ist die Rüge einer falschen Behandlung durch Vorgesetzte in truppendienstlichen Angelegenheiten, also
nur aus dem militärischen Bereich, nicht aus dem Studentenverhältnis.
Dies sind alle Fälle aus dem laufenden „Betriebsverhältnis" wie Dienst-
pläne, Freistellungen, Versorgung, (Heils)Fürsorge, Genehmigung von
Nebentätigkeiten, disziplinarrechtliche Probleme u.ä. Hilft die zuständige Stelle nicht ab, ist die „weitere Beschwerde" möglich, § 16 WBO;
bleibt diese erfolglos, ist der Weg zum Truppendienstgericht gegeben,
§ 17 WBO; gegen dessen Beschluss ist die Rechtsbeschwerde zum
BVerwG, Wehrdienstsenat, zulässig, § 22a WBO.[629] Dieser Rechtsweg
tritt an die Stelle des Verwaltungsgerichtsweges i. S. v. § 82 SG.

(Erstaunlicherweise) ist für die **„Verwaltungsbeschwerde"**, falsche
Behandlung „durch Dienststellen der Bundeswehr",[630] ein anderer,
nämlich der **verwaltungsgerichtliche Rechtsweg** – Widerspruchsverfahren, Anfechtungsklage oder Verpflichtungsklage – gegeben,[631]
(was wenig logisch und nur rechtshistorisch zu verstehen ist.) Dies betrifft alle statusrechtlichen Entscheidungen aus dem militärischen
Dienstverhältnis wie Ernennungen und Entlassungen, aber auch die
Statusmaßnahmen der Bundeswehr, die sich aus Problemen im Studium, auch aus der Umsetzung von Entscheidungen der Universität,
z. B. Rückstufung oder Ablösung vom Studium und daraus resultie-
rende Verwendungsentscheidungen außerhalb der UniBw ergeben.

Hierfür greift die Verweisung nach §§ 16, 18 WBO nicht, so dass nach
erfolgloser Beschwerde der Verwaltungsrechtsweg gegeben ist, § 23

---

[628] Zur Abgrenzung *Eichen/Metzger/Sohm*, § 82, Rn. 25.
[629] Verkürzte Instanzenzüge bestehen für Entscheidungen des BMVg und des Generalinspekteurs, §§ 21f WBO.
[630] Zur Abgrenzung *Eichen/Metzger/Sohm*, § 82, Rn. 25.
[631] BVerwGE 30.8.89, I WB 166/86, DokBer 1990, S. 78, Leitsatz 2; *von Schroeders*,
S. 204.

WBO, Arg. ex contrario § 82 SG; das bereits durchlaufene Beschwerdeverfahren tritt an Stelle des verwaltungsrechtlichen Vorverfahrens (Widerspruch), § 23 Abs. 1 WBO, und statt der „weiteren Beschwerde" kann bereits der Weg zu den Verwaltungsgerichten beschritten werden mit dem Instanzenzug VG, OVG/VGH und BVerwG.

Ein dritter, spezieller Beschwerdeweg besteht für **„Disziplinarbeschwerden"**, d. h. das Vorgehen gegen Disziplinarmaßnahmen. Hierzu verweist die WDO auf Verfahren und Rechtsbehelfe der WBO, § 42, bzw. nach dem Vorermittlungsverfahren, §§ 92 ff, gleichfalls auf den Rechtsweg zu den Wehrdienstgerichten (§ 68 WDO, Truppendienstgericht, § 89, Wehrdienstsenat beim BVerwG).

Widerspruchsverfahren und **Klagen aus dem Studentenverhältnis**, z. B. Immatrikulation, Exmatrikulation, unzureichende Bewertungen, Notenentscheidungen, Nichtzulassung zu einzelnen Lehrveranstaltungen, sind dagegen von Beginn an auf dem **Verwaltungsrechtsweg** zu verfolgen. Dabei ist offen, ob dies unmittelbar über § 40 VwGO – öffentlich-rechtliche Streitigkeit – oder als „Klage des Soldaten" – auf dem „Umweg" über § 82 SG zu erfolgen hat. Da der dienstliche Status Soldat besteht und schwierig zu begründen wäre, warum das Studentenverhältnis diesen (insoweit) aufhebt, ist nach dem Wortlaut und als lex spezialis der Weg über Art. 82 SG anzunehmen; allerdings ist das Problem wegen des Verweises auf den Verwaltungsrechtsweg ohne rechtlichen Belang. Nächste Hürde ist, da die UniBw formal keine Körperschaft[632] und damit **keine juristische Person** i. S. v. § 61 Abs. 1 VwGO ist, die Frage des richtigen Beklagten, d. h. ob die UniBw als solche unter ihrem Namen im verwaltungsgerichtlichen Verfahren beklagt werden kann.

Hier ist zu unterscheiden nach dem Gegenstand der Beschwer. Nach dem Doppelcharakter der UniBw sind diese in allen **administrativen Angelegenheiten unselbstständige Dienststellen des Bundes**, § 2 Abs. 1 Satz 4 RahBestH bzw. § 11 Abs. 1 Satz 4 RahBestM: Handlungen in diesem Problemkreis[633] sind unmittelbar dem Bund zuzurechnen und Klagen dementsprechend an die Bundesrepublik Deutschland, vertreten durch den BMVg, zu richten.

---

[632] Z. B. s. o. S. 68f, 78 f, 82f, 150.
[633] S. o. S. 85, 150.

Anders ist das aber für den **akademischen Bereich**: Zwar ist auch hier lange Zeit selbst von der Rechtsprechung die Prozessfähigkeit der UniBw auch in akademischen Angelegenheiten verneint und die Bundesrepublik Deutschland als richtige Beklagte angesehen worden mit der formalen Argumentation, als Nicht-Körperschaften seien die UniBw bloße Dienststellen des BMVg. Dies hat aber verkannt, dass die UniBw rechtlich weit mehr sind und aus ihrer auch institutionellen Wissenschaftsfreiheit und der mitgliedschaftlichen Organisation einen eigenen **Autonomiebereich analog den Landesuniversitäten** haben; ihnen sind darüber hinaus für ihre Tätigkeit von den Sitzländern alle Rechte zur Abnahme von Prüfungen und Verleihung von akademischen Graden wie einer Landesuniversität übertragen worden. Nach dem richtig verstandenen Rechtsträgerprinzip und de maiore ad minus ist die von der Rechtsprechung angenommene (Teil)Rechtsfähigkeit für „eigentlich" nicht-rechtsfähige Fakultäten auch auf im Übrigen nicht-rechtsfähige Hochschulen und damit auch die Bundeswehruniversitäten anzuwenden. Ihnen ist deshalb **für ihre akademischen Angelegenheiten (Teil)Rechtsfähigkeit** i. S. v. § 61 Nr. 2 VwGO zuzubilligen.[634] Klagen aus dem akademischen Bereich des Studentenverhältnisses sind deshalb nach § 78 VwGO gegen die Universitäten zu richten.

Während dies für Feststellungsklagen und allgemeine Leistungsklagen unmittelbar erfolgen kann, ist für Anfechtungs- und Verpflichtungsklagen, § 42 VwGO, ein Vorverfahren, **Widerspruch**, § 70 VwGO, erforderlich. Hierfür können sowohl die Universität selbst, z. B. bei Immatrikulations- und Exmatrikulationsentscheidungen, oder je nach interner Aufgabenverteilung und Zuständigkeit die Fakultäten oder Prüfungsausschüsse zuständig sein; auf Einzelheiten, auch zur aufschiebenden Wirkung, kann in diesem Rahmen nicht eingegangen werden.[635]

Ein Wegweiser für den Betroffenen sind natürlich die **Rechtsmittelbelehrungen**. Falsche Bezeichnung und falscher Adressat sind unschädlich, wahren aber nicht die Frist.

Örtlich sind dann die Verwaltungsgerichte Hamburg und München zuständig.

---

[634] S. o. 150f, 203; *von Schroeders*, S. 96f.
[635] S. hierzu *von Schroeders*, S. 155-165.

Theoretisch besteht daneben die Möglichkeit, **Eingaben an den Wehrbeauftragten und (individuelle) Petitionen** an Landesparlament oder Bundestag zu richten.[636]

Der Soldatenstatus äußert sich schließlich darin, dass bei Fehlverhalten auch im akademischen Bereich anders als bei Studenten an Landesuniversitäten **zusätzlich ein Dienstvergehen** vorliegt und disziplinarrechtliche Sanktionen erfolgen können. Typische Straftaten im Hochschulbereich sind z. B. Täuschungsversuche, Urkundenfälschungen, Bestechungen o. ä. Neben akademischen Sanktionen – Nichtbestehen, Aberkennungen – und eventuellen strafrechtlichen Maßnahmen wird dies i. d. R. zu ergänzenden Disziplinarmaßnahmen führen.[637] Hiergegen sind die eben geschilderten Rechtsbehelfe gegeben.

---

[636] S. o. S. 145f.

[637] Problematik der „Doppelbestrafung", Beispiele und datenschutzrechtliche Probleme bei Zusammenarbeit von Hochschule und Studentenbereich *von Schroeders*, S. 225 ff; insoweit mit der Wissenschaftsfreiheit vereinbar; generelles Problem im Beamtenrecht: mit Beschränkungen zulässig, da keine „Doppelbestrafung" i.S.v. Art. 103 Abs. 3 GG.

XVI. Und danach?

1. Übergang zur Truppe mit Studienabschluss

Ziel der reformierten Offizierausbildung ist, dass die Offizierstudenten durch das Studium entsprechend **höher qualifiziert und gebildet, in einer militärischen Verwendung tätig** werden. Leider sinkt während des Studiums die Motivation für den Soldatenberuf; so wird ein Teil der Offiziere während des Studiums gar anderen Sinnes und versucht, die Bundeswehr zu verlassen.[638] Aber in der Regel wird der Offizier nach dem Studium für drei Monate zum anschließenden Offizierlehrgang 2 entsandt und dann, nach dieser ersten wieder militärischen Ausbildung – mindestens 25 Jahre alt, meist etwas älter – zum Oberleutnant, A 10, befördert[639] und nach einer weiteren Ausbildungszeit von 6-9 Monaten auf der Schule seiner Truppengattung, Offizierlehrgang 3, dann endlich zur „Truppe" oder in eine gleichwertige Stabsfunktion o. ä. versetzt. Die Entscheidung über die konkrete Verwendung trifft die personalführende Stelle, also das Amt für Personalmanagement, „nach Maßgabe des dienstlichen Bedürfnisses nach pflichtgemäßem Ermessen".[640] Hat der Offizier das Studium mit der Masterprüfung ordnungsgemäß abgeschlossen, ergeben sich in der Regel keine rechtlichen oder formalen, **allenfalls örtliche und soziale Probleme.** Auch werden die konkreten Fragen der Verwendung – Einheit, Stab, Ort – vom Amt für Personalmanagement mit dem Offizier erörtert und bei mehreren geeigneten Stellen wird ihm ein Mitspracherecht gewährt. Dadurch werden schon viele Übergangsprobleme gemildert.

Trotzdem ist dies zwangsläufig der zweite **Bruch des Ausbildungsmodells**: Der Offizier wird jetzt aus seinem Studienfach und dem legeren Universitätsbetrieb – mehr als dreimal so lang wie der militärische Vorlauf – in die militärische Alltagswelt geworfen und zumeist als

---

[638] *Schaefgen*, S. 53; *Schwarz*, S. 170; „Tricks" zum irregulären – Kriegsdienstverweigerung, angebliche Berufsunfähigkeit, Durchfallen-Lassen – Servatius, Bewährung, S. 207.

[639] BMVg, A-1340/49, Beförderung, Einstellung, Übernahme und Zulassung von Soldatinnen und Soldaten, Nr. 227.

[640] St. Rechtsp. BVerwG 63, S. 1f; 86, 25f; ZBR 2005, S. 346f.

Zugführer – Vorgesetzter von i. d. R. 20 – 40 Soldaten, darunter mehrere erfahrene Feldwebel und Unteroffiziere, eventuell auch in einem Bataillonsstab oder als Adjutant – verwendet. Von der Bildungskommission wurde diese Phase weise und einfühlsam als **„zweijährige angeleitete Praxis für die Verwendung zum Einheitsführer"**,[641] also nach damaligem Verständnis zum Kompaniechef und Hauptmann, gesehen. Dafür ist er wegen des zu kurzen und zu „niedrigen" Vorlaufs „eigentlich" nicht qualifiziert, aber andererseits durch das Studium zum Spezialisten überqualifiziert mit Fähigkeiten und Kenntnissen, die in dieser Verwendung zumeist bei der Truppe nicht benötigt werden.[642] Dies muss zunächst zu Frust, Autoritätsverlust und Praxisschock führen. Dies gilt besonders für die Zeitoffiziere, deren Motivation stark auf Studienfach und schon auf den Anschlussberuf gerichtet ist. Hier ist der Soldatenberuf nur ein Lebensabschnittsberuf, der nur bedingt als Identifikationskern dienen kann.[643] Die Erfahrung lehrt aber, dass dieser Schwebezustand nach einigen Monaten überwunden wird und die studierten Offiziere sich den Aufgaben gewachsen zeigen und alsbald besser abschneiden als ihre Kameraden ohne Studium.[644] Dabei ist der Ausbildungserfolg – die Befähigung zur Bewährung in der Praxis – natürlich nicht identisch mit dem Studienerfolg.[645] Für die weitere Karriere sind die **Bewährung in der Praxis und die Beurteilungen maßgeblich, Studium und Abschlussnote spielen offiziell keine Rolle**.[646]

Die **Beförderung zum Hauptmann**, BesGrp. A 11, erfolgt i. d. R. 8 Jahre nach Diensteintritt, 5 Jahre nach Beförderung zum Leutnant

---

[641] Gutachten Tz. 49.

[642] Nur 10-15% studiennahe Dienstposten, allerdings Steigerung bei Berufs- und Stabsoffizieren, und vd. Verbesserungsbemühungen, Neugestaltung Ausbildung, S. 16f.

[643] *Elbe*, Berufskarrieren, S. 7f; *Elbe*, Sozialisation, S. 75; Ergebnisse Nr. 7, S. 113, in: DBwV, Offizierstudium.

[644] Gute Studenten sind dann auch meist die besten Offiziere, *Servatius*, Bewährung, S. 207f, zumal Bildung und praktische Fähigkeiten kein Gegensatz sind, was ja auch für den zivilen Bereich gilt, und letztlich die Intelligenz das entscheidende Erfolgskriterium für fast alle Lebensbereiche ist; s. auch o. S. 21.

[645] *Wagemann*, S. 32.

[646] Logisch nach dem Verständnis des Studiums in der Offizierausbildung, V. 3.; Arg. Fehlen als Kriterium in der SLV; *Schulz*, Einführung, S. 8, in: Neuordnung.

und etwa 2 ½ Jahre nach Beendigung des Studiums und mit etwa 28 Jahren, oft etwas später. Die Verwendung als Kompaniechef, traditionell wegen chronischen Offiziermangels meist schon als Oberleutnant, erfolgt seit den Verkleinerungen der Bundeswehr[647] nicht mehr; im (kleineren) Teil der Fälle, abhängig von der Dotierung der wahrgenommenen Funktion, wird auch noch, im Dienstgrad Hauptmann, die Besoldungsgruppe A 12 erreicht.

Andere Probleme gelten für **Quereinsteiger der Sonderlaufbahnen**, die bei der Einstellung bereits ein ziviles Studium absolviert haben, oder die als Offizier für ein individuelles Studium an einer Landesuniversität freigestellt waren.[648] Hier ist der „Praxisschock" geringer und mit zivilen Berufsanfängern vergleichbar, da sie in ihrer Fachrichtung eingesetzt werden. Analoges gilt für Bewerber, die sonst eine einschlägige qualifizierte zivile Ausbildung (Pilot, Kapitän o. ä.) mitbringen.

2. Offiziere ohne Studium

Auch wenn das Studium als „integraler Bestandteil der Offizierausbildung"[649] definiert ist, gibt es die mehrfach erwähnten Gruppen Offiziere ohne Studium:[650]

Neben den „Aufsteigern" aus dem Unteroffizierstatus und den Zeitoffizieren mit einer Verpflichtungszeit von weniger als 13 Jahren sind dies die **25% Studienabbrecher** oder endgültig in der Prüfung zum Bachelor gescheiterte Studenten. (Studenten, die den BA-Grad erworben haben und erst im MA-Studium aufgeben oder scheitern, haben den erforderlichen akademischen Abschluss und sind keine Studienabbrecher i.d.S.).[651]

Diese **Studienabbrecher** sind im Reformmodell „eigentlich" nicht

---

[647] Personalstrukturmodell vom 13.6.2020, danach Zielgröße für die Personalstärke der Streitkräfte 185 000 Soldatinnen und Soldaten, zitiert PSM 185, BT-Drs. 18/7250, S. 18; neu nach "Eckpunkten" von 2021, S. 13, Zielgröße 203 000 Soldaten und 68 T Zivilisten (aber Zweifel an Erreichbarkeit).

[648] § 26 SLV, § 27 SLV, insbes. Sanitätsoffizier, § 30, Militärmusikoffizier, § 34 und Offizier im Geoinformationsdienst, § 38 SLV; Definition o. S. 31f, 50.

[649] Vorgaben, Tz 10, s. o. S. 58, 89.

[650] S. o. S. 48.

[651] S. o. S. 99.

vorgesehen und das Ziel der Homogenität des Offizierskorps sowie das Leitbild als akademisch gebildete Berufsgruppe wird damit nicht erreicht. Diese Zahl ist aber so hoch, dass sie als eigene Zielgruppe status- und laufbahnmäßig nicht vernachlässigt werden können und bei dem tendenziellen Offiziersmangel in unteren Rängen in Planungen und Struktur der Bundeswehr „eingebaut" werden müssen. So ist sinnvollerweise auch ein **Karriereverlauf für Offiziere ohne Studium/ohne Studienabschluss** vorgesehen.[652] Als (beiderseitige) Bedenkzeit und zur Erleichterung des Übergangs ist ein Anspruch auf eine sechsmonatige Übergangszeit für Maßnahmen schulischer und beruflicher Bildung geschaffen worden sowie als haushaltsrechtliche Untermauerung das „dienstpostenähnliche Konstrukt" kreiert worden – eine Verlängerung ist geplant,[653] – auf denen Soldaten während Weiterbildungs- und Berufsförderungsmaßnahmen geführt werden können. Ist ein sofortiges Ausscheiden nicht möglich oder beabsichtigt, kommt es auch bei diesen Offizieren ohne Studium zur Versetzung in den Truppendienst. Wegen des Fehlens der Regelvoraussetzung sind sie zwar mit ihrer ursprünglichen Berufsvorstellung Studium in der Bundeswehr gescheitert, müssen aber nach der Staffelung der Verpflichtungszeit mit den Stufen 3 und 6 Jahre nicht die vollen 13 Jahre „durchhalten", sondern dürfen dementsprechend früher aus dem Dienst in der Bundeswehr ausscheiden. Sie können sich aber, Bedarf der Bundeswehr vorausgesetzt, den die Teilstreitkräfte anmelden,[654] auch weiter verpflichten, § 40 Abs. 2 SG.

In der Tat hat der **„Einbau" gescheiterter Offizierstudenten**, die ja Offizier werden wollten und bereits die Offiziersprüfung abgelegt haben, Weiterverpflichtung und Motivation der Betroffenen vorausgesetzt, auch für die Bundeswehr erhebliche Vorteile, da sie personelle und strukturelle Mängel mildert. So stehen in der Truppe in den Jahrgängen 23+ und in der Funktion Zugführer mehr und teilweise auch

---

[652] Neugestaltung Ausbildung, S. 5; sehr positiv auch Wehrbeauftragter, 2019, S. 22; schon die Kommission hatte die Weiterverwendung von Offizieren ohne Studienabschluss vorgesehen, Gutachten Tz. 68, Nr. 10; Argument der Treue- und Fürsorgepflicht des Ministers gegenüber den Offizieren *Wagemann*, S. 32.

[653] Ministerielle Vorgabe zur Weiterverpflichtung von Studienabbrechern, Auskunft BMVg vom 31.10.2020.

[654] Auskunft BMVg vom 31.10.2020.

truppenerfahrenere Offiziere zur Verfügung.

Damit haben die gescheiterten Studenten jedenfalls theoretisch, erstaunlich wenig Nachteile. Die einschlägigen Rechtsvorschriften, §§ 27, 40 SG, Arg. 25 SLV,[655] binden die weitere Laufbahn nicht an den Studienabschluss oder gar die Abschlussnote, so dass die weitere Karriere überwiegend durch die **Bewährung und die Beurteilungen bestimmt** ist und das Studium nur indirekt berücksichtigt wird. So haben diese Nicht-Graduierten formal keine Karriereschranken und können auch Berufsoffizier werden „bei besonderer Bewährung im Rahmen des Bedarfs",[656] und theoretisch sogar den Generalstabslehrgang sowie Generalsränge erreichen. Allerdings ist auch die schon bei den nur BA – Absolventen zitierte Formel einschlägig, dass das fehlende Studium „aber in personellen Auswahlverfahren durch die Personalführung im Rahmen der ganzheitlichen Betrachtung berücksichtigt" wird.[657]

Bei der hohen Studienabbrecherquote, der durchaus willkommenen Integration der Studienabbrecher und deren wohlwollender Verwendung könnte faktisch eine getarnte alternative Laufbahn für Offiziere ohne Studium gesehen werden, ohne die Betroffenen zu „Offizieren zweiter Klasse" zu machen. Dies widerspricht zwar dem Leitbild und qualitativen Ziel der Reform, alle Offiziere und damit das Berufsbild und dessen Image auf akademisches Niveau zu bringen. Doch hat die Integration dieser Gruppe so viele Vorteile, dass hierauf nicht verzichtet werden kann. Allerdings sind die Offiziere **ohne Studienabschluss je höher der Rang desto mehr unterrepräsentiert**.[658]

3. Berufsoffiziere und die Ebene „darüber"- (Generalstab, Führungsakademie)

Nur sehr wenige „Spitzenbewerber" erhalten noch vom Assessmentcenter die einseitig verpflichtende Zusage, als Berufsoffizieranwärter eingestellt zu werden, § 4 Abs. 4 SLV. Alle anderen Bewerber

---

655 Logische Folge der Definition des Offizierstudiums, s. o. S. 12, 54, 89; *Gessenharter*, S. 8.
656 Vorgaben, Tz. 209; Weißbuch 1979, Tz. 283.
657 Bundesregierung BT-Drs. 16/5851, S. 5.
658 *Servatius*, Bewährung, S. 208; eine offizielle Statistik wird nicht geführt.

bleiben Zeitoffizier, wobei sich die Verpflichtungszeit in Stufen – drei und sechs Jahre – verlängert und dieser Status schließlich, abhängig von den Leistungen in der Truppe und den dienstlichen Beurteilungen, **in das Dienstverhältnis eines Berufssoldaten umgewandelt** werden kann (analog dem Beamten-Verhältnis auf Lebenszeit). Das Verfahren ist durch eine Zentrale Dienstvorschrift festgelegt:[659] Ziele sind Bestenauslese und Chancengerechtigkeit. Die Bedarfsträger – Teilstreitkräfte und Organisationsbereiche – legen hierfür „Zielquoten" fest[660] um den Bedarf zu steuern. Den Status als Berufsoffizier erreichen nur ca. 20% der eingestellten Offiziere. Diese Auswahl beginnt auf Antrag oder Vorschlag von Vorgesetzten. Zur Optimierung von Trainigseffekt und Erfahrung ist ein häufiger Wechsel von Stabstätigkeit und Praxisverwendungen vorgesehen. Dabei sinkt tendenziell das Interesse wegen stressigen Dienstes, zahlreicher Versetzungen, oft mit Umzug und nicht zuletzt wegen der guten zivilberuflichen Aussichten für Zeitoffiziere.[661] Auch wiederholen sich die bei den Kompaniechefs bereits beschriebene Problematik und Frustquelle,[662] dass wegen des Überhangs dienstälterer und ranghöherer Stabsoffiziere viele Majore und Oberstleutnante nicht mehr in die „klassische" Position des Bataillonskommandeurs kommen.

Auswahl und Beförderung erfolgen nach dem **Prinzip des „Aufstiegs"** – Truppendienst und Besuch entsprechender Lehrgänge und Schulen. Es sind zwei planmäßige Beurteilungen erforderlich;[663] das Studium und seine Abschlussnote werden nicht erwähnt(!). Die lange übliche formale Stabsoffiziersprüfung ist entfallen, Entscheidend ist der erfolgreiche Besuch des **Basislehrgangs Stabsoffizier**, der zwar ohne Prüfung, aber mit Beurteilung abgeschlossen wird. Darauf erfolgt die Beförderung zum Major (höherer Dienst A 13) und i. d. R. zum Oberstleutnant (A 14 bis A 15) und mit entsprechender Bewährung

---

[659] BMVg, „Auswahlverfahren zur Umwandlung in das Dienstverhältnis eines Berufssoldaten oder einer Berufssoldatin", A-1340/2, Stand der Änderung 21.4.2015, zitiert Verfahren Berufssoldat; Zusage durch Assessmentcenter Tz 210.

[660] Verfahren Berufssoldat, Tz 102, 105; die Auswahl wird durch das Amt für Personalmanagement durchgeführt.

[661] *Elbe*, Berufskarrieren, S. 31; *Förster*, Offizier, S. 16.

[662] S. o. S. 210f.

[663] Verfahren Berufssoldat Tz 201.

214

und Glück Oberst (A 16/B 3 analog Ministerialrat) und nur in Einzelfällen noch General (B 6 bis B 10, analog den Spitzenpositionen ab Ministerialdirigent in Bundesministerien).

Abweichend erfolgt die Verwendung für **Offiziere der Sonderlaufbahnen** mit Studium an Landesuniversitäten,[664] denen eine leichtere und frühere Zusage zur Übernahme als Berufsoffizier gegeben wird,[665] aber auch für ihre Karriere nur die spezialisierten Planstellen ihrer Sonderlaufbahn zur Verfügung stehen.

Ein Teil der Berufsoffiziere, etwa 10% des Offiziersjahrgangs,[666] wird frühzeitig ausgewählt für die **Generalstabsausbildung**. Diese wurde bereits 1957 wiederaufgenommen[667] und findet an der Führungsakademie (FüAk) in Hamburg statt. Die Generalstabsausbildung ist „eigentlich" traditionell das militärische „Studium" und stellt nach Selektion und Inhalt höhere Anforderungen als ein Universitätsstudium. Die Führungsakademie ist aber als militärische Schule organisiert und erfüllt nicht die Kriterien einer wissenschaftlichen Hochschule – insbesondere Unabhängigkeit, Weisungsfreiheit und Selbstergänzung des Lehrkörpers.[668] Sie kann (deshalb, sowie als Bundeseinrichtung) keine akademischen Grade verleihen. Ihr Abschluss, (grad- oder titelanaloger) Dienstgradzusatz i.G., ist dann allerdings Auswahlkriterium und Karriereleiter für die höchsten Ränge nach schnellem Durchlaufen der Stabsoffiziersdienstgrade zum Oberst und General. Hierdurch entsteht faktisch eine weitere **„Laufbahn" über dem höheren Dienst**, worin die Leistungsstärksten zusammengefasst sind und besonders beobachtet, verwendet und gefördert werden. Für die Betreffenden Karrieregarantie mit entsprechendem Motivationsschub, ist dies ein bewährtes und effektives Prinzip der Elitebildung. Problematisch ist, dass die verbleibenden 90% sehr früh wissen, dass sie die große Karriere nicht mehr machen können und trotzdem bis zum Pensionsalter „durchhalten" müssen mit zwangsläufigen Motivationsproblemen.[669] Neben den

---

664 Definition o. S. 31f, 50, 59.

665 Verfahren Berufssoldat, Tz 211.

666 *Balke*, S. 70f.

667 Zur Geschichte s. o. S. 26ff.

668 S. o. S. 25f, 124f; Versuch eines „Ersatzes" ist hier inzwischen der gemeinsame Masterstudiengang von FüAk und HSU HH an der HSU HH, s. o. S. 103f, 123.

669 Deshalb zunehmend kritisiert, *Balke*, S. 71.

6führungspositionen von Großverbänden (Brigaden, Divisionen) sind typische Verwendungen für Generalstabsoffiziere in Stäben der oberen Führung, z. B. Führungsstäben der Teilstreitkräfte und Organisationseinheiten, Einsatzführungskommando; Führungsaufgaben bei Auslandseinsätzen; internationalen Stäben und als Lehr- oder Führungsoffiziere in militärischen Schulen und Bildungseinrichtungen.[670]

Zwar wurde die vorgesehene „Akademie der Verteidigung", der strategische „Brain Trust" über Universitäts- und Generalstabsniveau, nie gegründet und ist auch nicht mehr geplant.[671] **Wissenschaftliche und strategische Defizite** wurden jedoch erkannt und Lösungen in Angriff genommen So wurde Zielstellung und Spektrum der Führungsakademie in Richtung „militärpolitischer Think Tank" und „strategische Denkfabrik" erweitert und insbesondere die HSU HH durch Kooperation (Studiengang, Forschungseinrichtungen) hierein integriert.[672]

4. Studierter Zeitoffizier – Katapult für die zivile Karriere?

Alle Zeitoffiziere, also ca. 80 % der Offiziere, müssen die Bundeswehr nach Ablauf ihrer Verpflichtungszeit, in der Regel nach 13 Jahren und nach ca. fünf Jahren als Hauptmann, verlassen. Mit etwa Mitte 30 wirft dies das Problem des **Anschlussberufes** auf, der mit ca. 30 Jahren der Hauptlebensberuf wird! Dies bedeutet psychologisch und tatsächlich einen vollständigen Wechsel der Berufstätigkeit.[673] Diese „Employability" zu gewährleisten, also die Zeitoffiziere mit dem erforderlichen Rüstzeug auszustatten, war jedenfalls eines der Hauptmotive der Ausbildungsreform.[674] Es kommt hinzu, dass Zeitoffiziere, gerade nach Abschaffung der Wehrpflicht, ein wichtiges **Bindeglied zwischen Militär und Zivilgesellschaft** sind und ihr adäquater Wechsel in den

---

[670] *Hackl*, S. 82f.

[671] Gutachten Tz 63; zum schüchternen Versuch in Hilden (Wahlkreis des damaligen Verteidigungsministers), der nach Personalwechsel und der neuen Gesamtkonzeption 1969ff wieder aufgegeben wurde, *Kutz*, Reform, S. 88; *de Maizière*, S. 2; aber heute „Ersatz", s. nächste Fn.

[672] der „Ersatz": Masterstudiengang, GIDS und NIKA, s. o. 103f, 123.

[673] Euphemistisch „Duale Karriere", vgl. Leistungssportler u.ä., s. o. S. 56f.

[674] S. o. S. 36f, 38.

Zivilberuf deshalb beiderseits erleichtert und gefördert werden sollte.

Hierzu tragen bereits die Innovationen der UniBw in neue und Aktualisierung bestehender Studiengänge sowie Etablierung und Ausbau einer gezielten Weiterbildung[675] wesentlich bei.

Überhaupt ist die Verknüpfung der **Attraktivität der (Zeit)Offizierlaufbahn mit den Karrierechancen im anschließenden Zivilberuf** erkannt und wird von der Bundeswehr, insbesondere der Berufsförderung, aufwändig und wirksam unterstützt.[676] Hierfür wurde durch das „dienstpostenähnliche Konstrukt" ein weiteres haushaltsrechtliches Instrument für Wartepositionen und für „outplacement", zivilberufliche Weiterbildung von Soldaten, geschaffen.[677]

Zur **Förderung des Übergangs in den (Zivil)Beruf** erhält der ausscheidende Soldat nicht nur, sondern auch eine intensive Beratung, Betreuung sowie praktische wie finanzielle Unterstützung vom **Berufsförderungsdienst** der Bundeswehr, **§ 3–12 Soldatenversorgungsgesetz**.[678] Insbesondere bestehen Ansprüche auf Berufsberatung; Übergangsgeld; Unterstützung bis zu sieben Jahre, einen angemessenen Beruf zu finden; Förderung von Fort- und Weiterbildungsmaßnahmen bis zu zwei Jahren, u. U. kann sogar ein (weiteres) Studium ermöglicht werden; finanzielle Leistungen (Übergangsgebührnisse, Übergangshilfen) und bei Gehaltsverschlechterungen besteht der Anspruch auf Ausgleichsbezüge.

Auch wurden die Möglichkeiten einer Fortsetzung der Berufstätigkeit in der Bundeswehr, aber vor allem in der Bundeswehrverwaltung,[679] in einem zivilen Statusverhältnis – Verwaltungsbeamter oder Angestellter, stark verbessert; dem kommt entgegen, dass viele Dienstposten

---

[675] *Bonnemann*, S. 197f; s. o. 86, 105ff.

[676] BMVg, Die Bundeswehr: modern und leistungsstark, 2009, S. 73.

[677] *Marr/Morick/Elbe*, Karriereanalyse, S. 229, (ohne Aufschlüsselung auf die Laufbahngruppen), in: Marr, Kaderschmiede.

[678] Gesetz über die Versorgung der ehemaligen Soldaten der Bundeswehr und ihrer Hinterbliebenen i.d.F. der Bekanntmachung vom 16.9.2009, BGBl. I S. 3054, zuletzt geändert durch Art. 7 des Gesetzes vom 25.5.2020, BGBl. I S. 1063, zitiert SVG; als Stellenbörse für Zeitoffiziere *Marr*, Relevanz, insbes. S. 5.

[679] *Servatius*, Bewährung, S. 211f.

heute dual, d. h. sowohl militärisch als auch zivil besetzt werden können.[680] Hierfür ist ein Teil der Dienstposten reserviert. Diese Vermittlung wurde unter dem Stichwort **„Binnenarbeitsmarkt Bundeswehr" (BiAMBw)** institutionalisiert;[681] die Erfolge sind umstritten, mit
dem neuen Konzept „Binnenarbeitsmarkt 2.0" wird aber energisch an
Verbesserungen gearbeitet. Der Erschließung neuer Möglichkeiten sowohl innerhalb der Bundeswehr als auch im allgemeinen Staatsdienst
dient auch der neue BA-Studiengang Rechtswissenschaft an der HSU
HH.[682] Für die Personengruppe Zeitoffiziere wurden die Altersgrenzen
für die Einstellung in das zivile Beamtenverhältnis stark gelockert.[683]

Parallel regen sich **Eigeninitiativen:** So ist ein Alumni-Netzwerk ehemaliger Absolventen der UniBw entstanden, das auch Berufsberatung
und Vermittlung betreibt.

Die speziellen Sondermaßnahmen für den **allgemeinen Staatsdienst – Vorbehaltsstellen** i. V. m. Eingliederungs- bzw. Zulassungs-
schein, §§ 9, 10 SVG – gelten allerdings nur bis zum gehobenen und
nicht für den höheren Dienst,[684] die für Dienstgrade bis Hauptmann
zwar einschlägig wären, aber dem abgeschlossenen Master-Studium
„eigentlich" nicht adäquat sind.

Insgesamt wechseln (nur ?) 15% der Zeitoffiziere in den öffentlichen
Dienst.[685]

**Doch auch in der „freien Wirtschaft" sind die Karriereaussichten
überraschend gut.** Neben 10% Selbstständigen finden hier 75% der

---

[680] Deutscher Bundestag, Wissenschaftliche Dienste, (Vor-)Rechte von Soldatinnen
und Soldaten der Bundeswehr auf Verbeamtung, WD 2-3000-027/17, zitiert BT
(Vor)Rechte; BMVg, Die Konzeption der Bundeswehr, Ausgewählte Grundlinien
der Gesamtkonzeption, 20.7.2018, S. 68, zitiert BMVg, Konzeption, 2018.

[681] Positiv BMVg, Konzeption 2018, S. 71 und Neugestaltung Ausbildung, S. 27; Ar-
beitsamt für Soldaten Loyal 06/14, S. 22ff; „erschreckend gering" Wehrbeauftragter, 2019, S. 32f; etwas positiver, Hindernisse – Federführung BMI – und Pla-
nungsstand Wehrbeauftragte 2020, S. 54.

[682] S. o. S. 105f.

[683] BT (Vor)Rechte, S. 3.

[684] Sonst zwischen 10 und 16%, BT (Vor)Rechte, S. 2

[685] *Domsch*, S. 221.

ehemaligen Zeitoffiziere ihren Zivilberuf, vor allem bei Großunterneh-
men und technisch dominierten Branchen.[686] Sie sind teilweise erfolg-
reicher als Mitarbeitern von Landesuniversitäten ohne militärischen
Hintergrund, weil die ehemaligen Offiziere Führungserfahrung haben
und als „Sekundärtugendträger" gelten.[687] Dabei wird die Führungserfahrung besonders geschätzt; so sind Offiziere aus der „Linie" erfolg-
reicher als die, die in Stäben oder als Lehrer Dienst getan haben.[688]

Auch wenn über die Aussichten insbesondere der **Pädagogen** gelegentlich geklagt wurde,[689] – die (zivile) Erwachsenenpädagogik hat andere Schwerpunkte – ist dies nicht mehr zu halten: Mit der Umstrukturierung und Umbenennung – in Bildungs- und Erziehungswissenschaften – wurden diese aktualisiert und modernisiert.[690] Die Absolventen reüssieren häufig im Personalbereich größerer Firmen. Speziell für
den **Lehrerberuf** fehlen zwar Ausbildungskomponenten, so das zweite
Fach und insbesondere das Staatsexamen. Der Berufsweg Lehrer wird
von den ehemaligen Zeitoffizieren aber durchaus wahrgenommen, indem sie die Leistungsnachweise aus dem Bundeswehrstudium anerkennen lassen und dann die fehlenden Komponenten, auch mit den Möglichkeiten des Berufsförderungsdienstes, nachholen.[691] Nachteil ist,
dass sie dann trotz ihrer Bundeswehr-Vorerfahrung im Laufbahnrecht
des Lehrerberufes als Berufsanfänger gelten.

Natürlich führt der totale Berufswechsel in der Übergangszeit zu Unsicherheit, Kompetenzeinbruch und Frust und die berufliche Situation

---

686 *Domsch*, S. 221ff; *Elbe*, Berufskarrieren, S. 17, 30; *Reuter-Boysen*, S. 173; Loyal, 6/14,
 S. 24; aktuell WamS 10.8.1019, „Amazon sucht deutsche „Warriors"; nicht nur
 Amazon, sondern auch ALDI, BoFrost, JP Morgan, *Haas, Christine/Kunz, Anne*,
 Warum Unternehmen Ex-Soldaten einstellen, htttps://welt.de/wirtschaft/karri-
 ere/plus228674659, zitiert *Haas/Kunz*.

687 *Domsch*, S. 218, 225; *Elbe*, Berufskarrieren S. 22f; *Piesker*, S. 3; *Haas/Kunz*, differenzierend, aber wohl veraltet *Thomsen, Wolfgang*, Berufserwartungen der Offiziere
 auf Zeit, in: DBwV, Offizierstudium, S. 93 – 99.

688 *Elbe*, Berufskarrieren, S. 17.

689 *Bald/Lippert/Zabel*, S. 93, Arg. Tabelle 36; nach Rang und Gehalt etwas unterdurchschnittlich; *Busch, Harald*, Berufserwartungen aus der Sicht des studierenden
 Offiziers, S. 58, in: DBwV, Offizierstudium, S. 56-60; *Domsch*, S. 224.

690 S. o. S. 100f.

691 Vergl. S. 100f, 106f; die derzeitige Quereinsteiger-Welle bietet hier verstärkte
 Chancen, insbesondere im Berufsschulbereich.

wird von den Betroffenen zunächst schlechter eingeschätzt. Die Zufriedenheit steigt dann aber im Zivilberuf deutlich, über das Niveau beim Dienst in der Bundeswehr, an.[692] Auch seitens der Arbeitgeber werden **spezifische Eigenschaften der ehemaligen Zeitsoldaten gesehen und geschätzt**.[693] Dabei bleibt offen, ob dies die Folge des Studiums oder der früheren militärischen Tätigkeit ist, wobei allerdings bei der starken Formalisierung der Berufswelt nicht nur im Staatsdienst der akademische Abschluss in der Tat Eintrittskarte für viele höhere Laufbahnen und Karrieren ist. Besonders günstig schneiden auch hier die technischen Studienfächer ab.

Insgesamt sind also die **Karrieren** nach dem Neustart ins Zivilleben mindestens so **erfolgreich** wie die der Universitätsabsolventen von den Landesuniversitäten und auch die Zufriedenheit der ehemaligen Zeitoffiziere ist gut;[694] die anfängliche Skepsis,[695] dass die Zeitoffiziere nach Ablauf ihrer Dienstzeit keine angemessenen Positionen in zivilen Berufen fänden, hat sich damit nicht bewahrheitet.

---

[692] *Elbe*, Berufskarrieren, S. 15, 19f; *Elbe*, Sozialisation, S. 87f.

[693] Stärken, aber auch Schwächen, *Elbe*, Berufskarrieren, S. 26; „fleißig, aber nicht kreativ", *Gessenharter*, S. 95; Verantwortungsbewußtsein, Teamarbeit und Prozessdenken, aber wenig kreativ, *Haas/Kunz*.

[694] *Elbe*, Berufskarrieren, S. 14, 30.

[695] Z. B. DBwV Offizierstudium, *Bierwirth*, S. 7.

XVII. Bewertung, Ausblick

Die UniBw sind in ihrer fast 50jährigen Geschichte eingebettet in die **Gesamtentwicklung der Bundeswehr** mit deren gravierenden Veränderungen und Problemen: Ende des kalten Krieges, Übernahme der Reste der NVA, allgemeine Abrüstung und Verkleinerung, Auslandseinsätze, Öffnung für Frauen, Berufsarmee nach Suspendierung der Wehrpflicht.

Weißbuch und Bildungskommission hatten den Personalsektor und die Ausbildung als Hauptbrennpunkt analysiert. Dabei wurde die **Reform als Gesamtkonzept** gesehen von den Mannschaften bis zu einer – neuen – Ebene noch über der Generalstabsausbildung.[696] Die UniBw waren somit nur Teilaspekt der Ausbildungskonzeption.

Auf der **Ebene „darüber"** wurden die Ziele nur teilweise erreicht.[697] Auch auf der **Ebene „darunter"**, Zeitsoldaten und Zeitunteroffiziere, sollten die militärischen Ausbildungen für Zivilberufe verwertbar sein und weitest möglich zu zivil anerkannten Abschlüssen führen. Dies ist gelungen: Aus- und Weiterbildung sind zu einem „Alleinstellungs- und Attraktivitätsmerkmal" und die Bundeswehr selbst, mit ihren Schulen und dem Berufsförderungsdienst, zu einem echten „Weiterbildungsnukleus" geworden,[698] worauf hier nicht weiter einzugehen ist.

Zentraler Bestandteil der Konzeption und Herzstück der Reform ist jedoch die Offizierausbildung. Der Erfolg kann an den **vier Zielen des Weißbuchs 1970**[699] gemessen werden:

Der Nutzen für den beruflichen Werdegang für die Betroffenen und für die Bundeswehr wurde bereits ausführlich hervorgehoben:[700] Die **Offiziere dieses Typs bewähren sich** uneingeschränkt im Truppenalltag, und zwar besser als Offiziere ohne Studium, wenn auch primär „global" als akademisch gebildeter Offizier und weniger speziell in ihrer Studienrichtung, da fachlich „passende" Verwendungen die Aus-

---

[696] Gutachten, Tz 29.
[697] S. o. S. 216.
[698] *Schößler*, S. 17; *Neitzel*, S. 353; Wehrbeauftragter, 2019, S. 22.
[699] s. o. S. 9, 34ff, auch *Weißbuch* 1979, S. 102.
[700] S. o. XVI. 1. und 3.

nahme sind. Dies gilt insbesondere in höheren nationalen und internationalen Stäben und bei Auslandseinsätzen.

Besonders erfolgreich ist das Studium und damit die Reform **für die Zeitoffiziere** beim Wechsel ins zivile Leben und den anschließenden zivilen Karrieren.[701] Damit wird auch das Modell des durch ein ziviles Studium auf bundeswehreigenen Hochschulen akademisch ausgebildeten Offiziers nach fast 50 Jahren nicht mehr diskutiert oder gar in Frage gestellt.

1. Die personellen Perspektiven – zweischneidiges Damokles-Schwert

Wesentlich differenzierter ist das vierte Ziel, die **Attraktivität der Offizierlaufbahn**, zu beurteilen:

Die Sicherstellung der personellen Einsatzbereitschaft der Bundeswehr hat strategische Bedeutung.[702] Bezieht man, wie vom Weißbuch gemeint, die „Effektivität der Bundeswehr" auf die (seinerzeitigen) quantitativen Mängel im Personalsektor, kann auch dies Ziel als erreicht gelten.[703]

Die **katastrophale Bewerberlage** Ende der Siebzigerjahre war Anlass zur Reform und die Gewinnung und Sicherung geeigneten Nachwuchses für die Offizierlaufbahn dominiert auch hinter den in den Weißbüchern 1970 und 1971 genannten Zielen.[704] Auch bei dieser „strategischen" Frage haben sich die Erwartungen vordergründig erfüllt: Als Folge der Reform sind die Bewerberzahlen wesentlich gestiegen und relativ hoch geblieben, allerdings sind **25% der Offiziersdienstposten**

---

[701] S. o. XVI. 4.

[702] *Weißbuch* 2006, S. 159ff; *Guttenberg, Karl Theodor zu*, Grundsatzrede an der Führungsakademie der Bundeswehr, Hamburg, 26.5.2010.

[703] Soweit allerdings die Reform (auch) mit den vielen Affären im militärisch-industriellen Komplex begründet worden war, s. o. S. 32, sind angesichts der dramatisch gesunkenen Einsatzbereitschaft, Pannen, Verzögerungen und Verteuerungen bei komplexen Waffensystemen Zweifel angebracht, ob mit Studium und besserer Ausbildung die Fähigkeiten für Organisation und Problembewältigung besser geworden sind; kritisch auch Fraktion der Freien Demokraten im Deutschen Bundestag, Moderne Führungsstrukturen, S. 2 f, 30.1.2021, zitiert FDP, Führungsstrukturen.

[704] So unter „Effektivität" und „Attraktivität", s. o. S. 11, 17, 32ff, 217.

nicht besetzt.[705]

Auch perspektivisch hat die Bundeswehr bei den **„harten" Kriterien für die Berufswahl**[706] durch Studium mit Gehalt und Fürsorge sowie makro- und mikrokosmischer Technikaffinität[707] und deren Bewertung auf dem späteren Arbeitsmarkt theoretisch gute Chancen. Viele dieser Kriterien sind durch das Offizierstudium ermöglicht oder verbessert worden. Auch hat die **Öffnung für Frauen** ein zusätzliches Potential von fast 20% erschlossen.[708] Zudem wurden freie Studienplätze für zivile Studenten geöffnet,[709] so dass die „Nachfrage" nach Studienplätzen, abgesehen von vorübergehenden „Durchhängern" 1997 und 2010/11, in etwa unverändert ist. Allerdings müssen Nichtannahmen der Zusage, die Drop-Out-Quote – „Ausstieg" in Grundausbildung und Vorlauf von etwa 20% – und schließlich durch nicht – erfolgreiches Studium – etwa 25% – und Ausscheiden danach sowie Kriegsdienstverweigerung[710] kompensiert werden. Auch kommen durch die **Aussetzung der Wehrpflicht** weite Kreise der Bevölkerung gar nicht mehr mit militärischem in Berührung; dies vergrößert die psychologische und soziale Barriere, die Bundeswehr als Beruf zu wählen, und vor allem ist der „Nährboden" für Weiterverpflichtungen und Offiziersbewerber breiterer Sozialisation, psychologischer Disposition und sozialer Herkunft entfallen.[711]

Dies alles betont natürlich die **Notwendigkeit des Offizierstudiums** und der UniBw, da die bedenklichen Tendenzen sonst mit Sicherheit weit ausgeprägter wären.[712] So ist die junge Generation seit Mitte der Sechzigerjahre **„education concious"** und nur ein Studium, am bes-

---

[705] Allerdings bei gestiegener Zahl von Dienstposten; besonders großes Fehl in Bereichen mit hohen technischen Anforderungen, Wehrbeauftragter, 2019, S. 23.

[706] Auflistung der Motive für die Berufswahl, modern und leistungsstark, S. 72.

[707] Schiffe, Flugzeuge, Raketen, Kanonen, Panzer bzw. Elektronik, Radar, Cyber, KI.

[708] Stand 31.5.2020 12,36% aller Offiziere und Offizieranwärter Frauen, aber steigende Tendenz und größerer Planungsansatz, Auskunft BuAmt für das Personalmanagement.

[709] S. o. S. 50f, V. 4.

[710] Behördenspiegel Newsletter Verteidigung, Nr. 272, 20.8.2020.

[711] BMVg, Konzeption 2018, S. 66; Förster, Bildungsorientierungen, S. 16.

[712] *Strunk*, S. 237.

ten auf der Universität, liefert den erwünschten Status und das erreichbare Sozialprestige.[713] Diesem Mega-Trend hat die Bundeswehr erfolgreich Rechnung getragen – nach dem Bildungsboom seit Ende der Sechzigerjahre war und ist das Regelstudium für Offiziere alternativlos, zumal ca. 2/3 der Offizierstudenten ohne Studium nicht zur Bundeswehr gegangen wären.[714]

Seit der Wiedervereinigung taucht ein gegenläufiger und verunsichernder Aspekt auf: Zwar ist die Personalstärke der Bundeswehr, auf dem Höhepunkt des Kalten Krieges fast 500 000 Mann, auf derzeit 184 000 gesunken.[715] Spekulationen (nicht nur) in den Medien über drastisch **sinkende Nachfrage nach Offizieren** und damit Studienplätzen mit Tiefständen 1997 und 2010/11 und eventuell sogar der Aufgabe einer UniBw[716] haben sich allerdings bisher weder in der Planung des BMVg[717] noch in der Praxis bestätigt: Durch die Veränderungen in Gesellschaft und im modernen Militär,[718] aber auch der Verkleinerung der Bundeswehr hat sich die Zahl der **Offiziere in Relation zur Gesamtpersonalstärke** seit Mitte der Sechzigerjahre relativ fast **verfünffacht**.[719] Damit bleibt der Bedarf an Offizieranwärtern trotz Verkleinerung der Bundeswehr seit 1990 weiter hoch. Im Verhältnis zu den Stellen ist auch die vierfache Bewerberzahl erforderlich um auszuwählen

---

[713] *Balke*, S. 73, 75.

[714] *Förster*, Bildungsorientierungen, S. 17.

[715] BMVg nach Loyal, 7/8, 2021; PSM 185; neu nach "Eckpunkten" von 2021 203 000 Soldaten, s. o. S. 211.

[716] *Flocken*, Interview-Frage an Gessenharter, NDR-Info vom 21.9.2013, 19:20, https://www.ndr.de/nachrichten/info/audio175097.html; BuReg Drs. 14/2897, S. 2; *Hartmann*, S. 71; *Opitz*, S. 31; *Straush*, S. 19.

[717] Arg. Neugestaltung Ausbildung, S. 3; Schriftliche Auskunft BMVg vom 13.10.2020; Bundesregierung BT-Drs. 16/5815; im Gegenteil ist wieder eine (geringe) Vergrößerung der Bundeswehr geplant, „atmender Personalkörper, TwP (Trendwende Personal), Wehrbeauftragter, 2019, S. 20 f.

[718] Technisierung, Digitalisierung, höhere Komplexität der Waffensysteme, neue Einsatzbereiche wie Cyber und KI, personelle Verkleinerung der Gliederungseinheiten bei konstanten oder steigenden Führungspositionen, Differenzierungen in der Logistik, Internationalisierung, Verstabung, Verrechtlichung sowie höhere intellektuelle und psychologische Ansprüche auch in der Personalführung.

[719] Von ca. 5% auf 24%: Loyal 3/18, S. 11; Linsinger, S. 310; auch mit negativen Folgen wie Beförderungsstaus und Verdrängungseffekten aus „klassischen" Funktionen, s. o. S. 20, 59, 210f, 214.

und Ausfälle kompensieren zu können. So bleibt die Bewerberlage doch ein latentes Problem.[720]

Aber die Nachwuchslage ist nicht nur ein quantitatives, sondern vor allem ein qualitatives Problem. Wichtigste Zukunftsinvestition für eine Organisation ist die Gewinnung von qualifiziertem Nachwuchs. Dabei herrscht ein **„Kampf um die besten Köpfe"**, der sich durch die Demographie – weniger Heranwachsende – und die Konkurrenz interessanter Angebote in Wirtschaft, Wissenschaft und Verwaltung ständig verschärft. Dabei darf nicht übersehen werden, dass die Durchschnittsnoten der Offizierstudenten im Abitur unter denen in den Landesuniversitäten liegen und überdurchschnittliche Abiturnoten oder gar **Spitzennoten an den UniBw praktisch nicht vertreten** sind.[721] Dies macht eine ständige Analyse der Ursachen erforderlich.

Schon das Einkommen ist eher kritisch zu sehen. Hier ist zwar das Studium mit Gehalt ein Vorteil. Aber nicht nur im Staatsdienst ist für Status, Image und Rang in der Hierarchie und damit auch für die Zufriedenheit wesentlich die Besoldungsgruppe maßgebend. War gehobener Dienst mit Leutnant, A 9, und der höhere mit Major, A 13, bei der Festsetzung Anfang der Zwanzigerjahre[722] und vielleicht noch 1955 gemessen am Durchschnitt der Bevölkerung und den anderen Beamtenkategorien eine durchaus gute Einstufung, hat sich durch Wirtschaftswunder und durch Inflationierung der akademischen Abschlüsse, insbesondere der dramatischen Vermehrung der Gymnasial- und Berufsschullehrer mit A 13/A 14 sowie der Aufblähung der Stellenkegel im allgemeinen Staatsdienst – A 13 h praktisch nur noch als Eingangsamt[723] – das Gesamtgefüge der Besoldung nach oben verschoben, so dass die **Soldaten status- und besoldungsmäßig zurückgefallen** sind. Als gewisser Ausgleich wirkt zwar ein wesentlich großzügigerer Dienstpostenschlüssel bevorzugt in höheren Rängen, doch wechseln

---

[720] 25% der Offizierdienstposten unbesetzt, Wehrbeauftragter, 2019, S. 23.

[721] *Bald/Lippert/Zabel*, S. 12, 75; *Bonnemann, Arwed/Hofmann-Broll, Ulrike*, Studentische Orientierungen zwischen akademischer und soldatischer Lebenswelt, 1999, S. 23ff; die 15% Bewerber mit „Einser-Schnitt", Loyal 3/2018, S. 16, sind nicht in Relation gesetzt und nicht um die „Noteninflation" bereinigt.

[722] Zwar eigene Besoldungsordnung C, aber mit den Bewertungen der A – und B – Besoldung vergleichbar.

[723] Neugestaltung Ausbildung, S. 5; *Wagemann*, S. 30.

die Zeitoffiziere als Hauptmann, A 11 oder mit etwas Glück A 12, ins Zivilleben. Nach den Laufbahnregeln des Öffentlichen Dienstes müsste aber der Mastergrad als Regelabschluss zu A 13 Höherer Dienst als Normalbesoldung führen. Es wäre also geboten, den Höheren Dienst und die Besoldung **A 13 h bereits mit dem Dienstgrad Hauptmann** beginnen zu lassen und die Dienstgrade darunter und darüber an diesem Fixpunkt auszurichten, was erst der „Schlussstein" zum Offizierstudium wäre.

Die **soziale Herkunft** der Offizierbewerber, früher von Kritikern des deutschen Militärs als Relikt der Dominanz konservativer und militärnaher Schichten kritisiert,[724] hat sich zwar deutlich geöffnet und ist pluralistisch geworden. Aber diese Differenzierung ist keine soziale Errungenschaft, sondern bedeutet eine **Tendenz nach „unten"**, in „niedrigere" Schichten.[725] Insbesondere ist die geringe Bewerberzahl aus den „traditionellen Milieus", höherem Dienst und insbesondere die Selbstergänzung aus Offiziersfamilien[726] nicht etwa sozialer und politischer Fortschritt, sondern problematisches Indiz für mangelnde Attraktivität und gesunkenes Prestige des Offizierberufs.

Aber ebenso wichtig wie diese „harten" Faktoren sind **Image und Sozialprestige**,[727] also das Ansehen des Offizierberufes.

Bürokratisierungstendenzen und partieller Leerlauf[728] sind dabei, wie auch die trotz der obligatorischen Billigung durch den Bundestag meist unpopulären Auslandseinsätze, eher pragmatische Aspekte.

Von wesentlich stärkerer Wirkung für das Image der Bundeswehr ist jedoch ein **„gesellschaftlicher Gegenwind"**.[729] Dies ist von der Bundeswehr kaum zu steuern, sondern hängt vom Stellenwert des Militärs

---

[724] S. o. S. 24ff.

[725] *Balke*, S. 73; *Bonnemann/Hofmann-Broll*, Studentische Orientierungen, S. 23ff, korrespondierend mit den Abiturnoten; *Krex*, S. 85.

[726] Weißbuch 70 Rn. 150 f; *Förster*, Bildungsorientierungen, S. 9; Kritik an dem historischen Phänomen der Selbstergänzung, z. B. *Bald/Lippert/Zabel*, Sozialgeschichte, S. 69, Tabellen 16, 17, und *Bald*, Bundeswehr, S. 67, verkennt, dass dies auch Qualitätskriterium und auch in zahlreichen anderen Zivilberufen festzustellen ist, z. B. Ärzte, Juristen, Wirtschaftsmanager, Handwerker ….

[727] *Elbe*, Sozialisation, S. 76.

[728] FDP, Führungsstrukturen, S. 2f.

[729] Wehrbeauftragter, 2019, S. 14.

in der Gesellschaft ab. War gerade in Deutschland seit dem 18. Jahrhundert das Sozialprestige alles Militärischen, aber insbesondere der Offiziere als „Stolz der Nation" (Gerhard Ritter), sehr hoch, ist nach Missbrauch in der Nazizeit, Krieg und totaler Niederlage 1945 ein grundlegender Wandel eingetreten. Nur verzögert und gegen erheblichen Widerstand konnten Wehrverfassung, Bundeswehr und Wehrpflicht durchgesetzt werden. Eine kritische bis feindselige Grundeinstellung gegenüber Bundeswehr und allem Militärischen mit einer überzogenen Erregungsbereitschaft der Öffentlichkeit sind nach wie vor und wieder verstärkt sichtbar.[730] So gilt Offizier als einer der unbeliebtesten Berufe.[731] Damit hat die Bundeswehr, falls sich nicht die gesellschaftliche Einstellung zu ihr und zum Militärischen grundsätzlich ändert – **„Trendwende Mentalität"** (Bartels),[732] im „Kampf um die besten Köpfe" trotz Studiums keine guten Chancen, was Qualität und Image nicht nur der Bundeswehr, sondern zwangsläufig auch der UniBw, Studenten wie Dozenten, beeinflussen muss.

2. „Den Kultusministern vorexerziert …" – Reformuniversität neuen Typs

Als Kern des Reformmodells sind die UniBw seit fast einem halben Jahrhundert verwirklicht und werden nicht mehr in Frage gestellt. Die

---

[730] Die strengste und dichteste politische und parlamentarische Kontrolle mit Bürokratisierung und Erschwerung aller Verfahren, öffentliche und parlamentarische Erregungsbereitschaft gegenüber allem Militärischen, Demonstrationen gegen militärische Auftritte und Vorhaben, z.Z. der Wehrpflicht unterlaufen durch Massenverweigerung und manipulierte Untauglichkeit, negative Einstellung besonders bei Oberschülern, Studenten und „Intellektuellen", „Friedensklauseln" und Verhinderung von Auftritten des Verteidigungsministers in Hochschulen. Soweit Umfragen und Untersuchungen von „hoher Wertschätzung" sprechen, *Biehl*, Jahrbuch innere Führung 2012, S. 53ff; *Franke*, Wie integriert ist die Bundeswehr, 2012, S. 8ff, ist methodisch und quellenkritisch zu berücksichtigen, dass schlechtes Gewissen und moralischer Druck der Staatsraison zu – positiver – Verzerrung führen – der Autor empfiehlt hier stets die Kontrollfrage „haben Sie Söhnen, Brüdern, Freunden … zum Wehrdienst zugeraten?"

[731] *Bald/Lippert/Zabel*, S. 55, 111, Tab. 2; *Marr*, Kaderschmiede, S. 12.

[732] Wehrbeauftragter, 2019, S. 20.

konzeptionellen Vorgaben[733] sind sensationell schnell realisiert worden. Die **Gleichwertigkeit des Studiums** ist nicht nur Theorie, sondern in externen Untersuchungen festgestellt worden.[734] Sie haben sich auch als flexibel erwiesen und auf Entwicklungen reagiert.[735] Die UniBw haben sich in der Universitätslandschaft etabliert und sind wegen ihrer Leistungen allgemein anerkannt, z. B. Austausch der Professoren mit den Landesuniversitäten und Rankingerfolgen,[736] und sind längst der **„wichtigste Werbeträger"** für den Offizierberuf.[737] Damit sind die UniBw im Ergebnis eine Erfolgsstory. Doch sollte das anstehende Jubiläum auch als willkommener Anlass gesehen werden, über mögliche Verbesserungen nachzudenken.[738]

Die Erfolge erstaunen umso mehr, da die Bedingungen der UniBw keineswegs optimal sind. Verglichen mit ihrer Konkurrenz, den typischen Landesuniversitäten, leiden sie an **grundsätzlichen Schwierigkeiten**, die gegenüber den Landesuniversitäten auch **(Wettbewerbs)Nachteile** sind und sie letztlich in einer Nischenrolle festhalten:[739]

– Dies ist quantitativ **„Größe" und eingeschränkter Fächerkatalog**. Optimale Spezialisierung und Differenzierung erfordern „ei-

---

[733] S. o. I., III. 2. = für alle länger dienenden Offiziere obligatorisches ziviles Studium an einer Hochschule der Bundeswehr; dem Studium an den Landeshochschulen gleichwertig und mit allgemein anerkannten Abschlüssen (heute BA, MA); auf die Besonderheiten des Offizierberufes und den Bedarf der Bundeswehr berufsbezogene Fächerauswahl und Curricula; integrierte erziehungs- und gesellschaftswissenschaftliche Komponenten (Anleitstudium); im Soldatenstatus = mit Gehalt und Fürsorge; Kompaktstudium im Trimestermodus mit (heute) maximal 14 Trimestern; am Anfang der Ausbildung, um Bundeswehr und Offizier für die weitere Dienstzeit zu nützen.

[734] *Servatius*, Offizierausbildung, S. 12.

[735] S. jeweils o.: neu mehr und innovative Studiengänge, S. 102ff; Forschung, VI; Frauen S. 15; zivile Studenten V. 4.; vgl. *Wagemann*, S. 34.

[736] *Gessenharter*, S. 82; *Strunk*, S. 235f.

[737] Neugestaltung Ausbildung, S. 14; *Hartmann*, S. 74, *Linsinger*, S. 298; paradigmatisch für enttäuschte Reformer *Vogt, Wolfgang R.*, Die halbierte Reform – 13 Thesen zum Verfall der Bildungsreform in den Streitkräften von 1970/71; in: Schulz, Neuordnung.

[738] Nach dem Grundsatz, wer nicht (noch) besser werden will, wird irgendwann aufhören gut zu sein.

[739] Vgl. 4-Punkte-Kritik-Katalog auf dem Hamburger SPD-Parteitag, s. o. S. 43.

gentlich" eine Mindestgröße und ein umfassendes Fächerspektrum;[740] für die Forschung ist es damit schwer, die „kritische Masse" zu erreichen und damit auch im Humboldtschen Sinne Spitzenlehre zu generieren.

— Zweiter „Geburtsfehler" ist der Charakter als **„Bedarfsuniversität"**: (fast) nur für die Offizierausbildung gedacht, ist ihre Ausrichtung auf nur einen „Typ" von Studenten beschränkt, die nicht eine bestimmte Fachrichtung, sondern als Karrierevoraussetzung irgendetwas studieren müssen; hinzu kommen Kohortenbindung und Campusfixierung (Ghettobildung). Zudem gehören Promotionen und Habilitationen nicht zur Karriere der Kernklientel, so dass die „natürliche" Klimax der akademischen Ausbildung zum wissenschaftlichen Nachwuchs gewissermaßen „geknickt" ist und

— drittens müssen sie seit ihrer Konzeption an der Hypothek tragen für die **zivile Welt zu militärisch und für die militärische zu zivil** zu sein:[741] eine Diskrepanz zwischen dem militärischen Rahmen und dem zivilen Kern, von zahlreichen Dozenten mit „militärkritischem Duktus"[742] bewusst gepflegt, ist unübersehbar.

— Viertes Problem ist die systemische Diskrepanz in der Studienmotivation, die faktisch eine **„Klassen"- Gesellschaft der Studenten** entstehen lässt,[743] die bei der Kohortenbildung durch identische Studienorganisation und nach Fächern, Jahrgängen und Gruppen wesentlich stärkere Auswirkungen als an Landesuniversitäten hat. So haben nur wenige Offizierstudenten die idealtypische Doppelmotivation für Offizier und Studium; bei der Mehrheit ist die eigentliche Motivation auf den Zivilberuf nach Ablauf der Verpflichtungszeit gerichtet oder das Studium wird ohne innere Bindung an Studienfach und spätere Verwendung nur als notwendige Karrierevoraussetzung gesehen und hierfür oft der „Weg des geringsten Widerstandes" gewählt. Auch die eigentlich nicht Studierwilligen absolvieren das Studium eher lustlos, woraus vor allem dann die Abbrecherquote resultiert.

---

740 Beschluss des Bundeskabinetts vom 5.5.1972, s. o. S. 41.
741 Ähnlich *Krex*, S. 88.
742 *Neitzel*, S. 355 m.w.N.; *Wagemann*, S. 33; s. o. S. 39.
743 S. o. S. 96f; vgl. die "Vier-Typen-Lehre, *Elbe*, Berufskarrieren, S. 10.

Zu Diskrepanzen führt schließlich auch die unterschiedliche Schwierigkeit und Belastung in den einzelnen Studienfächern, die alle in das gleiche Schema des stark reglementierten 14-trimestrigen Studiums eingeordnet sind.

So ist auch das Studium an den UniBw keineswegs problemlos. Das **„Gesetz der Verlängerung der Studienzeiten"** zeigt sich auch hier.[744] So musste das Studium alsbald, insbesondere zur Anfertigung der Abschlussarbeiten, um ein 10. Trimester verlängert werden; durch den Bologna-Prozess kam das Master-Studium mit 3+1 Trimestern hinzu. Nachvollziehbar wird über Stress und Überlastung geklagt,[745] so dass mit EGA zeitweilig schon begonnen wurde, heilige Kühe zu schlachten.[746] Durch Wiederholungsprüfungen und Unterbrechungen – Krankheit, Elternzeit – treten weitere Verzögerungen auf.

Aus diesen Problemen erklärt sich dann auch die gemessen an den optimalen Bedingungen überraschend hohe **drop-out-Quote** der Offizierstudenten, die schon das BA – Studium nicht erfolgreich abschließen, mit rund 25%, die aber in einzelnen Fächern bis 50% steigt.[747]

Trotzdem ist aber das **spezifische Studium Alleinstellungsmerkmal und Glanzstück** gegenüber den Landeshochschulen. Das Studium der UniBw hat alles, was den Landesuniversitäten fehlt: kurze Regelstudienzeit dank verbindlicher Festlegung; Trimestersystem; Beobachtung und zeitnahe Sanktionierung bei Überschreitungen; Kleingruppenorientierung; günstige Betreuungsrelation; Anleitung und Überwachung des Studienfortschritts sowie ständige individuelle Beratung vor und im Studium. Hiermit sind die UniBw der Beweis, dass eine **Verkürzung des Studiums ohne Qualitätsverlust möglich** ist.[748] Die UniBw könnten damit Referenzuniversität und Blaupause für eine grundlegende Hochschulreform und ein Konkurrenzmodell für die Landeshochschulen sein, zumal im Bologna-Prozess vieles hiervon als Studienreform (vergeblich) gefordert wurde.

---

[744] *Schaefgen*, S. 51.

[745] Beispiele und Abhilfevorschläge *Gessenharter*, Hochschulen S. 83, 97f.

[746] Gelegentlich wird sogar über die Aufgabe des Trimester-Modells nachgedacht, z. B. DBwV, Offizierstudium, Vorschlag von Senator Prof. Hansjörg Sinn, Präses der Behörde für Wissenschaft und Forschung Hamburg, S. 117-121.

[747] Ausführlich und aufgeschlüsselt s. o. S. 98f.

[748] *Strunk*, S. 230.

Doch galten und gelten die UniBw für Kultusminister und Landtage offensichtlich nicht als Reformmodell für Landeshochschulen,[749] zumal an den UniBw die Rahmenbedingungen – Gehalt, Beratung, Betreuung und Versorgung sowie Campus mit perfekter Infrastruktur – ideal sind und insbesondere **Trimester-Konzept und Kleingruppenprinzip** als allzu kühn für Landes- und Massenuniversitäten gelten.[750] Auch sind an den Landeshochschulen die Reformen zur Beschleunigung und Verbesserung des Studiums – mit Ausnahme des das Bachelor – Master – Systems – im Tsunami der „Massification" und im „Zick-Zack-Kurs" der Hochschulpolitik[751] weitgehend gescheitert; da „die Politik" nach dem Innovationsboost wieder „weich" wurde,[752] dominierte an den Landesuniversitäten alsbald wieder das **„Gesetz der Verlängerung der Studienzeiten"**. Somit sind auf dem Feld des Reformstudiums und der Verkürzung der Studienzeiten die UniBw gegenüber den Landesuniversitäten konkurrenzlos „vorne" und die UniBw bleiben als einziger Fels der Hochschulreform in der Brandung des Mainstreams der Bildungspolitik. Der Leitgedanke von Schmidt und Ellwein an der Spitze der allgemeinen Hochschulreform zu stehen, ist nach wie vor verwirklicht und beweist insoweit die Weitsicht der Väter dieses Modells.[753] Der Slogan **„Vorreiter für die Hochschulreform"**[754] trifft deshalb voll ins Schwarze – leider reitet keiner hinterher.

---

[749] *Opitz*, S. 33.
[750] Kritische Anmerkungen wegen hoher Zahl der Wochenendpendler, *Krex* S. 86, werden von den UniBw nicht bestätigt, insbes. für Neubiberg sind reiche regionale Kontakte und Engagements dokumentiert, *Linsinger*, S. 310ff.
[751] UNESCO – Terminologie bzw. *Turner*, S. 5.
[752] *Krex*, S. 86.
[753] *Kutz*, Reform, S. 117; *Reuter-Boysen*, S. 28, 31, 171.
[754] Buchtitel *Reuter-Boysen*.

XVIII. Fazit

- Die UniBw haben sich seit fast 50 Jahren gut bewährt; das anstehende Jubiläum sollte aber auch zur Analyse für Verbesserungen und Innovationen genutzt werden.
- Die grundlegende Wende der Siebzigerjahre in der Offizierausbildung zu akademischer Bildung war erforderlich und hat die Qualität und Attraktivität des Offizierberufes wesentlich verbessert.
- Durch ein spezielles Reformstudium auf bundeswehreigenen Universitäten werden gleichwertige BA- und MA-Abschlüsse in kürzerer Zeit erreicht und erfolgreiche Anschlusskarrieren in der Bundeswehr, im Staatsdienst und vor allem im zivilen Bereich ermöglicht.
- Allerdings ist eine unterschiedliche Motivation der Offizierstudenten für das Studium systembedingt, belastet den stark reglementierten Lehr- und Studienbetrieb und fördert eine Typenschichtung im Offizierkorps.
- Studium, Studienerfolg und Abschlussnote sind nur indirekt mit der weiteren militärischen Karriere verknüpft; insbesondere ist der Studienabschluss keine Laufbahnvoraussetzung.
- Mit den Bundeswehruniversitäten wurde die „Zivilisierung" der Offizierausbildung sehr weit getrieben, so dass unter dem Gesichtspunkt militärischer Effizienz durchaus Ansätze für Kritik und Verbesserungsbedarf bestehen.
- Die Konstruktion von Universitäten der Bundeswehr als quasi „private" Hochschulen nach Landesrecht war seinerzeit politisch und rechtlich alternativlos und hat seit der Gründung keine wesentlichen Probleme mehr bereitet, ist aber bei dem Monopol des Bundes für Verteidigung systemwidrig, führt zu Schnittstellen mit den Sitzländern sowie zu Inhomogenität beider Universitäten und sollte überdacht werden.
- Wegen ihres nachhaltig und seit dem Scheitern vieler ziviler Studienreformen alleinstehend innovativen Modells des Reformstudiums hätten die UniBw das Potential, Vorbild für die Landesuniversitäten zu sein und echte Elitehochschulen zu werden. Sie sollten deshalb

aus ihrer Nischenrolle als reine Bedarfsuniversität befreit, insbesondere für zivile Studenten weiter geöffnet und als Spitzenuniversitäten mit Reformkonzept verstanden und propagiert werden.

— Generell sind die UniBw für das tertiäre Bildungswesen der Bundesrepublik ein ungehobener Schatz.

Gründung der Universitäten der Bundeswehr
Zeittafel

12. November 1955 Gründung der Bundeswehr (200. Geburtstag Scharnhorsts);

August 1965 „Drei-Stufen-Plan" mit wissenschaftlichen Elementen;

20. Mai 1970 Weißbuch 1970 „Zur Sicherheit der Bundesrepublik Deutschland und zur Lage der Bundeswehr";

11. Juli 1970 Bildung der „Kommission zur Neuordnung der Ausbildung in der Bundeswehr" durch den Bundesminister der Verteidigung;

15. Dezember 1970 „Rahmenkonzept" der Kommission;

Februar 1971 Entwurf des Hochschulrahmengesetzes (EHRG);

7. Mai 1971 Gutachten der Bildungskommission „Neuordnung der Ausbildung und Bildung in der Bundeswehr";

16. Oktober 1972 formale Gründung der Hochschule der Bundeswehr Hamburg (Erlass des BMVg);

Oktober 1972 bzw. Januar 1973 Bildung der Gründungsausschüsse;

3. August 1973 formale Gründung der Hochschule der Bundeswehr München (Genehmigung und Anerkennung durch den Bayrischen Kultusminister);

12. September 1973 Einbeziehung der Fachhochschulen des Heeres und der Luftwaffe in die Hochschule der Bundeswehr München;

1. Oktober 1973 Beginn des Lehrbetriebes an beiden Hochschulen;

26. Januar 1976 Hochschulrahmengesetz;

1985 Umklassifizierung zu „Universitäten der Bundeswehr",

1987 auch der Professoren zu „Universitätsprofessoren";

2001 Öffnung der Bundeswehr und (damit) der Universitäten der Bundeswehr für Frauen;

2001 (HSUH) bzw. 2002 (UniBwM) Öffnung für zivile Studenten („Industriestipendiaten, Angehörige anderer Bundesbehörden);

2003 Umbenennung der UniBw Hamburg in „Helmut-Schmidt-Universität";

2007 – 2010 Umstellung auf das Bachelor-Master–System (Bologna – Prozess) mit Verlängerung der Regelstudienzeit von 3 auf 4 Jahre und der Mindestverpflichtungszeit von 12 auf 13 Jahre.

Literaturverzeichnis

Abenheim, Donald/Hartmann, Uwe, Einführung in die Tradition der Bundeswehr, 2019, zitiert Abenheim/Hartmann.

Bald, Detlef, Die Bundeswehr, 2005, zitiert Bald, Bundeswehr.

ders., Der deutsche Offizier. Sozial- und Bildungsgeschichte des deutschen Offizierkorps im 20. Jahrhundert, 1982, zitiert Bald, Offizier.

ders., Sozialgeschichte der Rekrutierung des deutschen Offizierskorps von der Reichsgründung bis zur Gegenwart, S. 17 – 47, in: Bald/Lippert/Zabel, zitiert Bald, Sozialgeschichte.

ders./*Lippert, Eckehard/Zabel, Rosemarie* (Redaktion), Bundesministerium der Verteidigung (Hrsg.), Zur sozialen Herkunft des Offiziers, Schriftenreihe Innere Führung, Heft 29, 1977, zitiert Bald/Lippert/Zabel.

Balke, Peter, Überlegungen zur Motivation von Offiziersnachwuchs in der Vergangenheit und heute, S. 65 – 77, in: Politische Studien, zitiert Balke.

Bildungskommission beim Bundesminister der Verteidigung, Neuordnung der Ausbildung und Bildung in der Bundeswehr, Gutachten der Bildungskommission an den Bundesminister der Verteidigung, 1971, zitiert Gutachten.

Bundesministerium der Verteidigung, Handbuch Innere Führung, 1957; zitiert Handbuch Innere Führung.

Bundesminister der Verteidigung, Die Hochschulen der Bundeswehr, 1974, zitiert BMVg, Hochschulen, 74.

Bundesminister der Verteidigung, Personelle Vorgaben für Offiziere, Offiziersanwärter im Studium an einer Universität der Bundeswehr, ZDV A-1340/29 vom 22.11.2017, zitiert Vorgaben.

Bundesminister der Verteidigung FüSK I 3, Untersuchung zur Neugestaltung der Ausbildung Offiziere im Truppendienst, 26.04 2018, zitiert Neugestaltung Ausbildung.

De Maizière, Ulrich, Vorgeschichte der Bundeswehrhochschulen, in: Präsidenten der Universität der Bundeswehr München (Hrsg.), Beilage zum Hochschulkurier 22, 1993, zitiert de Maizière.

Deutscher Bundestag, Wissenschaftliche Dienste, Kompetenzen des Bundes im Bereich der Hochschulen, 23.6.2011, WD 3 – 3000, 173/11, zitiert Bundestag, Kompetenzen.

Deutscher Bundestag, Wissenschaftliche Dienste, Universität des Bundes, 29.6.2011, WD 3 – 3000 – 206/11, zitiert Bundestag, Universität des Bundes.

Deutscher Bundeswehr-Verband (Hrsg.), Offizierstudium auf dem Prüfstand. Anspruch und Wirklichkeit der Bundeswehr-Hochschulen, vd. Autoren, dienen und gestalten, Band 14, 1982, zitiert DBwV, Offizierstudium.

Domsch, Michel, Die Integration der Absolventen in die Privatwirtschaft, S. 213 – 225, in: Festschrift, zitiert Domsch.

Eichen, Klaus/Metzger, Philipp-Sebastin/Sohm, Stefan, Soldatengesetz, Kommentar; 4. Aufl., 2021, zitiert Eichen/Metzger/Sohm.

Elbe, Martin, Berufskarrieren ehemaliger Zeitoffiziere; Erfahrungen und Erfolgsfaktoren, ZMSBw, Forschungsbericht 115, März 2018, zitiert Elbe, Berufskarrieren.

ders., Karrieren und Übergänge: Betriebliche Sozialisation in der Bundeswehr, S. 65 – 92, in:

ders./Richter, Gregor (Hrsg.), Personalmanagement in der Bundeswehr, 2019, zitiert Elbe, Sozialisation.

Ellwein, Thomas/Müller, Achatz von/Plander, Harro (Herausgegeben im Auftrag des Gründungsausschusses), Hochschule der Bundeswehr zwischen Ausbildungs- und Hochschulreform, 1994, zitiert Ellwein/Müller/Plander.

Epping, Volker, Typisierung von Hochschulen: Universitäten und Fachhochschulen, S. 53 – 81, in: Hartmer, Michael/Dettmer, Hubert, Hochschulrecht, 2017, zitiert Epping.

Festschrift: 1973 – 1993 Zwanzig Jahre Universität der Bundeswehr Hamburg (Hrsg.), Der Präsident der Universität der Bundeswehr Hamburg, zitiert Festschrift.

Fleckenstein, Bernhard, Offizierausbildung im Ausland, S. 56-64, in: Politische Studien, zitiert Fleckenstein.

Förster, Jeremy, Der gebildete Offizier – Über die Ausbildung der deutschen Offiziere zwischen Bildungsideal und militärischer Notwendigkeit, unveröffentlichte Bachelorarbeit, Universität der Bundeswehr München, 2018, zitiert Förster, Offizier.

ders, Bildungsorientierungen studierender Offiziere, unveröffentlichte Masterarbeit an der UniBWM, 2019, zitiert Förster, Bildungsorientierungen.

Fröchling, Helmut, Zur Rolle des EGA – Studiums in der Offiziersausbildung an den Hochschulen der Bundeswehr, S. 183 – 202, in: Neuordnung, zitiert Fröchling.

Geis, Max-Emanuel, § 58 Hochschulrahmengesetz, 26. Lfg., 2001, in: Hochschulrecht in Bund und Ländern, zitiert Geis, HRG.

Gessenharter, Wolfgang, Hochschulen der Bundeswehr – Probleme und Perspektiven, S. 81 – 98, in: Schulz (Hrsg.), Neuordnung, zitiert Gessenharter.

Görlitz, Walter, Kleine Geschichte des deutschen Generalstabs, 2. Aufl., 1977, zitiert Görlitz.

Hackl, Othmar, Die Bedeutung der Geisteswissenschaftlichen Fächer für ein Studium an den Hochschulen der Bundeswehr, S. 78 – 87, in: Politische Studien, zitiert Hackl.

Hamann, Rudolf, Die Leitbildkontroverse in der Ausbildung zum Offizier und Stabsoffizier, S. 152-158, in: Schulz (Hrsg.), Die Neuordnung, zitiert Hamann.

Hartmann, Uwe, Modernisierungsstudie Studentenbereich 2010, S. 64 f, in: Offizier und Studium, Jahrgangsbuch 2013 der HSUH, zitiert Hartmann.

Hoffmann, Gisbert, Der Streit um die Erziehung in der Stabsoffiziersausbildung, S. 161-181, in: Schulz (Hrsg.), Die Neuordnung von Bildung und Ausbildung in der Bundeswehr, zitiert Hoffmann, Stabsoffizierausbildung.

ders., Der Wandel der Begriffe Ausbildung, Bildung und Erziehung in der Bundeswehr, S. 253 – 266, in: Schulz, Gesellschaftlicher Wandel, zitiert Hoffmann, Begriffe.

Hornung, Klaus, Schwerpunkt-Probleme der Bundeswehrhochschulen, S. 32 – 45, in: Politische Studien, zitiert Hornung.

Karst, Heinz, Denker oder Kämpfer, brauchen wir den akademisch ausgebildeten Offizier? S. 24- 31, in: Politische Studien, zitiert Karst.

Kempen, Bernhard, Grundfragen des institutionellen Hochschulrechts, S. 1 – 52, in: Hartmer, Michael/Detmer, Hubert, Hochschulrecht 2017, zitiert Kempen.

Krex, Larissa, Studienerfolgsprognose in der Bundeswehr – Evaluation vorhandener und zukünftiger Prädiktoren, Dissertation, 2008, zitiert Krex.

Kroener, Bernhard R., Militär, Staat und Gesellschaft im 20. Jahrhundert, München 2011, zitiert Kroener.

Kutz, Martin, Reform und Restauration der Offiziersausbildung der Bundeswehr, 1982, zitiert Kutz, Reform.

ders., Kontinuität von Reform und Gegenreform in der Offizierausbildung der Bundeswehr (1950 – bis 1970), S. 25 – 48, in: Schulz (Hrsg.), Die Neuordnung von Bildung und Ausbildung in der Bundeswehr, 1982, zitiert Kutz, Kontinuität.

ders., Deutsche Soldaten, 2006, zitiert Kutz, Soldaten.

Linsinger, Stephanie, Die Universität der Bundeswehr München, S. 298 – 315; in: Klee, Katja/Rumschöttel, Herrmann, Unterbiberg – Neubiberg. Von den Anfängen am Hachinger Bach bis ins 21. Jahrhundert, 2010, zitiert Linsinger.

Lößl, Hans Georg, in: Universität der Bundeswehr München, S. 2, Beilage zur DUZ 10.10.2003, zitiert Lößl.

Lorenz, Dieter, Paragraph 70 HRG, in: Geis, Hochschulrecht in Bund und Ländern, 23. Lfg. 2000, zitiert Lorenz.

Marr, Rainer (Hrsg.), Kaderschmiede Bundeswehr? Vom Offizier zum Manager, Karriereperspektiven von Absolventen der Universitäten der Bundeswehr in Wirtschaft und Verwaltung, 2. Aufl. 2002, zitiert Kaderschmiede.

ders./Morick, Holger/Elbe, Martin, Die Karriereanalyse als Element auf dem Weg zu zukunftsweisenden Konzepten für die Personalgewinnung und -entwicklung in der Bundeswehr, S. 227 – 250, in: Marr (Hrsg.), Kaderschmiede, zitiert Marr/Morick/Elbe, Karriereanalyse.

Neitzel, Sönke, Deutsche Krieger, 2020, zitiert Neitzel.

238

Opitz, Eckhardt, Zwanzig Jahre Universität der Bundeswehr Hamburg. Ein Überblick, S. 20 – 40 in: Festschrift, zitiert Opitz.

Politische Studien, Zweimonatsschrift für Zeitgeschehen und Politik, Hochschulen der Bundeswehr, Sonderheft 1/1973, zitiert Politische Studien.

Reich, Andreas, Hochschulrahmengesetz, 8. Aufl. 2002, zitiert Reich.

Reuter-Boysen, Christiane, Vorreiter für die Hochschulreform?, 1995, zitiert Reuter-Boysen.

Rühle, Hans, Stud. rer. mil. Oder: für die Profis ein spezielles studium militare?, S. 46 – 55, in: Politische Studien, zitiert Rühle.

Sanmann, Horst, Studierte Offiziere und bundeswehreigene Universitäten: zwei fundamentale Neuerungen, in: Festschrift, S. 5 – 19, zitiert Sanmann.

Schaefgen, Heinz, Personalsituation im Bereich der längerdienenden Offiziere, S. 46 – 55, in: DBwV, Offizierstudium, zitiert Schaefgen.

Schaffer, Axel/Fornahl, Dirk/Düvelmeyer, Claudia, Die Universität der Bundeswehr München als Impulsgeber für die Region, 2018, zitiert Schaffer/Fornahl/Düvelmeyer.

Schlaffer, Rudolf J./Sandig, Marina, Die Bundeswehr 1955 bis 2015, Sicherheitspolitik und Streitkräfte in der Demokratie, 2015, zitiert Schlaffer/Sandig.

Schößler, Dietmar, Streitkräftereform und politische Planung in der Bundesrepublik Deutschland, S. 3 – 13, in: Politische Studien, zitiert Schößler.

von Schubert, Klaus, Hochschulen der Bundeswehr – warum?, S. 14 – 23, in: Politische Studien, Sonderheft Hochschulen der Bundeswehr, München, 1/1973, zitiert von Schubert.

Schulz, Karl-Ernst (Hrsg.), Streitkräfte im gesellschaftlichen Wandel, 1980, zitiert Schulz, gesellschaftlicher Wandel.

ders. (Hrsg.), Die Neuordnung von Bildung und Ausbildung in der Bundeswehr, Eine Zwischenbilanz nach zehn Jahren, 1982, zitiert Schulz, Neuordnung.

Schroeders, Andrea von, Student und Soldat, das Studium zwischen Dienstpflicht und akademischer Freiheit an den Universitäten der Bundeswehr, Baden-Baden 2007, zitiert von Schroeders.

Schwarz, Christoph, Der Studentenbereich, S. 159 – 174, in: Festschrift, zitiert Schwarz.

Servatius, Kurt, Hochschulen der Bundeswehr – Bestandteil der Offizierausbildung, S. 9 – 19, in: DBwV, Prüfstand, zitiert Servatius, Offizierausbildung.

ders., Die Bewährung der Absolventen der Universitäten der Bundeswehr im Bereich der Bundeswehr, in: Festschrift, zitiert Servatius, Bewährung.

Steinkamm, Armin, Rechtsfragen zur Errichtung einer Bundeswehrhochschule im Freistaat Bayern, in: Politische Studien, S. 88 – 102, zitiert Steinkamm.

Strunk, Gerhard, Die Universität der Bundeswehr Hamburg – Rückblick und Ausblick, S. 226 – bis 241, in: Festschrift.

Thieme, Werner, Privathochschulen in Deutschland, 1988, zitiert Thieme, Privathochschulen.

ders., Deutsches Hochschulrecht, 3. Aufl., 2004, zitiert Thieme, Hochschulrecht.

Turner, George, Hochschulreformen, 2018, zitiert Turner.

Uhle, Arnd, in: Maunz-Dürig, Grundgesetz, Lfg. 58/2010, zitiert Uhle.

Wagemann, Eberhard, zur Neuordnung der Offizierausbildung – Absichten, Entwicklung und Kritik, S. 28 – 36, in: DBwV, Offizierstudium, zitiert Wagemann.

Wehrbeauftragte(r), Jahresberichte 2019, BT-Drs. 19/16500 vom 28.1.2020 und BT-Drs. 19/26600 vom 23.2.2021, Unterrichtung durch den Wehrbeauftragten, zitiert Wehrbeauftragte(r), Jahresbericht, Jahrgang.

Weise, Thomas Georg, Die Hochschule der Bundeswehr Hamburg, 1979, zitiert Weise.

Welz, Joachim, Hochschulrecht Sachsen-Anhalt, in: Geis, Hochschulrecht des Bundes und der Länder, 40. Aktualisierung 2012, zitiert Welz, Hochschulrecht.

Wiesendahl, Elmar, Zur Theorie-Praxis-Kontroverse um die Verwissenschaftlichung der Offiziersausbildung, S. 131 – 148, zitiert Wiesendahl, in: Schulz (Hrsg.), Die Neuordnung von Bildung und Ausbildung in der Bundeswehr, 1982, zitiert Wiesendahl.

Wohlfeil, Rainer/Dollinger, Hans, Die Deutsche Reichswehr, 1977, zitiert Wohlfeil/Dollinger.

Zimmermann, Peter, Die Hochschulen der Bundeswehr, in: Aus Politik und Zeitgeschichte, Beilage zur Wochenzeitung Das Parlament, Heft 16, 1982, S. 17 – 42, zitiert Zimmermann.

Danksagungen

Versteht sich ein Werk über die Universitäten der Bundeswehr als wissenschaftlich, muss es in Verfassungs- und Hochschulrecht einerseits und andererseits in die neuere (Militär)Geschichte tief „einsteigen". Für beide Bereiche existiert eine Fülle von wissenschaftlicher Literatur, zwar nicht nur, aber zumeist, aus der Gründungsphase, also etwa vor 50 Jahren und den ersten ein, zwei Jahrzehnten des Bestehens. Doch wäre eine bloße Literaturrecherche unbefriedigend.

Um sowohl militärischen wie juristischen „Profis" und Laien, aber auch interessiertem Publikum ohne „Nähe" zu beiden Bereichen „etwas zu bringen" (Goethe) war es mein Bestreben, kein historisches, sondern ein „lebendes" Werk zu verfassen, also die aktuellen Positionen und Entwicklungen „einzufangen". Es wurde deshalb von Anfang an der Kontakt zu „Insidern" gesucht und methodisch auch auf Fragenkataloge und Interviews zurückgegriffen.

Wenn auch die für Großorganisationen, Verwaltungen und insbesondere die Bundeswehr typische Reflex, „lieber wäre uns ja, der würde nichts haben und wissen wollen und nicht über uns schreiben", erschwerend spürbar war, gab es andererseits viele sehr engagierte Beiträge und das offene Bemühen, das Projekt zu unterstützen und für Informatinen, Antworten und Interviews zur Verfügung zu stehen.

Hierfür seien hervorgehoben Frau Oberregierungsrätin Gisem Bilgen, Ministerium der Verteidigung, Ref. P I 5, Frau Prof. Dr. Jutta Nowosadtko, Fakultät Geistes- und Sozialwissenschaften der Helmut – Schmidt – Universität Hamburg, Herr Oberst i.G. Dr. Uwe Hartmann, ehemaliger Leiter eines Studentenbereichs, Herr Siegfried Rapp, Kanzler der Universität der Bundeswehr München, Frau Andrea von Schroeders, Leiterin des Dezernats Rechts- und Prüfungsangelegenheiten der Helmut – Schmidt – Universität und last not least Herr Oberleutnant Stefan Frank, der insbesondere die Perspektive des (ehemaligen) Offizierstudenten einbringen konnte. Ihnen bin ich zu großem Dank verpflichtet.

Zum Autor

Geboren 1946 in Remscheid. Nach Abitur und Wehrdienst (Lt. d.R.) Studium von Jura, Wirtschaftswissenschaften und Geschichte an der Universität Tübingen. Stipendiat der Studienstiftung des Deutschen Volkes, Vorsitzender der Studentenfraktionen im Konzil und Senat. Erstes juristisches Staatsexamen.

Referendardienst; parallel Assistent (Öffentliches Recht, Prof Schnur); zweites juristisches Staatsexamen.

Promotion im Staatsrecht (Parlamentarische Finanzkontrolle).

Berufliche Tätigkeiten als Straf- und Zivilrichter, im Wissenschaftsministerium Baden-Württemberg und jeweils als Stellvertreter des Kanzlers der Universität Hohenheim und der Freien Universität Berlin; zeitweilig „Medizinkanzler".

Zahlreiche Wehrübungen und militärische Weiterbildung u.a. an der Führungsakademie, G 3 - Stabsoffizier und Oberstleutnant d.R.

Vizepräsident des Bundesgesundheitsamtes und kommissarisch Direktor des Robert Koch-Instituts. Nach Auflösung des Bundesgesundheitsamtes Leiter des „Berliner Dienstsitzes" des Bundesgesundheitsministeriums, Mitglied im „Joined Medical Committee" der NATO.

Abteilungsleiter und Ministerialdirigent im Kultusministerium Sachsen-Anhalt und Vorsitzender des Hochschulausschusses der Kultusministerkonferenz.

Nach Pensionierung Studium von „Military Studies" an der Universität Potsdam, M.A.

Die wissenschaftlichen Schwerpunkte des Autors liegen im Staatsrecht, Hochschulrecht und in der Militärgeschichte. In dieser gilt sein besonderes Interesse den militärischen „Axiomen" von der Frühantike bis zur Gegenwart.

Register

105ff

Hochschule für Verwaltungswissenschaften Speyer 63, 70
Humboldt, Wilhelm von,
Staatsmann 22, 78, 89, 119,
137, 229

Innere Führung 29, 33
Inspekteure (der Teilstreit-
kräfte) 31, 36
Institute/Wissenschaftliche
Einrichtungen 72, 167f
 - an - Institute 122, 140

Juniorprofessoren 127f, 130f,
159, 174

Kaiserreich 20, 22ff, 56
Kanzler, Universitäts- 138ff,
155ff, 169, 181ff
Kompaniechef 20, 59, 190,
210, 214
Konvent der wissenschaftlichen Mitarbeiter 177f
Kultusminister/-ministerium,
bayrischer/s 43, 68, 74
Körperschaften 61f, 66, 68f,
78f, 82ff, 138, 150, 173, 179,
207f
 - materielle 84, 138, 150, 173
Kulturhoheit/staatliches
Hochschulmonopol der Län-
der 9, 61, 65, 84f, 115

Laufbahnprüfung 13, 57, 68,
89
Lehrer(beruf) 101, 106f, 219
Lehrfreiheit 125, 164
Lehrkräfte für besondere Auf-
gaben 127, 132f, 173
Leitungsgremium (UniBw M)
147, 157ff, 166, 168, 178, 181ff
Leutnant 12, 20, 23, 29, 48, 58
f, 200, 209ff, 225

Major 20, 59, 214, 225
militärwissenschaftliche Stu-
dienfächer/studium militare
46, 92, 103f
Misserfolgsquote 49, 98f, 211f
Mitarbeiter, andere, nichtwissenschaftliche Beschäftigte
136, 173
Moltke, Helmut von, General
22, 26

NIKA (Netzwerk für interdisziplinäre Konfliktanalysen)
123, 216

Offizieranwärter 11f, 16, 28,
38, 45, 47, 51f, 54ff, 81, 86,
102, 1134, 191, 193, 213, 224
Offizierlehrgang, -prüfung 13,
57ff, 192ff, 209

Pädagogik, Erziehungswissen-
schaft, Pädagogen 11, 38, 41,

Carola Hartmann Miles-Verlag

Militär und Gesellschaft

Hans-Christian Beck, Christian Singer (Hrsg.), *Entscheiden – Führen – Verantworten. Soldatsein im 21. Jahrhundert,* Berlin 2011.

Wolf Graf von Baudissin, *Grundwert Frieden in Politik – Strategie – Führung von Streitkräften,* hrsg. von Claus von Rosen, Berlin 2014.

Marcel Bohnert, Lukas J. Reitstetter (Hrsg.), *Armee im Aufbruch. Zur Gedankenwelt junger Offiziere in den Kampftruppen der Bundeswehr,* Berlin 2014.

Phil C. Langer, Gerhard Kümmel (Hrsg.), *„Wir sind Bundeswehr.“ Wie viel Vielfalt benötigen/vertragen die Streitkräfte?,* Berlin 2015.

Eberhard Birk, Peter Andreas Popp (Hrsg.), *Luftwaffenoffizier 21. Das Selbstverständnis des Luftwaffenoffiziers zu Beginn des 21. Jahrhunderts, (aus der Reihe Schriften zur Geschichte der Deutschen Luftwaffe, Band 5),* Berlin 2016.

Alois Bach, Walter Sauer (Hrsg.), *Schützen.Retten.Kämpfen. Dienen für Deutschland,* Berlin 2016.

Marcel Bohnert, Björn Schreiber (Hrsg.), *Die unsichtbaren Veteranen. Kriegsheimkehrer in der deutschen Gesellschaft,* Berlin 2016.

Angelika Dörfler-Dierken (Hrsg.), *Hinschauen! Geschlecht, Rechtspopulismus, Rituale: Systemische Probleme oder individuelles Fehlverhalten?,* Berlin 2019.

Markus Seemann (Hrsg.), *Mutige Zeugen. Katholiken zwischen militärischer Pflichterfüllung und Widerstand,* Berlin 2020.

Alois Bach, Carola Hartmann (Hrsg.), *Unbekannte Helden des Alltags. Soldaten und Ehefrauen berichten über Verantwortung, Humanität und Belastung im Auslandseinsatz,* Berlin 2020.

Wolfgang Peischel (Hrsg), *Strategische Resilienz im Spannungsfeld zwischen Interdependenz und Autarkie unter besonderer Berücksichtigung der Beitragsleistung des Militärs in demokratischen Rechtsstaaten,* Berlin 2021.

Militärgeschichte

Eberhard Kliem, Kathrin Orth, *"Wir wurden wie blödsinnig vom Feind beschossen". Menschen und Schiffe in der Skagerrakschlacht 1916,* Berlin 2016.

Hans Frank, Norbert Rath, *Kommodore Rudolf Petersen. Führer der Schnellboote 1942–1945. Ein Leben in Licht und Schatten unteilbarer Verantwortung,* Berlin 2016.

Eckhard Lisec, *Der Völkermord an den Armeniern im 1. Weltkrieg – Deutsche Offiziere beteiligt?,* Berlin 2017.

Ingo Pfeiffer, *Heinz Neukirchen. Marinekarriere an wechselnden Fronten,* Berlin 2017.

Joachim Welz, *Erfolgsstory oder Trauma – die Übernahme von Armeen. Lehren aus der Übernahme des österreichischen Bundesheeres in die Wehrmacht 1938 und der Reste der NVA in die Bundeswehr 1990,* Berlin 2018.

Joachim Hoppe, Manfred Wilde (Hrsg.), *Die Unteroffizierschule des Heeres, Die militärische Meisterschule,* Berlin 2016.

Georg Neuhaus, *Am Anfang war ein Speer. Eine Chronographie der Kriegs- und Militärtechnologien,* Berlin 2018.

Hans-Werner Ahrens, *Die Transportflieger der Luftwaffe 1956 bis 197. Konzeption – Aufbau – Einsatz, (Reihe Schriften zur Geschichte der Deutschen Luftwaffe, Band 8),* Berlin 2019.

Jobst Reller, *Die Anfänge der evangelischen Militärseelsorge,* Berlin ²2020.

Eberhard Frhr. v. Senden, Friedrich Frhr. v. Senden, *Der Erste Weltkrieg 1914–1918. Erlebnisse eines jungen Leutnants,* Berlin 2020.

Hans-Günter Behrendt, *Flugabwehr in Deutschland. Stationierungsorte und Systeme 1956-2012,* Berlin 2021.

Harald Fritz Potempa, *Balkan 1914-1945. Raum und Kleiner Krieg als militärhistorische Kategorien in der Wahrnehmung deutscher Streitkräfte,* Berlin 2021.

Stephan Horn, *Französische und wallonische Freiwilligenverbände im Zweiten Weltkrieg. Politische Implikationen militärischer Kollaboration,* Berlin 2021.

Ingo Pfeiffer, *Do swidanija Germanija Stationierung – Abzug – Hinterlassenschaften Westgruppe der Truppen,* Berlin 2021.

Jörg Beining, *Streng geheim! Elektronische Kampfführung im Kalten Krieg. Die EloKa der Bundeswehr und NATO aus östlicher Perspektive,* Berlin 2021.

Gerd Bolik, *NATO-Planungen für die Verteidigung der Bundesrepublik Deutschland im Kalten Krieg,* Berlin 2021.

Schriften zur Tradition

Eberhard Birk, Winfried Heinemann, Sven Lange (Hrsg.), *Tradition für die Bundeswehr. Neue Aspekte einer alten Debatte,* Berlin 2012.

Donald Abenheim, Uwe Hartmann (Hrsg.), *Tradition in der Bundeswehr. Zum Erbe des deutschen Soldaten und zur Umsetzung des neuen Traditionserlasses,* Berlin 2018.

Joachim Welz, *Vom Kontingentsheer zum Reichsheer: Militärkonventionen als Motor der Wehrverfassung,* Berlin 2018.

Donald Abenheim, Uwe Hartmann, *Einführung in die Tradition der Bundeswehr. Das soldatische Erbe in dem besten Deutschland, das es je gab,* Berlin 2019.

Eberhard Birk, Heiner Möllers (Hrsg.), *Die Luftwaffe und ihre Traditionen (aus der Reihe Schriften zur Geschichte der Deutschen Luftwaffe, Band 10),* Berlin 2019.

Hans-Günter Behrendt (Hrsg.): *Erinnerungsorte der Bundeswehr – Personen, Ereignisse und Institutionen der soldatischen Traditionspflege,* Berlin 2020.

Dirk Drews, Stefan Gruhl (Hrsg.): *Oberst Reinhard Hauschild 1921-2005. Traditionsstifter für die Bundeswehr? Gedenkschrift zum 100. Geburtstag,* Berlin 2021.

Erinnerungen

Blue Braun, *Erinnerungen an die Marine 1956–1996,* Berlin 2012.

Klaus Grot, *So war's, damals. Dienstchronik eines Pionieroffiziers im Kalten Krieg 1954–1991,* Berlin 2014.

Gustav Lünenborg, *Bürger und Soldat. Innere Führung hautnah 1956–1993, 1993–2015,* Berlin 2015.

Adolf Brüggemann, *Als Offizier der Bundeswehr im Auswärtigen Dienst. Meine Erinnerungen als Militärattaché in Seoul (Republik Korea) 1978–83 und in Prag (Tschechoslowakei/Tschechien) 1988–1993,* Berlin 2015.

Rainer Buske, *Eine Reise ins Innere der Bundeswehr. Wundersame Geschichten aus einer anderen Welt,* Berlin 2016.

Heinz Laube, *Duell am Himmel,* Berlin 2016.

Viktor Toyka, *Dienst in Zeiten des Wandels. Erinnerungen aus 40 Jahren Dienst als Marineoffizier 1966-2000,* Berlin 2017.

Hans-Eckhard Tribess (Hrsg.), *Im Leben unterwegs – für den Frieden. Festschrift für Wolfgang Altenburg zum 90. Geburtstag am 22. Juni 2018,* Berlin 2019.

Kurt Graf v. Schweinitz, *Notizen im Transit von Krieg und Frieden,* Berlin 2020.

Karl-Otto Behrendt, *Der kurze Bericht über eine lange Zeit. Kriegsgefangenschaft 1945 – 1953, herausgegeben und kommentiert von Hans-Günter Behrendt,* Berlin 2021.

Hans Peter von Kirchbach, *Herz an der Angel,* Berlin 2021.

Sicherheitspolitik

Wolf Graf v. Baudissin, *Grundwert: Frieden in Politik – Strategie – Führung von Streitkräften, herausgegeben von Claus von Rosen,* Berlin 2014.

Uwe Hartmann (Hrsg.), *NATO's Adaptation – Challenges and Opportunities,* Berlin 2017.

Oliver Schmidt, *Deutsche Außenpolitik und die Zukunft der nuklearen Teilhabe in der NATO,* Berlin 2017.

Donald Abenheim, Carolyn Halladay, *Soldiers, War, Knowledge and Citizenship: German-American Essays on Civil-Military Relations,* Berlin 2017.

Dirk Freudenberg, *Theorie des Irregulären – Erscheinungen und Abgrenzungen von Partisanen, Guerillas und Terroristen im Modernen Kleinkrieg sowie Entwicklungstendenzen der Reaktion, (in 3 Bänden),* Berlin 2017.

Markus Reisner, *Robotic Wars – Legitimatorische Grundlagen und Grenzen des Einsatzes von Military Unmanned Systems in modernen Konfliktszenarien,* Berlin 2018.

Helmut Fiedler, *Military Assistance – eine moderne Einsatzart zwischen Anspruch und Wirklichkeit,* Berlin 2019.

Gerd Bolik, *NATO-Planungen für die Verteidigung der Bundesrepublik Deutschland im Kalten Krieg,* Berlin 2021.

Pascal Riemer, *Von der russischen Kriegskunst. Eine Untersuchung der dialektischen Zusammenhänge von Staatsidee und Militärwesen am Beispiel der Sowjetunion und der Russischen Föderation,* Berlin 2021.

Joachim Weber (Hrsg.), *Konfliktraum Arktis. Die Großmächte und der Hohe Norden,* Berlin 2021.

Standpunkte und Orientierungen

Martin Sebaldt, *Nicht abwehrbereit. Die Kardinalprobleme der deutschen Streitkräfte, der Offenbarungseid des Weißbuchs und die Wege aus der Gefahr,* Berlin 2017.

Christian J. Grothaus, *Der „hybride Krieg" vor dem Hintergrund der kollektiven Gedächtnisse Estlands, Lettlands und Litauens,* Berlin 2017.

Uwe Hartmann, *Der gute Soldat. Politische Kultur und soldatisches Selbstverständnis heute,* Berlin 2018.

Christian Bauer, Marcel Bohnert, Jan Pahl, *Vitalis Innere Führung! Zum Status Quo der Führungskultur in den deutschen Streitkräften,* Berlin 2018.

Helmut Jermer, *Innere Führung kompakt. Eine Zusammenschau als Lehr- und Lernhilfe,* Berlin 2019.

Martin Sebaldt, *Das Elend der Strategen. Warum die deutsche Militärpolitik versagt,* Berlin 2020.

Jahrbuch Innere Führung (seit 2009)

Uwe Hartmann, Claus von Rosen (Hrsg.), *Jahrbuch Innere Führung 2017. Die Wiederkehr der Verteidigung in Europa und die Zukunft der Bundeswehr,* Berlin 2017.

Uwe Hartmann, Claus von Rosen (Hrsg.), *Jahrbuch Innere Führung 2018. Innere Führung zwischen Aufbruch, Abbau und Abschaffung: Neues denken, Mitgestaltung fördern, Alternativen wagen,* Berlin 2018.

Uwe Hartmann, Claus von Rosen (Hrsg.), *Jahrbuch Innere Führung 2019. Bundeswehr im Aufbruch. Hindernisse von den verteidigungspolitischen Vorstellungen der AFD bis zu den sicherheitspolitischen Meinungen in der Zivilgesellschaft,* Berlin 2019.

Uwe Hartmann, Reinhold Janke, Claus von Rosen (Hrsg.), *Jahrbuch Innere Führung 2020 – Zur Weiterentwicklung der Inneren Führung: Themen und Inhalte,* Berlin 2020.

Offiziersbibliothek

Uwe Hartmann, *Offiziersbibliothek I. Deutschland,* Berlin 2020.

Franz H.U. Borkenhagen, Uwe Hartmann, *Offiziersbibliothek II. Internationale Beziehungen und Sicherheitspolitik,* Berlin 2021.

Wiener Strategie-Konferenz

Wolfgang Peischel (Hrsg.), *Wiener Strategie-Konferenz 2016 – Strategie neu denken,* Berlin 2017.

Wolfgang Peischel (Hrsg.), *Wiener Strategie-Konferenz 2017 – Strategie neu denken,* Berlin 2018.

Wolfgang Peischel (Hrsg.), *Wiener Strategie-Konferenz 2018 – Strategie neu denken,* Berlin 2019.

Wolfgang Peischel (Hrsg.), *Wiener Strategie-Konferenz 2019 – Strategie neu denken,* Berlin 2021.

Einsatzerfahrungen

Artur Schwitalla, *Afghanistan, jetzt weiß ich erst… Gedanken aus meiner Zeit als Kommandeur des Provincial Reconstruction Team FEYZABAD,* Berlin 2010.

Rainer Buske, *KUNDUZ. Ein Erlebnisbericht über einen militärischen Einsatz der Bundeswehr in AFGHANISTAN im Jahre 2008,* Berlin [2]2016.

Schriften zur Weiterentwicklung von Theorie und Praxis der Inneren Führung

Cornelia Fedtke, Kai-Uwe Hellmann, Jan Hörmann, *Migration und Militär. Zur Integration deutscher Soldaten mit Migrationshintergrund in der Bundeswehr,* Berlin 2013.

Angelika Dörfler-Dierken, Robert Kramer, *Innere Führung in Zahlen. Streitkräftebefragung 2013,* Berlin 2014.

Arjan Kozica, Kai Prüter und Hannes Wendroth (Hrsg.), *Unternehmen Bundeswehr? Theorie und Praxis (militärischer) Führung,* Berlin 2014.

Christian Göbel, *Glücksgarant Bundeswehr? Ethische Schlaglichter auf einige neuere Studien des ZMSBw im Kontext von Sinn und Glück des Soldatenberufs, Innerer Führung und Einsatz-Ethos,* Berlin 2016.

Nicolas Holz, *Zurück in die Zukunft. Empfehlungen zur Wiederentdeckung und Weiterentwicklung der Inneren Führung,* Berlin 2021.

www.miles-verlag.jimdo.com